U0574014

新史学

观古今中西之变

张荫麟作品系列

张荫麟书评集

张荫麟 著

李欣荣 编

北京师范大学出版集团
BEIJING NORMAL UNIVERSITY PUBLISHING GROUP
北京师范大学出版社

导　言

揭橥报刊、自成体例的近代书评源自西方，其立意与中国原有的评论方式迥异。儒家倡忠恕之道，不惯于直斥时人著述之非，因此在人情萦绕的学术社会，序跋多作，而颇多颂扬之词。学人一般通过书信、谈话和按语等隐晦方式表达心中真意。例如，王国维极少公开臧否人物，只在私人谈话中透露己意。① 自称“思想囿于咸丰同治之世”的陈寅恪也不惯于当面批评，只在貌似表扬的评论中隐含商榷之意。② 相比之下，后“五四”时代成长起来的新一辈学人受传统道德伦理的制约越少，故能接纳西式的学术批评，而产生出众多生机活泼、直指问题核心的书评文字。③

---

① 参见徐中舒：《追忆王静安先生》，见陈平原、王风编：《追忆王国维》（增订本），169页，北京，生活·读书·新知三联书店，2009。

② 参见桑兵、张凯、於梅舫：《近代中国学术批评·解说》，6～7页，北京，中华书局，2008。

③ 以往研究近代书评史者，多局限于少数报刊上的专门书评，偏重论“文”而少顾及“人”。例如，张越：《“书评”中的学术批评——〈燕京学报〉“书评”栏目的特色》，载《廊坊师范学院学报（社会科学版）》，2008（6）；叶建：《〈史学消息〉与史学书评类期刊发展》，载《出版发行研究》，2012（3）。另有孟昭晋的《中国近代书评源流初探》一文〔《北京大学学报（哲学社会科学版）》，1991（4）〕，以及赵晓梅的《中国书评史初探》（北京，中国工人出版社，2001）提供了书评史发展的一些史事轨迹，亦可参看。

被誉为“天才史学家”的张荫麟(1905—1942 年)在民国学界以善写书评著称。他在入读清华学校的第二年(1923 年),因撰文质疑乃师梁启超的老子生于孔子后“百余年之说”而一鸣惊人,此后因家庭环境和师友鼓励又多作书评。其中少数为介绍性质的文字,更多的则是品评学术的激扬之音,往往文字犀利,一针见血。这些文字散见于专业学报、报纸副刊,以及学生刊物,且多用笔名(多为“素痴”,偶题“燕雏”),隐去真实身份。这些不类今日风格的多元化书评,长短不一,短者不满百字,长篇可至万言。今搜集并加以考订,收为本集。

一

张荫麟在清华读书时,便多作书评,这得益于文学教授吴宓的提携和帮助。吴宓作为《学衡》杂志的主编,长期被学界视作“学衡派”的掌旗人。论者也多把张氏归入该派,主要因其多在《学衡》上发表文章,且篇数稳居前列。① 其实所谓“派别”,不宜只看表象,还要看内部的思想联系,从实际的学术互动中探索本相。②

张氏自 1926 年夏天父丧以后,“不惟他自己学费的来源断绝,而且他还须担负弟妹求学的费用”,于是靠卖文为生。“此后数年间,他求学费用的来源,主要的是靠向《东方杂志》《清华学报》《大公报·文学副刊》三处投稿的稿费。”③这或许是出于不得已。张氏

① 参见郑师渠:《在欧化与国粹之间——学衡派文化思想研究》,65 页,北京,北京师范大学出版社,2001。

② 参见桑兵:《国学与汉学——近代中外学界交往录》,16 页,杭州,浙江人民出版社,1999。

③ 贺麟:《我所认识的荫麟》,载《思想与时代》,第 20 期,1943。

在贺麟留美临别之际，曾勖勉其埋头学问，少写肤浅的文章。而他的诸多书评之作，有些不免过于随意，如评论朱希祖之文《明季史籍跋文》，仅说了一句“于著作人之问题各有考证，惟其书皆非甚重要耳”，引起了朱氏的不满，“此种全任主观、任感情之评论不但毫无价值，且太轻视学问”。① 他自己也颇有自知之明地承认，“所撰各文几于无一篇完全无误”②。

前两种刊物能发表的篇数较少，《大公报·文学副刊》(简称《文学副刊》)由吴宓主持，每周一版，发表的机会要多得多。1927年12月，吴宓约请赵万里、浦江清、王庸和张荫麟合办《文学副刊》。合作办法是，“将图书馆重要之中西杂志数十种，开成一单。由宓及浦、张、王、赵诸君分任按期阅览之事，以多得材料而求无遗漏”，而吴宓每月给予诸人二十元以上之酬金。此时《学衡》之稿源已极枯竭，不少文章需从《文学副刊》转载，而张氏之文收于《学衡》者又多为译文，甚至不乏吴宓的命题作文，实在难以反映出其与《学衡》有何种紧密的精神联系。

要分辨张荫麟与吴宓学术旨趣之异同，还要具体观察他们在《文学副刊》中的合作情况。张氏为《文学副刊》撰写了大量具有个人风格的辛辣书评，毫不掩饰地说出了对于当时学风的好恶之情，颇能反映其学术品位。

例如，张荫麟在诸种特殊文学之中，对于女性文学似乎特别留意，对于清代女性作家更为熟稔。其撰文批评梁乙真的《清代妇女文学史》“见狭识卑，多而无当，大部分缀钞杂话随笔，据录词辑诗

---

① 张荫麟：《答朱希祖君(附来书)》，载《大公报·文学副刊》，第32~34期，1928。

② 张荫麟致容庚，1930年1月2日，广东省立中山图书馆藏容庚档案“来鸿集录”。

征，耳食是凭”；梁氏表彰文学家袁枚之女弟子陈淑兰，实则陈氏的词语、文法和意境皆不如人意，反而忽视“清代女文人之最杰出者”王德卿，“仅于《闺阁诗拾》中寥寥数十字列其著作之目”。此外梁氏尚有知识错误，如书中言及明末女杰刘淑英，谓“以杀敌致名，独其文采未传”，实际刘氏未曾上阵，而其诗文有《个山集》，已于民国初年刊行。① 此前荫麟替王、刘两氏皆作有传记②，对其史迹颇为熟稔，故能指出其错处。

另外，张氏对于男、女作家的评判采取同一标准，力求做到尊重女性作家的人格，故而特别反感当时以女性作家为招牌的新潮文艺现象：

> 读者但观现今女作家于其作品署名(无论真名或笔名)之下必缀以“女士”二字，便知吾言之不谬。(其用笔名而仍缀“女士”者，是不啻曰“作者之名可隐而作者之为女子亟欲人知”也……)不然，何以男子之作品，不闻其署名下缀以“先生”或“男士”二字耶？今日翩翩飞舞于中国“文坛”上之“女作家”，大悉皆“有著作的女子”而已。至若“女子的著作家”乎？盖有之矣，我未之见也。③

其文直指“冰心女士”和“雪林女士”都只不过是“有著作的女子”，

① 参见燕雏(张荫麟)：《评梁乙真〈清代妇女文学史〉》，载《大公报·文学副刊》，第24期，1928。

② 参见张荫麟：《王德卿传》，载《学衡》，第67期，1929；《刘淑英传》，载《弘毅》，第1卷，第4期，时间未详。

③ 素痴(张荫麟)：《所谓“中国女作家”》，载《大公报·文学副刊》，第59期，1929。

实际之成就并不如名声之大。浦江清在吴宓南游期间代掌《文学副刊》文衡之责，当时收张氏稿后认为：“文并不佳，但此种文章较有生气，适宜于副刊。倘吴先生在，则此文定不能登载，以挖苦人太甚也。”①

吴宓对张氏书评的风格确有颇多不满，且欲压抑其锋芒。后者为《文学副刊》写就评论清华研究院《国学丛刊》之长文，浦江清认为“骂得极痛快，气势亦盛”，吴宓却“谓其骂得太过火”，嘱浦氏“于其文后续一段，将《国学论丛》较好数篇略推誉之”。② 吴宓后与陈寅恪商议后，竟决定不登，“以免研究院学生以此恨宓，而惹起校内之攻击，致宓受重大之牺牲”③。大约吴宓不愿得罪人，而慨叹张、浦等人书生意气，“一己成绩殊微而专好批评他人文章，干涉他人之思想言动”④。

其实在吴宓心中，他认为自己“包办《副刊》，出钱买文，彼等何能置词?”⑤浦江清也意识到吴宓“视吾侪如雇工，以金钱叫人做不愿意做之文章，发违心之言论”⑥。吴宓既未将《文学副刊》视作同人刊物，给予学生辈以平等之地位；而张、浦等人又自视甚高，

---

① 浦江清:《清华园日记 西行日记》(增补本)，33 页(1929 年 2 月 19 日)，北京，生活·读书·新知三联书店，1999。

② 浦江清:《清华园日记 西行日记》(增补本)，6~7 页(1928 年 3 月 7 日)，北京，生活·读书·新知三联书店，1999。

③ 吴宓:《吴宓日记》第 4 册，31 页(1928 年 3 月 8 日)，北京，生活·读书·新知三联书店，1998。

④ 吴宓:《吴宓日记》第 4 册，132 页(1928 年 9 月 20 日)，北京，生活·读书·新知三联书店，1998。

⑤ 吴宓:《吴宓日记》第 4 册，67 页(1928 年 5 月 30 日)，北京，生活·读书·新知三联书店，1998。

⑥ 浦江清:《清华园日记 西行日记》(增补本)，19 页(1928 年 9 月 20 日)，北京，生活·读书·新知三联书店，1999。

且坚持己见，因此编辑部之内矛盾重重。

吴宓毕竟人单势孤，意志又时有游移，最后不得不做全面的让步。1929 年 1 月，在赵、浦、张三人的极力主张下，《文学副刊》“增入新文学及语体文及新式标点（并增入新诗、小说之创造作品）”“由诸人划分范围，分别经营，对于该类稿件，有增损去取之全权”①，并请朱自清为社员。吴宓自解说：“本拟以《大公报·文学副刊》为宣传作战之地，乃《学衡》同志一派人，莫肯相助。宓今实不能支持，只有退兵而弃权之一法耳。”②

除了文言和白话的文体之争外，吴、张两人在学术理论上其实也有所不同。《学衡》发表东南大学学生郑鹤声的《汉隋间之史学》，吴宓认为不过“罗列材料，而乏义理（无自己之评断）”“本拟摒弃不登者，今特编入，以图充塞篇幅而已”。③ 张荫麟却在《清华学报》的“撰著提要栏”加以长篇介绍，对于绵密充实的东南学风流露出欣赏之意。④ 柳诒徵闻此事而喜作题词，赞赏郑氏的“沉潜”精神，并有“一时无两”的评语。⑤

张氏好友浦江清便出身于东南大学，经吴宓推荐，成为清华国

---

① 吴宓：《吴宓日记》第 4 册，197 页（1929 年 1 月 19 日），北京，生活·读书·新知三联书店，1998。

② 吴宓：《吴宓日记》第 4 册，196 页（1929 年 1 月 16 日），北京，生活·读书·新知三联书店，1998。沈卫威已注意到《学衡》此次编辑方式的变化，并较为强调朱自清介入的影响，参见其《〈大公报·文学副刊〉与新文学姻缘》，载《山东师范大学学报（人文社会科学版）》，2005（2）。

③ 吴宓：《吴宓自编年谱》，258～259 页，北京，生活·读书·新知三联书店，1995。

④ 参见张荫麟：《撰著提要·汉隋间之史学》，载《清华学报》，第 2 卷，第 1 期，1925。

⑤ 参见郑鹤声：《记柳翼谋老师》，见柳曾符、柳佳：《劬堂学记》，103～106 页，上海，上海书店出版社，2002。庄泽晞的《“学衡派”的名、实之辨》（中山大学历史学系 2012 年本科毕业论文）已注意到本条史料。

学研究院陈寅恪的助教，在其日记中时常可见他赞赏张氏文章之精彩。张荫麟在《清华学报》“撰著提要”中也介绍了不少东南大学学者的论著，包括向达《龟兹苏祇婆琵琶七调考原》、竺可桢《中国历史上气候之变迁》、顾实《〈穆天子传〉征西今地考》、缪凤林《中国民族西来辨》、郑鹤声《清儒对于“元史学”之研究》和《大月氏与东西文化》、柳诒徵《王玄策事辑略》和《述社》、张其昀《南宋都城之杭州》和《金陵史势之鸟瞰》、陈钟凡《〈尚书·泰誓〉今古文异说考》和《周代南北文学之比较》等，以及东南大学国学研究会会刊《国学丛刊》。

其中，陈钟凡有所回应，向张荫麟赠书三本——《经学通论》《诸子书目》及《补正书目举要》。张氏复信谦称：“猥以为愚陋，于国学犹未窥门墙，大著精博闳深，方钻研之不暇，何敢妄赞一语?”本来对于“《经学通论》略有所疑”，但因为开学事忙而未能详陈。① 如果说陈氏为老辈，张荫麟的回应显得客气，则对于同辈的张其昀，两人可谓惺惺相惜。张其昀视这篇介绍文字为“吾二人文字缔交之始”，张荫麟则欲借助其地学专长，以撰成中国通史。② 荫麟在抗战时脱离西南联大，转投竺可桢、张其昀主持的浙江大学，盖渊源有自。

比较之下，张荫麟对于北大学者的兴趣远不如对东南大学学者的兴趣。其为《清华学报》“撰著提要”写稿，正面介绍近来值得关注的书报，仅提到北大的《国学季刊》、顾颉刚《郑樵传》和《郑樵著述考》、沈兼士《国语问题之历史的研究》、朱希祖《萧梁旧史考》、容肇祖《述复社》、马衡《中国书籍制度变迁之研究》等文章和刊物，胡适的论著竟一篇也没有。后来张氏对于朱希祖《中国古代铁制兵

① 参见吴新雷等：《清晖山馆友声集——陈中凡友朋书札》，468～469页，南京，江苏古籍出版社，2000。

② 参见张其昀：《敬悼张荫麟先生》，载《思想与时代》，第18期，1943。

器先行于南方考》一文的批评，更引出一场笔墨之争。

张荫麟认为，朱希祖"所谓'南方'绝无明确之定义"，主要证据"屡及宋国"，宋地在河南商丘附近，难以指为南方，朱文实则"染近人翻案立异之恶习，力言古代南方文化之高"。① 朱氏随即著文表示强烈不满："通篇评论，纯任主观，不任客观，纯任感情，不任理智，实非至当之评论。"②并举及各种证据反驳。张氏亦针对其新举之证做出回应，并质疑朱氏有掠美之嫌，未言及章鸿钊和松本文三郎等前人研究。双方围绕南北方的界定、《墨子》文字的解读、苗人制五刑能否作为南方文化发达之证等问题继续争论。③ 朱氏不服，又三次去信《文学副刊》辩驳④，张荫麟则集矢于朱氏"袭用"章、松本之文，以及"中国古代铁兵先行于北方之证据"两方面，以做回应。⑤ 最后，《文学副刊》以折中的态度表示息战，拒绝辩论此问题。⑥

主编吴宓显然受到外间的压力，其在日记中自陈"作事之困难不能告人"⑦。年轻后辈并不能了解，浦江清直指吴宓"甚怕得罪

---

① 张荫麟：《〈清华学报〉第五卷第一期》，载《大公报·文学副刊》，第30期，1928。

② 张荫麟：《答朱希祖君(附来书)》，载《大公报·文学副刊》，第32~34期，1928。

③ 参见张荫麟：《答朱希祖君(附来书)》，载《大公报·文学副刊》，第32~34期，1928。

④ 参见朱希祖：《〈关于古代铁制兵器先行于南方考〉之讨论》(再致《大公报·文学副刊》编辑书)，载《大公报·文学副刊》，第39期，1928；《〈关于古代铁制兵器先行于南方考〉之讨论》(三致《大公报·文学副刊》编辑书)，载《大公报·文学副刊》，第40、41期，1928；《〈关于中国古代铁制兵器先行于南方考〉之讨论》(四致大公报文学副刊编辑书)，载《大公报·文学副刊》，第54期，1929。

⑤ 参见张荫麟：《再答朱希祖君》，载《大公报·文学副刊》，第46期，1928。

⑥ 参见《本报对于此问题之结论》，载《大公报·文学副刊》，第54期，1929。

⑦ 吴宓：《吴宓日记》第4册，132页(1928年9月20日)，北京，生活·读书·新知三联书店，1999。

人，颇不以此为然”，导致张氏“声明再不做批评文字矣”。① 其时马衡正散播传言，说“《大公报·文学副刊》专攻击北大派”，不仅胡适，而且太炎门生也站在了《文学副刊》的对立面，当是吴宓等人的压力所在。容庚尝向马衡询问此事，后者复信称，“《大公报》与朱君之笔战，弟始终未复一字，来书所云或系传闻之误也”②。不过，张、浦等人年少气盛，是非之心压倒利害关系的考虑。浦江清认为：“大体真理属张，特朱地位高，负盛名于国学界，一朝被批，岂有不强辩之理?”③

此次辩论亦可看出张氏治学较前辈学人不同的明显特质。张荫麟的英文水准较高，亦习德文。朱希祖以为“文化”非“文明”，苗民作肉刑乃是一种进步之中的“文化”，而非“文明”之表征。张氏反驳称：“文化、文明二词，乃近人以译英文之 civilization 及culture者。civilization 及 culture 二字在普通文字中常相代用，而不必有轩轾之分。近世人类学家恒以 culture(文明)一字代表国家形式未成立以前之文化成绩，则更不含有优胜之评价，前评之用文明二字正如是也。朱君不明近代术语，漫然相讥，是亦可以已乎?”④

能够直接阅读英语原文，意味着他可能会对西方学术的体认更为透彻。张荫麟从论题概念入手，一开始就抓住朱氏“南方”定义不明的要害。既在“第四节明言‘大江流域先行铁兵’(即指吴、越、楚)，次言‘淮汉流域先行铁兵’(即指楚、宋)，又言‘中国西有汉，

---

① 浦江清：《清华园日记 西行日记》(增补本)，19 页(1928 年 9 月 20 日)，北京，生活·读书·新知三联书店，1999。

② 马衡致容庚，1928 年 9 月 8 日，广东省立中山图书馆容庚档案“来鸿集录”。

③ 浦江清：《清华园日记 西行日记》(增补本)，11 页(1928 年 8 月 28 日)，北京，生活·读书·新知三联书店，1999。

④ 张荫麟：《答朱希祖君(附来书)》，载《大公报·文学副刊》，第 32~34 期，1928。

东有淮，为南北之分界，所谓江汉、江淮是'"，接着又说"以淮汉流域为界"。[①] 江汉、江淮、淮汉各流域的面积均甚为广泛，上古地理又颇难考实，朱氏所论确实有南北标准游移的弊端。比较而言，受过医科训练的陈垣在1923年纂成《元西域人华化考》，开篇即界定何为"西域"与"华化"，被日本学者桑原骘藏认为，"于此可证明著者之研究为科学的也。此为从来支那学者所不经见"[②]。看来这一普遍性的批评，并非无的放矢。

二

张荫麟的学术见识多得力于西学。他"少年笃嗜尼采、叔本华之说"[③]，颇具哲学思维，故能从方法论的角度论证朱氏之反驳不合理。朱希祖认为，要否定古代铁制兵器先行于南方，就必须举出先行于北方之证据。荫麟直指，"此在逻辑上为误用'不容间律'，在历史方法上为误用'默证'"。[④]

后来他也批评胡适的《白话文学史》(上册)误用"默证"，"如初七、下九、六合、四角、龙子幡、织素、丝履之注意，及诗中大家子、郎君、府君之用法，虽不见于现存汉人记载，然不能断定三世纪中叶不能有之，因此处未具适用'默证'(argument from silence)之

① 张荫麟：《答朱希祖君(附来书)》，载《大公报·文学副刊》，第32~34期，1928。

② [日]桑原骘藏：《读陈垣氏之〈元西域人华化考〉》，见陈垣：《元西域人华化考》，147页，上海，上海古籍出版社，2000。

③ 《中国社会经济史集刊》编辑部：《张荫麟君事略》，载《中国社会经济史集刊》，第7卷，第1期，1944。

④ 参见张荫麟：《答朱希祖君〈附来书〉》，载《大公报·文学副刊》，第32~34期，1928。

条件，不能应用默证，史法所应尔，非‘过于审慎’也”①。日本山本博士著文认为，中国人到南宋时方知磁石之指极性，因为在此前的历史记录中，“除记磁石之引铁外，当然非论及其特征(指极性)不可”，但实际却付之阙如。张氏指出，“山野此种论据，在方法上为妄用默证”“此法近人误用最多”。② 郭沫若的成名作《中国古代社会研究》也被张氏批评“立论全在默证”“他在殷代龟契及金文中找不出(或找得很多)私产制和阶级制的遗迹，因而推断私产制和阶级在殷代未曾发生(或方始萌芽)”③。事实上，张氏亦非一定反对默证法，其在《宋太宗继统考实》一文中便以太祖实录和正史俱未记顾命之事，论证太宗继位并无太祖正式传授之法令根据。④

当然，张荫麟应用“默证”理论最著名者并非上述五者，而是1925年反驳顾颉刚的“疑古”研究。1923年顾颉刚发表《与钱玄同论古史书》，欲证明“周代人心目中最古的人是禹，到孔子时有尧舜”，掀起怀疑古史的激烈思潮。此论一出，便引起东南大学的学者柳诒徵、刘掞藜等人的批评。张荫麟起而支持后者，并认为顾氏有“根本方法上之谬误”“论证法几尽用默证，而什九皆违反其适用之限度”。⑤

何谓“默证”？“若因某书或今存某时代之书无某史事之称述，

① 素痴(张荫麟)：《评胡适〈白话文学史〉上卷》，载《大公报·文学副刊》，第48期，1928。

② 张荫麟：《中国历史上之“奇器”及其作者》，载《燕京学报》，第3期，1928。

③ 素痴(张荫麟)：《评郭沫若〈中国古代社会研究〉》，载《大公报·文学副刊》，第208期，1932。

④ 此点经黎华赵指出，参见其《张荫麟研究：生平、著述及其史学》，278页，硕士学位论文，台湾师范大学，1981。

⑤ 张荫麟：《评近人对于中国古史之讨论(古史决疑录之一)》，载《学衡》，第40期，1925。

遂断定某时代无此观念。”①默证并非毫不可取，但是却有其适用的条件。张荫麟引用法国史家瑟诺博司(Ch. Seignobos)和朗格诺瓦(C. V. Langlois)在 *Introduction to the Study of History* 一书中的说法②，指出默证必须具备以下任一要件：

> (一)未称述某事之载籍，其作者立意将此类之事实为有统系之记述，而于所有此类事皆习知之。……(二)某事迹足以影响作者之想像甚力，而必当入于作者之观念中。③

而此衡量顾颉刚之说，“完全违反默证适用之限度”④。“试问《诗》《书》(除了《尧典》《皋陶谟》)是否当时历史观念之总记录，是否当时记载唐虞事迹之有统系的历史？又试问其中有无涉及尧舜事迹之需要?”⑤张荫麟还故作戏言说：“假设不幸而唐以前之载籍荡然无存，吾侪依顾氏之方法，从《唐诗三百首》《大唐创业起居注》《唐文汇选》等书中推求唐以前之史实，则文、景、光武之事迹，其

---

① 张荫麟:《评近人对于中国古史之讨论(古史决疑录之一)》，载《学衡》，第40期，1925。

② 张荫麟所用为G. G. Berry的英译本，当时已有李思纯参酌法文原本和英译本而成的商务印书馆中译本。参见李思纯译:《史学原论》，见陈廷湘、李德琬:《李思纯文集 已刊论著卷》，成都，巴蜀书社，2009。

③ 张荫麟:《评近人对于中国古史之讨论(古史决疑录之一)》，载《学衡》，第40期，1925。

④ 张荫麟:《评近人对于中国古史之讨论(古史决疑录之一)》，载《学衡》，第40期，1925。

⑤ 张荫麟:《评近人对于中国古史之讨论(古史决疑录之一)》，载《学衡》，第40期，1925。

非后人'层累地造成'者几希矣!"①傅斯年稍后所作《戏论》,亦类此反驳疑古学说。② 后来梁园东、绍来、徐旭生等人也持类似的批评意见,陈寅恪、陈垣也私下表达过相近的看法③,可见张氏之批评获得学界的普遍认同。疑古的反对者不在少数,唯独张荫麟能够运用西方史学方法加以论证,正是其技高一筹之处。

顾颉刚对张氏所论印象深刻,曾向人提及:"素痴先生写驳他古史主张的文字时,仅是十七岁的幼年。"④并拟作文字加以回应。⑤但顾氏并未接受外间的反对意见,而是继续补充、加深和发展自己的"疑古"史学。后来所作《秦汉统一的由来和战国人对于世界的想像》一文,大意"谓战国人认当时之疆域为三代之疆域,赖此谬误之历史见解,消除种族之成见,故能有秦汉统一之业"⑥。张荫麟继傅斯年后,撰文指出顾氏罔顾《商颂》、齐钟的可靠性,背后实则疑古太过:

> 就研究之历程而言,一切学问皆当以疑始,更何有于古?然若不广求证据而擅下断案,立一臆说,凡不与吾说合者则皆伪之,此与旧日策论家之好作翻案文章,其何以异?而今日之

---

① 张荫麟:《评近人对于中国古史之讨论(古史决疑录之一)》,载《学衡》,第40期,1925。

② 参见王汎森:《傅斯年对胡适文史观点的影响》,见《中国近代思想与学术的系谱》,台北,联经出版事业公司,2003。

③ 参见卢毅:《试论民国时期"整理国故运动"的缺失》,载《史学理论研究》,2004(4)。

④ 孙次舟:《敬悼张素痴先生》,载《中央日报》,1942-11-2。

⑤ 《古史辨》第一册的"中华民国十五年六月初版广告"写道,"《古史辨》第二册拟目(待印):答张荫麟先生(顾颉刚)"。但最后未出。

⑥ 张荫麟:《评〈中山大学语言历史研究所周刊〉论文》,载《中山大学语言历史研究所周刊》,第2卷,第19期,1928。

言疑古者大率类此。世俗不究本原，不求真是，徒震于其新奇，遂以打倒偶像目之，不知彼等实换一新偶像而已。①

不过，张氏也没有将疑古思想一概否定，而是适当地有所借鉴。他第一篇书评即质疑梁启超老子在孔子后之说，但到1931年冯友兰出版《中国哲学史》上卷之时却有转变。冯氏借鉴“疑古”而标榜“释古”，把《老子》归为战国时代的作品。张氏撰写书评认为，“老子(如果真有其人)当在庄子之前，正确年代已不可考”②，实际上推翻前说，认为老子在孔子后了。在20世纪40年代结集出版的《中国史纲》中，张荫麟把老子的思想放到《战国时代的思潮》一章加以论述。

关于疑古的“默证”论争，学界亦有左袒顾氏而不满张氏者。中古史名家岑仲勉于20世纪30年代开始关注上古史研究，着手解决禹与夏有无关系之问题。“当余未读《古史辨》时，对于禹之有无一问，亦曾抱类乎张氏之意见，即有反证无直证。”③但细考以后，发现张氏亦无法举出《诗》《书》等可靠史料中有“夏禹”的实证，不过为“强证”而已。而张氏所引之西人“默证”之法，要求“均经记录及记录完全未失”“不特在古史，即在今史，亦绝对无适用默证之余地”。④ 岑氏并质疑前引的两项要件“未必涵盖无遗”，现存之史料为何没有“夏禹”之记载，“以统计学决疑律(probability)衡之，岂其

① 张荫麟：《评〈中山大学语言历史研究所周刊〉论文》，载《中山大学语言历史研究所周刊》，第2卷，第19期，1928。

② 张荫麟：《〈中国哲学史〉(上卷)》，载《大公报·文学副刊》，第176，177期，1931。

③ 岑仲勉：《禹与夏有无关系的审查意见书》，载《东方杂志》，第43卷，第2号。

④ 岑仲勉：《禹与夏有无关系的审查意见书》，载《东方杂志》，第43卷，第2号。

称者均在遗佚之中，不称者皆幸而传于今世耶”。①

不过，张荫麟对于西方史学并未食洋不化，而是能用“他山之石”的态度反思本国史学的不足。他曾敏锐地指出，“章氏(章学诚)之分记注与撰述，与柯洛齐(意大利史家克罗齐)之分 chronide 与 history 其意略同”②。所谓“记注”或 chronide，“为过去之库藏，虽与此诸问题无涉之资料，亦贮而存之，以备将来新问题发生之取汲”③。而“撰述”或 history，则负责解答“一时代之对于过去，精神上及智力上皆有其所寻求追索而待解答之问题”④。张氏并以此理论批评新出的《清史稿》，“今《清史稿》之大病，即在未能认清记注与撰述之界限，遂至于‘记注、撰述两无所取’”⑤。

其中对于《乐志》部分的批评，“涉及推算技术之部分，皆成专科，亦宜删汰”，引起负责该志的老辈史家张尔田的答辩，“史之为道，重视变而不重视常，清乐既创前代所未有，尤不可不特纪，且此又是清乐成立之历程，史家叙其历程，固与述专科者不相妨

---

① 岑仲勉：《禹与夏有无关系的审查意见书》，载《东方杂志》，第43卷，第2号，1947。今人彭国良的看法颇多与之暗合者，参见《一个流行了八十余年的伪命题——对张荫麟“默证说”的重新审视》，载《文史哲》，2007(1)。宁镇疆有专文反驳彭说，参见其《“层累”说之“默证”问题再讨论》，载《学术月刊》，2010(7)。后来又有数文加入讨论，意见各不相同。参见乔治忠：《张荫麟诘难顾颉刚“默证”问题之研判》，载《史学月刊》，2013(8)；周书灿：《“默证法”与古史研究》，载《史学理论研究》，2014(2)；乔治忠：《再评张荫麟主张的“默证之适用限度”及相关问题——兼评周书灿〈“默证法”与古史研究〉一文》，载《史学月刊》，2015(10)。

② 燕雏(张荫麟)：《评〈请史稿〉》，载《大公报·文学副刊》，第20期，1928。

③ 燕雏(张荫麟)：《评〈清史稿〉》，载《大公报·文学副刊》，第20期，1928。

④ 燕雏(张荫麟)：《评〈清史稿〉》，载《大公报·文学副刊》，第20期，1928。

⑤ 燕雏(张荫麟)：《评〈清史稿〉》，载《大公报·文学副刊》，第20期，1928。张氏已注意到克罗齐的 *Zur Theorie und Geschichte der Historiographie*(此书有英译本)。

也”。[①] 荫麟受到西方史学影响甚深，倡言史学与其他学科的分科治学[②]，诚然与张尔田不同。不过，二张对于当时位居主流的“整理国故”运动的看法偏于负面，却殊无二致(详后)。

三

张荫麟翻译美国史学家甲斯丁·斯密士(Justin U. Smith)的《论作史之艺术》一文，特在篇前加具按语(亦可作书评看)，表彰文笔于写史的重要性：“史家叙述其研究结果，当利用文笔之妙。文笔之妙，不独可以增加读者之兴趣，且有助于真象之状出。”[③]反观国内所谓“国学”“论其文或则饾饤陈语堆砌古字，或则文法上、修辞上之错误且不免”“特此类著作而充斥于史学刊物，而操一刊物之笔政者，又以缺乏此类著作为患焉，斯则我国史学界之奇羞矣”。[④]因此有史学“艺术性”之提倡。

张尔田却无借重西方史学以针砭“国学”的想法，反而认为，“以今日学者治学之轨道全失，标新领异，惟怪之欲闻。得一奇说，不问其了解与否，即滥用滥传，久且兰变为茅，橘化为枳。名为欧美之学，而实非欧美之学之本然”。[⑤] 对于史学“艺术性”的讲法，

---

① 张尔田：《与大公报文学副编者书》，见许师慎编：《有关〈清史稿〉编印经过及各方意见汇编》，台北：“中华民国”史料研究中心，1979年版，第77页。

② 参见张荫麟：《论史实之选择与综合》，载《思想与时代》，第18期，1943。

③ [美]甲斯丁·斯密士：《论作史之艺术》，张荫麟译，载《国闻周报》，第6卷，第42期，1929。

④ [美]甲斯丁·斯密士：《论作史之艺术》，张荫麟译，载《国闻周报》，第6卷，第42期，1929。张氏对于“整理国故”运动的批评尚多，如其《评杨鸿烈〈大思想家袁枚评传〉》，载《大公报·文学副刊》，第43期，1928；《洪亮吉及其人口论》，载《东方杂志》，第23卷，第2号，1926。

⑤ 张尔田：《与大公报文学副刊编者书·论作史之方法与艺术》，载《学衡》，第71期，1929。

则表示："史家非必借重于艺术。乃是无从避免者。此如算学上等分术之零分，非此则不能还原。此理极是平常，独笑我国人自轻家珍，拾外人之牙慧，大惊小怪。"①其语虽不无讽意，正表明其认可"史学既是科学也是艺术"的理念。而他所针砭的对象，却与张荫麟一致，即国学界盛行的"新汉学"考据之风。

张荫麟出国前讲史学的艺术性，多强调文笔之优美；后来他留学美国斯坦福大学，受到康德美学批评的影响，强调"美"的感知与想象，对"艺术"的理解更为深刻。② 其时，容庚新著《古石刻零拾》，邀荫麟写序。序文提出治史有二道，除了"穷理之态度"外，还有以"审美之态度"治史。略言：

> 自划于时间之一片段，置身其境，靡所不观，靡所不搜，靡所不问，日受浸渍与熏染，恣意神游而冥会，久乃深入其阃奥。摄挹其精魄，而豁然洞见一森总之小宇宙，其间万物，轮廓如削。以此灼观，而述一人之史，则若髣髴老友之平生；而述一地之史，则若追摹故乡之景物；而述一事之史，则若自叙萦牵梦寐之旧迹。此以审美之态度治史者也。③

荫麟曾为冯友兰的《中国哲学史》上册写过书评，或亦留意到陈寅恪为冯书所写之审查报告也表达过类似的思想：

---

① 张尔田：《与大公报文学副刊编者书·论作史之方法与艺术》，载《学衡》，第71期，1929。

② 参见素痴(张荫麟)：《中国书艺批评学序言》，载《大公报·文学副刊》，第171～174期，1931。

③ 张荫麟：《〈古石刻零拾〉序》，见容庚：《古石刻零拾》，1934年12月容氏自印。

> 吾人今日可依据之材料，仅为当时所遗存最小之一部，欲借此残余断片，以窥测其全部结构，必须备艺术家欣赏古代绘画雕刻之眼光及精神，然后古人立说之用意与对象，始可以真了解。所谓真了解者，必神游冥想，与立说之古人，处于同一境界，而对于其持论所以不得不如是之苦心孤诣，表一种同情，始能批评其学说之是非得失，而无隔阂肤廓之论。①

可见，两人皆强调对于历史的想象力，甚至用“审美”的眼光来看待历史，这在当时“新汉学”考据学风弥漫的国学界堪称少见。在他们看来，依靠合理的想象力，甚至可以超越证据的局限。陈、张之史观甚为合拍，后来陈悼张之诗所云，“共谈学术惊河汉，与谈交情忘岁年”②应非虚语。

张氏史学观念之开放趋新，还表现在对当时刚刚兴起的“唯物史观”一派史学的评论。例如，郭沫若的《中国古代社会研究》，张氏称之为1930年中国史学界两种最重要的著作之一，又认为西周的奴隶制度是郭氏的“重要的发现和有力量的假说”③。虽然他在1941年的《中国史纲》中并未承认周代是奴隶社会，但辟“奴隶”专节，承认有奴隶阶级。荫麟弟子李埏也注意到了张氏对土地占有问

① 陈寅恪：《冯友兰〈中国哲学史〉上册审查报告》，见《金明馆丛稿二编》，279页，北京，生活·读书·新知三联书店，2001。

② 陈寅恪：《挽张荫麟二首》，见《陈寅恪集·诗集》，34页，北京，生活·读书·新知三联书店，2001。

③ 素痴（张荫麟）：《评郭沫若〈中国古代社会研究〉》，载《大公报·文学副刊》，第208期，1932。

题的叙述和西周封建论者“几乎没有什么不同”①。

另外，张荫麟对于“马克思主义之服膺者”冀朝鼎的英文专著*Key Economic Areas in Chinese History*(《中国历史中的经济要区》)，也大表赞赏之意：

> 挽近案据马克思主义讲中国史者，大抵议论多而实征少。此等著作自有其时代之需要，而非桎梏于资产阶级意识之井底蛙所得妄诽。唯此书以马氏为立足境，而根柢于邃密之探究，达以严整之条理，虽曰马氏之真精神则然，今实罕觏而可贵。②

张氏敬佩作者以水利建设划分“经济要区”的见识，誉为“大刀阔斧之开山工作”，只是就如何确定时代性质和“经济要区”提出细部的商榷意见。

不过，“整理国故”所带动的专题式考据论文之风气，却是无法违逆的。真正奠定张荫麟的学术地位者，并非这些仅仅“摘录原文，未加案语”的杂志书评，而是解决一个个具体问题的考证文章。陈寅恪推荐张氏入职史语所，便称道其“所著之学术论文多为考证中国史性质，大抵散见于《燕京学报》等”③。事未成而任教于清华历史系和哲学系，一改其旧辙，锋芒毕露、与人商榷之书评日渐少见，重心由批评转向著书立说。在浙大任教时期(1940—1942年)，

---

① 李埏：《张荫麟先生传略》，见[美]陈润成、李欣荣：《天才的史学家：追忆张荫麟》，180页，北京，清华大学出版社，2009。

② 张荫麟：《评冀朝鼎〈中国历史中的经济要区〉》，载《中国社会经济史集刊》，第5卷，第1期，1937。

③ 参见陈寅恪：《致傅斯年》，见《陈寅恪集·书信集》，46~47页(1933年11月2日)，北京，生活·读书·新知三联书店，2001。

荫麟尝向弟子徐规传道："评论文章好写，但不易写好，能传世者少之又少；考据文章亦不易为，但写成多能传世。"①这可视为张氏个人学术道路的选择，其实也提示出20世纪30年代文史学界风气的成熟和变化。

李欣荣

谨识于广州康乐园向阳书房

2017年3月1日

① 曹家齐：《师门受教忆点滴》，见张其凡、李裕民：《徐规教授九十华诞纪念文集》，8页，杭州，浙江大学出版社，2009。

目录

老子生后孔子百余年之说质疑

（自北京来稿）

梁任公考证《老子》一书（见《哲学杂志》第七期梁启超《评胡适〈中国哲学史大纲〉》），谓为非与孔子同时之老聃所作。（原文结论甚笼统，惟中谓“仁义”两字为孟子专卖品，不应为老子所道，是认老子为在孟子之后。）其言信否，诚吾国哲学史上一问题。不揣鄙陋，谨述管见。

兹于讨论梁先生所考证之先，有应研究者二事。

（一）《中庸》云：“万物并育而不相害，道并行而不相悖。”夫孔子以前，学术为王官专掌，安能有并行之道？然则孔子之为此言，当时必有与孔子并行之道可知。今考孔子之时，舍老子外，并无与孔子并行之道。若谓老子在孔子后，则孔子安得有是言？

（二）庄子学术与老子极有关系。而《庄子》书中所称老子，明明与孔子同时。《天运》《天道》《田子方》三篇所言，又非荒唐神怪，不近人情，安能因书中有寓言，而一概抹杀，谓为不足据？若然，则《天下篇》所举诸子亦属子虚耶？且信如梁先生所考，老子年代既约在庄子先后，庄子果何因而必提高孔子后百余年之人而为孔子先辈？如以为欲尊老子而抑孔子耶？然当时之人，谁不知老子在孔子百余年之后，而孰信其言者？庄子岂不知其言之必不能达其目的？譬如居今之世，有欲推尊一人者，而曰此章学诚之先辈也。虽至愚者不出此。况《天下篇》称述老子而赞之曰："古之博大真人。"使老子与庄子同时，或去庄子未久，则庄子不当以之为古。

今就梁任公所考证者，一一讨论之。

梁先生第一证引《史记》："老子之子名宗，宗为魏将。宗子注，注子宫，公玄孙假。假仕汉孝文帝，假子解为胶西王印太傅。"而谓"魏为列国，在孔子卒后六十七年。老子既是孔子先辈，他的世兄还捱到做魏将，已是奇事。再查《孔子世家》，孔子十代孙藂为汉高祖将，十三代孙安国当汉景、武时。前辈老子的八代孙与后辈孔子的十三代孙同时，未免不合情理。"夫《史记》之文既自相矛盾若此，则老子为孔子先辈与《史记》所载老子世系，二者必有一真，必有一伪。果何据而谓《史记》所载老子世系必可信？如以为老子之后，至汉犹存，为史迁闻见所及，故较可信耶？然吾观《史记》疑老子为百六十岁或二百岁。夫使老子而为百六十或二百岁，则其五六代孙或至七代孙当及见之，与八代孙相去非遥。苟史迁闻见所及者而真为老子之后，则此等事而实有耶，当时不应有此疑惑。而无耶，当时尤不应有此等神话。更就梁任公以为老子在孟子后而考之。自老子之生至汉景帝时，至多不过百六十年至百七十年。依《史记》所载八代计之，每代相传年数，平均至多当二十年至二十一年。律以古人三十受室，似无二十至二十一岁而有子之理。况以孔子较之，自孔子之生至汉景帝时，凡三百八十四年，以十三代计之，每代相传之年数平均适三十年，与古人三十受室之事实相符。而较之老子每代相传年数，相差三分之一。信如梁先生所考，殊不近情理。

其第二证云：“孔子乐道人之善。（中略）何故别的书里头没有称道一句。墨子、孟子都是好批人，他们又都不是固陋，谅不至连那著五千言的博大真人都不知道。何故始终不提一字?”别的书不知何所指，如指六经耶，则六经皆孔子赞述旧典，何有称道老子之机会？如指《论语》耶，《论语》为孔子再传弟子所记（因书中有载子夏之门人问交于子张一事），安能无遗漏。墨子去老子未久，且为宋人，而老子至关著书，以其时书籍传播之难，墨子之不及见亦何足异。至若孟子之未尝批评老子，更何足据以疑老子？考孟子略与庄子同时（据《史记·老庄申韩列传》，庄子与齐宣王、梁惠王同时，而孟子见梁惠王时，王称之曰叟，则孟子亦较庄子为老也）。《庄子》书中盛称老子，而孟子独不知有老子，非固陋而何？且《庄子》书中亦未尝一批《孟子》，然则《孟子》亦非孟轲之书耶?

第三证云：“就令承认有老聃这个人，孔子曾向他问过礼，那么《礼记·曾子问》记他五段的谈话，比较可信。却是据那谈话看来，老聃是一位拘谨守礼的人，和那五千言精神恰恰相反。”考老子为周之史官，于周之典制知之最详，故孔子问之。《礼记》所记五段谈话，只可证明老聃为明礼，而不能谓其必拘谨守礼也。例如或就一反对耶教之人问《圣经》内事实，其人据实直说，然则吾人本此即可证明此人为信耶教者耶?

第四证云：“《史记》一大堆神话，什有八九是从庄子《天道》《天运》《外物》三篇凑合而成。（中略）庄子寓言什儿本不能拿作历史谈看待，何况连主名都不能确定。”梁先生所谓神话，未审定义如何。以吾观之，《史记》此传中为神话者不过二处：(一)“盖老子百六十余岁，或言二百岁。”(二)“或言儋即老子。”此外更无神话。而此二语与庄子《天道》《天运》《外物》三篇，可谓风马牛不相及。至若《庄子》所载孔老时之可据，前已言之，兹不赘。又《庄子》书中所言，老聃自老聃，老莱子自老莱子，有何主名不能确定。惟《史记》疑老莱子、太史儋与老子是否一人耳。

第五证云：“从思想统系上论，老子的话太自由了，太激烈了。(中略)太不像春秋时人说。果然有了这一派议论，不应当时的人不受他影响，何以于《论语》《墨子》《左传》里头，找不出一点痕迹?”吾谓孔子是受先王礼教之原动力，而继续其同方向之动者也。老子是受先王礼教之原动力，而生反动力者也。于思想统系上有可疑，若论当时人何以不受其影响，吾当仿梁先生问胡适语答之曰：古代印刷术未发明，交通不如今日之便，书之传播甚难。一个人的言论，好容易影响到别处。又况老子主出世，著书即隐，未尝栖栖皇皇，求行其道，与列国既无关系，《左传》何从称道之？墨子如上所言，既未必见老子之书，更何从生影响?《论语》既不能无遗漏，其不能寻出影响之痕迹，亦何足异?

第六证云：“从文字语气上论，《老子》书中用王侯、王公、万乘之君等字样凡五处，用取天下字样凡三处。这样成语，像不是春秋时人所有。还有用“仁义”对举好几处。这两个字连用，是孟子的专卖品。从前像是没有的。还有‘师之所处，荆棘生焉。大兵之后，必有凶年’这一类话，像是经过马陵、长平等战役的人，才有这种感觉。还有偏将军居左，上将军居右，这种官名都是战国的。”考楚于春秋已僭王号，拥兵强盛，时存迁鼎之心。老子楚人，受环境之感触，其用王侯、万乘之君等名词，亦理之常。若“仁义”二字，既非孟子所创，何得谓孟子以前不能有人将之对举？若“必有凶年”“荆棘生焉”等语，皆极甚之形容词，即王充所谓增之，岂必实有其事？况老子之为此言，岂必感于当时？读《武城》“血流漂杵”之言，不更甚耶？又观《史记·老庄申韩列传》，言申不害之学本于老子。史迁之时，其书尚存，似当可据。然则老子必在申不害以前。即就申不害考之，申不害相韩，在三家分晋后二十五年，前孟子数十年，去马陵、长平之战百余年，更安能执此疑老子？至若上将军一语，其全文云：“吉事尚左，凶事尚右。故上将军处右，偏将军处左。”此乃阴阳家之言，与老子学说风马牛不相及，且与下章“天地相合，以降甘露”(此为后世方士附益，胡适之《中国哲学史大纲》已言之)适相邻，其同为后世附益无疑，不能执此以疑老子。以上皆梁先生考证老子之失也。

原载《学衡》第 21 期，1923 年 9 月

评近人对于中国古史之讨论(古史决疑录之一)

两年前，顾颉刚氏发表其《与钱玄同论古史书》(见十二年五月《努力周报·读书杂志》[以下省称《读书杂志》]第九期)，欲证明“周代人心目中最古的人是禹，到孔子时有尧舜”。刘掞藜氏及胡堇人氏并起驳之，顾氏复为文反辩，提出讨论者八事：

> (一)禹是否有天神性？(二)禹与夏有没有关系？(三)禹的来源在何处？(四)《禹贡》是什么时候做的？(五)后稷的实在如何？(六)尧舜禹的关系如何？(七)《尧典》《皋陶谟》是什么时候做的？(八)现在公认的古史统系是如何组织而成？

迄今顾氏之文所已发表者，仅及上列(一)(二)(三)(五)(六)五项。(后又增论文王是否纣臣)而刘氏再驳之文，除关于上列第(一)项者外，亦尚未露布。(顾氏及刘氏文，并见《读书杂志》第十一至十六期，又转录于东南大学《史地学报》第三卷第一至第五期。)兹将顾氏文中之涉及尧舜禹事迹者衡论如此。

一、根本方法之谬误

凡欲证明某时代无某某历史观念，贵能指出其时代中有与此历史观念相反之证据。若因某书或今存某时代之书无某史事之称述，遂断定某时代无此观念，此种方法谓之“默证”(Argument from silence)。默证之运用及其适用之限度，西方史家早有定论。吾观顾氏之论证法几尽用默证，而什九皆违反其适用之限度。兹于讨论之前，请征法史家色诺波(Ch. Seignobos)氏论默证之成说，以代吾所欲言。其说曰：

> 吾侪于日常生活中，每谓“此事果真，吾侪当已闻之”，默证即根此感觉而生。其中实暗藏一普遍之论据曰：倘若一假定之事实，果真有之，则必当有纪之之文籍存在。
>
> 欲使此推论不悖于理，必须所有事实均经见闻，均经记录，而所有记录均保完未失而后可。虽然，古事泰半失载，载矣而多湮灭。在大多数情形之下，默证不能有效；必限于其所涵之条件悉具时，始可应用之。
>
> 现存之载籍无某事之称述，此犹未足为证也，更须从来未尝有之。倘若载籍有湮灭，则无结论可得矣。故于载籍湮灭愈多之时代，默证愈当少用。其在古史中之用处，较之在十九世纪之历史不逮远甚。(下略)
>
> 是以默证之应用，限于少数界限极清楚之情形：(一)未称述某事之载籍，其作者立意将此类之事实为有统系之记述，而

于所有此类事皆习知之。(例如，塔克多 Tacitus 有意列举日尔曼各民族 Notitia dignitatum，遍述国中所有行省，各有一民族一行省为二者所未举，则足以证明当时无之。)(二)某事迹足以影响作者之想像甚力，而必当入于作者之观念中。(例如，倘法兰克 Frankish 民族有定期集会，则 Gregory 之作法兰克族诸王传不致不道及之。)(以上见 Ch. V. Langlois and Ch. Seignobos: *Introduction to the Study of History*, translated into English by G. G. Berry, pp. 254-256, London Duchworth and Co. 1898. 按此书已由李思纯君译成中文，商务印书馆出版。)

此乃极浅显之理而为成见所蔽者，每明足以查秋毫之末而不见舆薪。谓予不信，请观顾氏之论据(以下仅举一例，其他同样之谬误不下十余处，留待下文详论，以省重复)：

> 《诗经》中有若干禹，但尧舜不曾一见。《尚书》中(除了《尧典》《皋陶谟》)有若干禹，但尧舜也不曾一见，故尧舜禹的传说，禹先起，尧舜后起，是无疑义的。(见《读书杂志》第十四期第三页第一格)

此种推论，完全违反默证适用之限度。试问《诗》《书》(除《尧典》《皋陶谟》)是否当时历史观念之总记录，是否当时记载唐虞事迹之有统系的历史？又试问其中有无涉及尧舜事迹之需要？此稍有常识之人不难决也。呜呼，假设不幸而唐以前之载籍荡然无存，吾侪依顾氏之方法，从《唐诗三百首》《大唐创业起居注》《唐文汇选》

等书中推求唐以前之史实，则文、景、光武之事迹，其非后人“层累地造成”者几希矣！

二、夏禹史迹辨证（参看顾氏文中“禹与夏有没有关系”“禹的来源在何处”两节）

顾氏谓“西周中期，禹为山川之神。后来有了社祭，又为社神”。其说之妄，刘氏已明辨之矣。兹所亟待讨论者，禹与夏果有无关系？顾氏曰：“何以《诗》《书》（除《尧典》《皋陶谟》《禹贡》）九篇说禹，六篇说夏，乃一致的省文节字而不说出他们的关系？”（密圈照原文）吾为之下一总解答曰：此因《诗》《书》（除《尧典》《皋陶谟》《禹贡》）非夏禹事迹之总记录，因禹与夏之关系非“必当入于其作者之观念中”者。一言以蔽之，此因《诗》《书》中无说及禹与夏之关系之必要。试即《诗》《书》中言夏言禹之篇什而考察之：

(1) 信彼南山，维禹甸之。（《诗·信南山》）

(2) 丰水东注，维禹之绩。（《诗·文王有声》）

(3) 奕奕梁山，维禹甸之。（《诗·韩奕》）

顾氏曰：“《诗经》中有一个例，凡是名词只有一个字的，每好凑成两字，凡两字以上的名词不删……如‘王命仲山甫’‘命程伯休父’，名词虽在二字以上也不加省节了。《十月之交》云：‘皇父卿士，番维司徒。家伯维宰，仲允膳夫。棸子内史，蹶维趣马。楀维师氏。’读此很可见人名为单字，则加维字于人名……务使一句凑成四字。‘维禹甸之’‘维禹之迹’正是此例。禹若果是人王，亦应照了‘后稷’‘公刘’‘王季’之例，称他为‘后禹’（至少也要像《国语》和《尧典》的称他为‘伯禹’）。禹若果是夏王，亦应照了‘夏后’‘夏桀’之例而称他为‘夏禹’。”

夫《诗》三百篇非出一人之手，又非同时同地之文，而各个作者之属词造语之方式不能一律，故有所谓“作者之语言”（the language of the author）。今于三百篇中，取数首相同之语调以例其他，则必须假定各个作者所用之语调皆如一。此大前提已不成立。兹退一步承认顾氏所称之例，而“维禹甸之”“维禹之绩”等语，果违此例否耶？顾氏不云乎，“人名为单字，则维字加于人名”，禹正单字之人名也。其缀以维字，正犹番、蹶、楀之例也。吾侪不因番、蹶、楀上未加周字，遂谓其非周人，独以禹上未缀夏字，遂谓其非夏主乎？顾氏之根本错误，在以“夏禹”二字为一名（term），而以“仲山甫”“程伯休父”之例律之。不知夏乃禹之国号而非禹之名，“夏”“禹”二字并无必相联属之需要，非如“仲山甫”之不可析为“仲”与“山甫”，及“程伯休父”之不可析为“程伯”与“休父”也。且也，“夏”“禹”二字既无不可分离之关系，而“维”与“夏”声调不同（一为平声，一为仄声），维字置于句首，又有顿首语气（此顾氏言之），是故此处“维”字与“夏”字实不能相代。

至因《诗》三百篇中未尝照“后稷”“公刘”“王季”之例，称禹为“后禹”“伯禹”，未尝照“夏后”“夏桀”之例，称禹为“夏禹”，遂谓禹非夏王，此犹为妙不可言之奇论。吾侪读《乐府诗选》《玉台新咏》《明诗综》《清诗别裁》，其中亦未尝有照“后稷”“公刘”“王季”

之例，称刘邦为“帝刘邦”，称朱元璋为“帝朱元璋”，亦未尝有遵“夏后”“夏桀”之例，称刘邦为“汉刘邦”，称朱元璋为“明朱元璋”，然则刘邦、朱元璋非汉帝、明帝矣，嘻！

(4)惟帝降格有夏，有夏诞厥逸。(《书·多方》)

(5)有夏不适逸……殷革夏命。(《书·多士》)

按此处言夏皆指夏桀事。若作“惟帝降格夏禹，夏禹诞厥逸”“夏禹不适逸……殷革夏禹命”岂不与事实相违反乎？

顾氏曰：“《多士》《多方》并言夏殷，言殷则必举成汤，言夏则从不举禹，这是什么道理？”

考《多士》《多方》之称夏殷事，乃周公将桀之所以亡，汤之所以得天下，与纣之所以亡，武王之所以得天下相比论，以明周之取商，正如商之取夏，皆奉天命，而非违义。前者(《多士》)所以抚慰殷之遗民，后者(《多方》)则因淮夷叛后，告谕“四国多方”，皆有为而发。其所言与夏桀以前之事完全无关，安能将禹事牵入！

(6)古之人迪惟有夏，乃有室大竞……迪知忱恂于九德之行。……桀德，惟乃弗作往任。是惟暴德，罔后，亦越成汤……克用三宅三俊。……呜呼！其惟受德暋，惟羞刑暴德之人同于厥邦！(《书·立政》)

顾氏曰：“这一段是把夏商对举的，都是说夏商起的时候如何好，后来的时候如何坏。何以在商则举出创业的成汤与亡国的纣，而在夏则但举出亡国的桀而不举出创业的禹？做《立政》的人，并不是不知道禹的（篇末即言‘其克诘尔戎兵，以陟禹之迹’），但他何以不把禹汤并举，何以篇末又单举禹呢？”

读者须注意，《立政》一篇乃周公陈说往事以为成王鉴戒，并非欲于夏商事为本末毕具之叙述。且随口宣言，既常有无意中缺漏，而又经史官之转载，残佚自不能必无，安能持此以判断当时之历史观念！且谓在商举汤、纣，则在夏亦须兼举禹、桀，此不过词章上求偶俪之陋技，而非吐辞所必循之公例。观《立政》篇中又云：“自古商人，亦越我周文王，立政立事，牧夫准人……”正与上引“古之人迪惟有夏……亦越成汤”同一辞气。此处并言商周，而亦于周则举文王，于商则不举汤，可见《立政》作者惯用此种语调，其省略并非有特别原因。至篇末言“陟禹之迹”，乃所以回应篇首，正见禹与夏之有关系也。

以上已将顾氏所举为证据者，悉加评骘。此外《诗》《书》中言夏言禹者尚有九条，兹并加稽验，观其有无说及禹与夏之关系之需要。

(7) 韦顾既伐，昆吾夏桀。(《诗·长发》)

此处可作“昆吾夏禹”耶？否耶？读者自能辨之。

(8) 洪水茫茫，禹敷下土方。(《诗·长发》)

(9) 是生后稷，缵禹之绪。(《诗·閟宫》)

(10) 天命多辟，设都于禹之绩。(《诗·殷武》)

(11)禹平水土，主名山川。稷降播种，农植嘉谷。(《书·吕刑》)

(12)其克诘尔戎兵，以陟禹之迹。(《书·立政》)

吾前言之矣，“禹”“夏”两词并无必相联属之需要，故言禹不举夏，不能为禹与夏无关系之证。且此处前三条，若将夏字加入，则声调(euphony)及音节(metre)皆失其宜矣。

(13)鲧则殛死，禹乃嗣兴，天乃锡禹，洪范九畴。(《书·洪范》)

此处禹尚未即天子位，若称夏禹则失辞矣。

(14)殷鉴不远，在夏后之世。(《诗·荡》)

夏后统指夏代(《论语》以“夏后氏”与“殷人”“周人”对举，此其证也)。言夏代之亡可为殷代之鉴，故云“不远”也。若作“在夏禹之世”，则毫无意义矣。

(15)相古先民有夏……今相有殷。……有夏服天命，惟有历年。……有殷受天命，惟有历年。(《书·召诰》)

此处夏殷对举，皆统指其全代。若改作“夏禹”便不可通。若因其言夏不举禹，遂谓禹与夏无关系，然则此处言殷亦未尝举汤，岂汤与殷亦无关系欤?

综上观之,《诗》《书》中九篇说禹,六篇说夏,其中有十三篇无说明禹与夏之关系之可能(第一、二、三、四、五、七、八、九、十、十一、十三、十四及十五条),其余亦无说明禹与夏之关系之必要。顾氏又引《论语》上未言禹与夏之关系为证,按《论语》上言禹者仅三条:

(1)禹,吾无间然矣。

(2)禹稷躬稼而有天下。

(3)舜禹之有天下而不与焉。

前一条言禹之行为,绝无举及其国号之需要。后二条两单名对举,更不能将"夏"字添入。

是故,关于禹与夏之关系,《诗》《书》《论语》均不能施用默证。换言之,即吾侪不能因《诗》《论语》未说及禹与夏之关系,遂谓其时之历史观念中禹与夏无关。而顾氏所谓"禹与夏的关系……直至战国中期方始大盛,《左传》《墨子》等书即因此而有夏禹的纪载。……禹与夏没有关系,是我敢判定的"云云,绝对不能成立。(以上评顾氏文中"禹与夏有没有关系"一节。)其他由根本观念推演而出之妙论,自然"树倒猢狲散",本可不必再浪费笔墨以辨之。惟以其影响于一般仅从报章杂志中求智识之青年对于古史心理,甚巨且深,故不殚更赘数言。

顾氏以禹、夔、饕餮在字义上为虫兽之名,而假定禹为动物,刘掞藜氏已明辨其谬(《读书杂志》第十三期第二页第四格)。吾侪更当注意者，顾氏谓夔、饕餮为兽，遂“推之于禹”亦当非人，此种类推法(analogy)，史上绝不能用为证据。(参看 J. M. Vincent：*Historical Research*，pp. 257-259. New York Holt and Co. 1911.)彼又谓：

> 在传说中，鲧为治水的人。《说文》云：“鲧，鱼也。”《左传》云：“尧殛鲧，其神化为黄熊。”(下引朱熹语云：“熊乃三足鳖。”)则鲧为水中动物，禹既继鲧而兴，自与相类，故《淮南子》即有禹化为熊的故事。

夫鲧训为鱼，而不能谓名鲧之人即鱼也。此理刘氏阐之已详，兹不赘。鲧化为熊之神话，乃指其死后之事，与生前无涉。若因神话言其死后化为动物，遂谓其非人，则《成都记》亦云“杜宇死，其魂化为杜鹃”，岂蜀帝杜宇为鸟而非人欤？即退一步言，古代有鲧为水中动物之神话，而因禹与鲧相类，遂谓古代亦以禹为水中动物，此种类推法之结果，亦不能据为典要。至《淮南子》乃汉人之书，且多妖言，决不能用以证春秋以前之历史观念。

顾氏又曰：“《天问》言治水有‘鸱龟曳衔，鲧何听焉’及‘应龙何画’之问，《山海经》本此，遂言禹治水时有应龙以尾画地，即水泉流通，禹因而治之。可见治水神话中水族动物很多，引禹为类，并不为过。”

此用类推法，与前者同一谬误。且即用类推法，亦必须两物相类，然后有可推。试问总理治水之禹，与神话中画地之应龙、曳衔之鸱龟(按王逸注云，“鲧治水，绩用不成，尧乃放杀之羽山。飞鸟水虫曳衔而食之”。此言固不能据为典要，然顾氏谓鸱龟为治水中动物，其言亦无确据也)，安能引以为类!

顾氏又曰：“《左传》与《天问》均说鲧化熊。《天问》又说‘伯禹腹鲧’，又说‘焉有龙虬，负熊以游’，觉得伯禹与龙虬有合一的可能，觉得第一条理由又得一凭藉。”(按第一条理由谓禹为似蜥蜴之动物，刘掞藜氏已驳之。)

顾氏谓鲧为熊之说不能成立，前已明之。《天问》云：“伯禹腹鲧，夫何以变化?”按腹，王逸古本作“愎”，言伯禹与刚愎之鲧何以变化而不相同，有何神圣之处足供附会。“龙虬负熊”之熊，与鲧有何关系?(若因神话谓鲧化为熊，言熊便是指鲧，然则凡言杜鹃者便指蜀帝杜宇耶?)而“负熊”之龙虬与禹又有何关系?愿顾氏明以教我!

顾氏复下一假定曰：

> 商周间南方的新民族有平水土的需要，酝酿为禹的神话。这个神话的中心点在越(会稽)，越人奉禹为祖先。自越传至群舒(涂山)，自群舒传至楚，自楚传至中原。流播的地域既广，遂觉得禹平水土是极普遍的，进而至于说土地是禹铺填的，山川是禹陈列的，对于禹有一个地王的观念。
>
> 中原民族自周昭王以后，因封建交战而渐渐与南方民族交通。故穆王以来，始有禹名见于《诗》《书》。又因后土之祀，得与周人的祖先后稷立于对等的地位。

关于此假定，吾侪可分五层评论。

（一）请问“商周间的新民族”是否“有平水土的需要”？顾氏曰：“楚越间因土地的卑湿，有积水的泛滥，故有宣泄积水的需要。因草木的畅茂，有蛟龙的害人，故有焚山泽、驱龙蛇的需要。”焚山泽乃益事，与禹无涉，兹且不谈。至谓楚越积水泛滥，则不能不请其“拿证据来”。顾氏引《天问》“地何以东南倾”“东南何亏”及《汉书·地理志》“江南卑湿”三事，遂谓周代楚越之地，与孟子所谓尧时“洪水横流，泛滥于中国……下者为巢，上者为营窟”“竟这等相似”。按古人所谓“地不满东南”，乃因我国东南部地势倾陷，为江海所归，此与陆地上积水泛滥，自是二事。且《天问》所谓“东南”并未明言何地，安得随意指为楚越。读者更须特别注意：《汉书》只言“江南卑湿”，而顾氏则云：“楚越间地势卑湿，积水泛滥，故有宣泄的必要。”此全为凿空附会之谈，实犯史法上“从抽象名词推理”（reasoning from abstract terms）之大病（参看 *Historical Research*, pp. 259-260），夫吾人今日犹恒谓“粤地卑湿”“南方卑湿”，然则广东亦“积水泛滥，有宣泄之必要”耶？

（二）禹若为楚越民族所虚造之神话中人物，则决不能于华夏之历史观念中有立足之地。何也？春秋以前，吴越荆楚诸族，乃中原人民所鄙为“蛮”“夷”而不侪于人类，而又中原之世敌也。夫以自命堂堂之华胄，而乃取彼“蠢尔蛮荆，大邦为仇”之民族之神话中人物，与中原历史观念根本相凿枘者，举而加诸乃祖乃宗（后稷）之上，与之配祀，垂为型仪，律以古代夷夏之防之严，及以夷变夏之大惧，此必无之事也。

（三）禹之神话盛于楚越，不能为禹之观念创自楚越之证。安知非由于楚越与中原民族接触后，禹之史迹输入，因从而放大附会耶？禹之神话之所以盛于楚越，吾尝求其故，盖有二焉：(1)南方民族富于想像，独擅构造神话之能力。(参看顾实《周代南北文学之比较》，见东南大学《国学丛刊》第一卷第三期。)(2)越欲借华夏自重，以洗刷蛮夷之名，而自认为禹后(此正犹刘渊之自认为汉高祖后)，益有制造禹迹以弥缝之之必要。此禹致群神会稽，道死葬会稽等传说所由起也。

(四)绳以逻辑。顾氏之假定之能否成立，根本上全视乎能否证明周昭王以前中原民族无禹之观念，及周昭王以前楚越已有禹之观念。二者缺一，则其假定无根可据。关于后者，顾氏未道及只字。吾尝代之向汉以前之载籍搜索，毫无影响可寻。关于前者，顾氏之言曰：

> 《周颂》有"自彼成康，奄有四方"之语，可见其作于成康之后，昭穆之世。细绎《周颂》的话，他们也说山河，但没有道出个禹字。也说耕稼，但又没道出一个禹字。也说后稷，但又没有道出他和禹曾有过什么关系。一比了商鲁《颂》、大小《雅》对禹的特别尊崇，就显出《周颂》的特异。《周颂》为什么特别不称禹？原来作《周颂》时尚没有禹的伟大神迹传到周民族来。

《周颂》中有一首称《成康》，只能证明此首作于成康之后，不能证明《周颂》三十一篇作于成康后若干时。换言之，即不能证明此三十一篇皆作于大小《雅》、周鲁《颂》之中各诗前，昭穆之世。是故吾侪不能用《周颂》以证昭穆之世之历史观念。兹退一步承认此层，顾氏之论据亦违反默证适用之限度。夫欲因《周颂》中称山河、稼穑、后稷而不举禹，遂断定其时无禹之观念，则必须证明凡言山河、稼穑、后稷，非将禹举及不可。然此论绝对不能成立。试观大雅及商鲁颂之“崧高维岳”“帝省其山”“瞻彼旱麓”“景员维河”“思乐泮水”“江汉浮浮”，并言山河而亦未将禹举及。然则作此诸诗时亦无禹之观念耶？《诗》三百篇中之言后稷者，惟《閟宫》将后稷与禹对举，然则除《閟宫》外，其余言后稷各诗之作者亦皆无禹之观念耶？禹乃治水者而非耕稼者，言稼穑自无举禹之需要，此更无论矣。至是，吾侪可下一结论曰：《周颂》之不称禹，乃因无称禹之需要，并无“特异”，并非“特别的不称禹”。故不能因其不称禹，遂谓其时无禹之观念。

（五）顾氏谓“土地是禹铺填的，山川是禹陈列的”，又谓禹“又因后土之祀，得与周人的祖先后稷立于对等的地位”（并引上列顾氏所立假定中语）。前者乃将“敷”“甸”二字穿凿附会之结果，后者乃由于误读《国语》，并经刘掞藜氏驳证。（见《读书杂志》第十三期第四页及第十六期第四页。）

综上五层观之，顾氏所设之假定绝对不能成立。（以上评顾氏文中“禹的来源在何处”一节。）

三、尧舜史迹辨正（参看顾氏文中“尧舜禹的关系是如何来的”一节）

顾氏因《诗》《书》（除《尧典》《皋陶谟》）无尧舜之称述，遂断定

“尧舜禹的传说，禹先起，尧舜后起，是毫无疑义的”，吾于第一节已辨其谬矣。彼于论禹之来源时，又尝谓：

> 我们称禹为“夏禹”，正和称尧为“唐尧”，称舜为“虞舜”一样无稽。《论语》上只言“尧舜”不言“唐虞”。唐虞之号不知何自来。《左传》上所说的“陶唐氏，有虞氏”乃夏代时的二国。……在《左传》上，舜没有姓姚，虞不言舜胤，尧没有唐号，唐亦不言尧后，或犹保存得一点唐、虞二国的本相。

夏禹事前已辨明，兹不赘。且谓“《论语》上言尧舜而不言唐虞”，此全非事实。按《泰伯》篇云：“舜有臣五人而天下治。武王曰：‘予有乱臣十人。’孔子曰：‘才难，不其然乎！’唐虞之际，于斯为盛。有妇人焉，九人而已。”其言舜当唐虞之际，正与《尧典》相符。即此一言，已足尽摧顾氏之谬说。夏代之有陶唐、有虞二国，毫不害尧之为唐帝，舜之为虞帝。夫刘邦之有天下也名汉，而刘龑之据粤也名南汉。李渊之有天下也名唐，而徐知诰之篡吴也名南唐。吾侪岂可因南汉、南唐为后周之二国，遂谓汉唐非刘邦、李渊之朝名乎？又吾侪既不能谓称尧舜必须言其为唐虞之帝，称唐虞必须言其为尧舜之后，然则又安能因《左传》之不言，遂谓其不如是乎？顾氏此处之谬，亦因误用默证。

尧舜与唐虞无关之说既不能成立，请进而论尧舜禹传授之史迹。关于此点，有当先决者二问题：(1)《尧典》《皋陶谟》作于何时？(2)《论语·尧曰》篇首章是否为后人伪托？顾氏力言《尧典》《皋陶谟》乃《论语》后之人所作，《尧曰》首章非《论语》原文。惟关于前者，顾氏至今尚未举出证据。(顾氏致钱玄同书中所举证据，已经刘掞藜氏证明其不能成立，见《读书杂志》第十一期。)关于后者，顾氏根据崔述之说。惟崔说当否，又成一问题。兹为斩除枝叶起见，先将《尧典》《皋陶谟》及《论语·尧曰》首章搁置不谈，专从顾氏所举证据中，观其所谓“尧舜的关系起于战国”之说能否成立。

(一)顾氏曰：“至于禹，我们看《洪范》明明说是上帝殛鲧之后而继起的。看《吕刑》也明明说是上帝降下的。看《殷武》《立政》，又只说禹迹而不言舜域。他只是独当一切，不是服政效忠。若照后人所说，则禹所画的九州原是尧舜的天下，何以反把这两个主人撇落在一旁?”

顾氏将《洪范》穿凿附会，刘掞藜氏已明辨之曰：“我们只要略略小心读《洪范》，便只看出不畀“洪范”九畴的是天，锡禹“洪范”九畴的也是天。鲧之殛死乃由彝伦攸斁。禹之嗣兴乃由鲧之殛死，并不是‘殛鲧是天，兴禹亦是天’。这里又只言禹之嗣兴，并未说禹受天命而平水土。”(《读书杂志》第十四期第四页第四格)

刘氏言甚当，无待予再赞一词。次观《吕刑》云：“上帝监民，罔有馨香。……皇帝清问下民(《墨子·尚贤》中引《吕刑》，亦作皇帝清问下民)……乃命三后，恤功于民。……禹平水土，主名山川。……上帝不蠲。”

此处前后均将“皇帝”与“上帝”对举，然则皇帝为非上帝而为人王可知(郑康成谓皇帝指帝尧，当否且不论)。《吕刑》既明谓禹受命于人王，即所谓“他乃是独当一切，不是服政效忠”之说乃不攻自破矣。水土为禹所平，九州为禹所画，而禹之迹所及又甚远，故以禹迹代表中国疆域。其所以不命舜域，其所以“将尧舜撇落一旁”者，正因舜未尝平水土，画九州，未尝有迹之故。

(二)顾氏曰：“《诗》《书》中言禹的九处，全没有尧舜之臣的气息，不必提要了。就是伪作的《禹贡》，也是说‘禹敷土，随山刊木，奠高山大川’‘六府孔修，庶土交正，低慎财赋，咸则三壤，成赋中邦’‘锡土姓’‘祇台德先，不距朕行’‘禹锡玄圭，告厥成功’。这是何等独断独行，称心布置！这何曾有一点儿做人的臣子的意味。末句所谓‘禹锡玄圭，告厥成功’，乃是告成功于上帝，上帝把玄圭赏赐与他。(《帝王世纪》和《宋书·符瑞志》有‘禹治水毕，天赐玄珪’的话，正作如此解。)”

读者须注意：顾氏所谓“完全没有做了尧舜之臣的气息”一语，实犯笼统之病。如何谓之“有做了尧舜之臣的气息”，如何谓之“没有做了尧舜之臣的气息”，顾氏未尝道及只字。夫《诗》《书》中(除《尧典》《皋陶谟》)无禹为尧舜臣之记载，此是事实。然亦未尝有禹非舜臣之反证或暗示。若因其言禹九条，未尝谓禹为尧舜臣，遂断定禹非尧舜之臣，此又违反默证适用之限度。何也？《诗》《书》(除《尧典》《皋陶谟》外)非尧舜禹事迹之记录，而言禹亦无必说明其为尧舜臣之需要也。

《禹贡》乃叙述禹在各地治水之经历，何能将禹与尧舜之关系事实牵入？且治水非在朝廷咫尺间之事，周行天下，去虞帝不知几千里。若不能“独断独行，称心布置”，必待请命而后动，则终其身不能疏一河矣。顾氏因其“独断独行，称心布置”，遂谓这何曾有一点儿做了人臣的意味，真所谓“知二五而不知一十”也。“禹锡玄圭，告厥成功”一语，固未言锡圭受告者为尧，然亦未言其为上帝，安能增字解释，任情附会耶？皇甫谧乃惯造伪史之大家，《符瑞志》乃妖言之总集，而号称疑古之顾氏乃引据其语，吾未解何故。

（三）顾氏曰："尧舜的传说本来与治水毫无关系，《论语》上如此，《楚辞》上也如此。自从禹做了他们的臣子之后，于是他们不得不与治水发生关系了。……但殛鲧的是谁呢？大家说不清楚。连一部《左传》也忽而说尧，忽而说舜。这可以见一种新传说出来时，前后顾全不得的情形。"

按《论语》《楚辞》并无尧舜与治水无关之证据或暗示。若因《论语》未尝言及尧舜与治水相关之事实，遂谓尧舜与治水无关，此又违反默证适用之限度。何也？《论语》《楚辞》非尧舜事迹之记录，而言尧舜亦无其治水之关系之必要也。《左传》昭七年，言"尧殛鲧于羽山"，乃出诸郑子产之口。僖三十三年，言"舜之罪殛鲧也"，乃出诸臼季之口。二人历史智识之程度未必相同，其矛盾何足异。譬如有某学校考历史，一学生言明毅宗死于李自成之难，一言其为清兵所杀，吾人其亦谓"这可以见出一种新说出来时，大家顾全不得的情形"乎？退一步言，上述二语非出诸子产、臼季之口，而为《左传》作者所附加，亦安能保其无因疏略而致误？且从逻辑上言之，凡两相矛盾之说，或有一谬，或两者俱谬，不能因其矛盾遂断定其两者皆虚也。

由此观之，顾氏谓尧舜禹的关系起于战国，其所举证据皆不能成立。此外顾氏以此观念为基础而建筑之空中楼阁，自无劳吾人之拆毁矣。综合以上两章，可得一结论曰：

顾氏所谓"禹是西周中期起来的，尧舜是春秋后期起来的，他们本来没有关系”，其说不能成立。其所以致误之原因，半由于误用默证，半由凿空附会。

原载《学衡》第 40 期，1925 年 4 月

评李泰棻《西周史征》

以今日沉寂之中国史学界，而有李泰棻氏五十七卷之《西周史征》出现，亦一值人注意之事也。惜乎其犹是纂辑，而未足为成一家言之著述耳。然纂辑实作史所必需之初步工作，其业不可废，其功不可没也。

纂辑先秦史料，古人亦多为之者。其在近世，清初马宛斯(骕)之《绎史》，其最著者也。然马书实有三病：捃摭未备，一也；引书只著书名，而不举篇卷，二也；解释不能博征慎择，三也。今李氏继续马宛斯之工作之一部分(西周)而力矫其弊，此凡治中国史者所当同称谢者也。若夫新材料、新解释有为马宛斯所未梦见者，则李氏实食时代之赐，后来居上，原无足奇。

李氏于篇首例言，明揭"本书志在博取，爰名史征。若夫考订古籍，揭伪崇真，此乃别事，非本书之责也"。而于经传解释，则又悉依据成说(甚且根本动摇之成说，如《诗序》)，创获无闻，故今可得而论者，惟在本书之体例与采材。

本书体例，全仿正史，为本纪十四、志十五、世家十二、列传十六。本书之性质，纂辑也。其体例则著述也。本书为继续马书之工作，而不肯继续马书之体裁，遂以纂辑而冒著述之形。本书之大病，即在于此。何则，本书之采摭实持“买菜求添”之态度，其资料皆未经考订、未经抉择者也。夫然，故其价值，其可靠之程度不一，甚有虽李氏亦当明知其荒诞无稽者。例如，玄鸟肇娠(《诗·生民》)及出郊反风(《书·金縢》)之类是也。今乃杂取此类资料，平铺顺列，连缀以成篇章，不为区别，不加等第，是何异黼黻与蓝缕共服，沉麝与粪壤同堆？天下最糊涂失次之事，有甚于此者耶？以西方史家之家法言之，则是未经内、外证(external and internal criticism)而辄言表述(exposition)所躐之等，实至巨也。李氏可自解曰：吾已声明不负考订责任，且引据皆注明出处，决不致贻误读者。然其如比次之不当何？则曷若直接了当，用类辑之体裁，以事为经，以书为纬，而书则以其时代之先后为次序，逐条分列，不加删削，不为贯属。例如，于鲁周公世家，则先例〔列〕周书之文，次周秦诸子如《孟子》《吕览》之文，次则汉人传述，如《史记》《韩诗外传》《说苑》《列女传》之类。如是则各种资料本身之价值可以一目了然，而流传失实之迹亦可资以推考。如是则本书之观瞻虽稍逊，而其所裨于史家者实大。虽然，不骛外表，但求实际者，世能有几人耶？

关于本书之采材，亦有可议者数事。

(一)本书既“志在博取”，而其体例又仿正史，则何以不采《史记·三代世表》以成西周世表，不采《史记·十二诸侯王年表》以成西周十二诸侯王年表？夫年表所以揭史事之纲领，明时代上之先后异同，实正史体例中之极进步者，虽不用正史体裁，亦不可废也。

(二)《律历志》一卷中，言及周代历法者，只极空泛之“周正以十一月”一语，何简陋乃尔？日人新城新藏研究先秦历象，著作颇多。其关于西周部分，可采以入本书者不少。新城新藏之著作亦有译成中文者，其《东汉以前中国天文学史大纲》译文见《科学杂志》第十卷第六期，作者宁未之见耶？复次，使《周官》而可据以为西周典制，如书中所假定者，则吾人未见《周髀算经》不可采以入历志也。即就李氏所已引用之书而论，其中可采以入历志之材料，亦决不若书中之寥寥。兹仅就所知者节录如下。

（一）《礼月令》：“孟春之月，乃命太史守典奉法，司天日月星辰之行，宿离不忒，无失经纪，以初为常。”

（二）《周官》。（甲）《太史》：“正岁年以序事，颁之于官府及都鄙，颁告朔于邦国，闰月召王居门。”（乙）《冯相氏》：“掌十有二岁，十有二月，十有二辰，二十有八宿之位，辨其叙事，以登天位。冬夏致日，春秋致月，以辨四时之序。”（丙）《保章氏》：“掌天星以志星辰日月之变动。”（以上《春官》）（丁）《大司徒》：“以土圭之法测土深日影，以求地中。”（此条原书已采入百官制）（戊）《土方氏》：“掌土圭之法以辨日景。”（《夏官》）（己）《司寤氏》：“掌夜时，以星分夜。”（《秋官》）

凡此本书历志皆不知采，毋乃疏欤？若云无关重要可省，则何以《史记》历书自黄帝考定星历至殷正以十二月一大段。全与周代历事不相涉者，独采以塞篇幅耶？

（三）本书于毛叔郑世家及猃狁传采及金文，有足多者，然其于毛公鼎铭，明知释文“以王国维为最后而最精”（原注），乃弃而不取，反依吴氏愙斋《集古录》之释注，致蹈讹误。（今以王注校之，“弘厌乃德”“庸集乃命”及“克辟乃辟”等处之“乃”字，皆当释作“厥”；“庸集乃命”及“弗及邦庸”之“庸”字，皆原作“𢆶”，义未详。）此不可解者一也。书中节录鼎铭至“乃辟陷于艰”止。此下“王曰父瘖”至“以乃族于吾王身”一段，与上文有同等重要，且与上文相合，乃成一段落。（“吾王身”以下，叙所锡之物，另为一段落。）今乃拦腰截断，此不可解者二也。凡此皆苟且之征。

虽然，此书之贡献具如本文之首所称，吾人不欲以其疵眚掩之也。

署名“素痴”，原载《大公报·文学副刊》第3期，1928年1月16日

附：

李泰棻君来函

素痴先生足下：

承示《大公报》副刊，获读大著。以学者严正之态度，批评拙著《西周史征》。足下谓：“以今日沉寂之中国史学界，而有李泰棻氏五十七卷之《西周史征》出现，亦一值人注意之事。”不佞谓以中国人不喜读书之今日，而有足下之评文，更一可喜之事也。拙著意在辑纂西周史料，编次成书，若以马氏《绎史》体例裁成，纯属史料性质，不得谓史。不佞意在成一近于史之书，故取八经、《周书》《竹书》《国语》《史记》等书之有关于西周者编次成文，而以周秦、两汉诸子辅之。惟讲经诸说，自汉至今，各有成说，故往往备列诸就〔说〕而取其一。至何以必取此说，则或引先儒之成言，或征事理之有据。是于编次成〔史〕料之中，又寓去取之意，故遂以纂辑而冒著

述之形。足下谓为大病，然实不得已也。

西周史料，自以经为第一。故《生民》之诗、《金縢》之篇当然采为史料。心有未安，不能屏斥，仅可于注中聊志厥疑。数千年后而纂古史，舍此法外恐无他道。沉麝与粪壤同堆，不佞亦何不知？然究无术避免。故拙著不敢称史而曰史征也。如足下所谓成一家言，则原无此志，有之亦恐不可能也。至于足下所谓以事为经，以书为纬，仍是马氏《绎史》成法，不过引书而揭篇章。此乃别途，在足下观之甚善，不佞亦不非此法，然非鄙志也。关于本书资料，足下批评三事，谨分答如左。

（一）足下谓拙著无世表及年表。不佞以为不但世表、年表当作，即百官及封国表均应补作。然所以未作者，即西周史料金文中有一部分，如官名、国名之类，均可补古籍之不足。以搜集金文著述尚未完备，故表暂略。此则当于例言中声明而未声明。足下所言甚是，后当补作也。

（二）足下谓《律历志》简陋，此实不佞于古历一科学力甚浅，此于例言中亦略声明，故未敢妄引诸说。新城新藏之著作不佞实未之见，尊处如有，愿假一阅。惟正在研究古历中，后亦当副尊意增补也。

（三）足下谓本书于毛叔郑世家及玁狁传采及金文，有足多者。是乃仿王国维氏成法，正足下所谓实食时代之赐，原无足奇。毛公鼎金文及孙诒让、王国维释文，原稿皆有。后以刻字太多，手民颇有难色，致中途裁去，遂有此失。言之亦殊可笑，后当斠补也。

更有声明者，列传中尚缺褒姒传，此外谬误所在多有。不佞印行此书，原为初稿，意在就正高明，甚愿海内贤豪如足下者进而教之，俾将来付梓有所增改，则幸甚矣。

李泰棻拜覆（旧历元旦）

【更正】按新城新藏之《东汉以前中国天文学史大纲》译成汉文，系登载《科学杂志》第十一卷第六期。前素痴君《评〈西周史征〉》文中作第十卷第六期，系手民之误。本刊编者识。

原载《大公报·文学副刊》第5期，1928年2月6日

续评《小说月报》“中国文学研究号”

此书本刊前期已有评论，兹续其未尽者，拉杂书所见如下。然此书谬妄浅陋之处逐目皆是，今亦不能觇缕举也。

（一）首篇为郑振铎君《研究中国文学的新途径》。郑君所谓文学研究，实即文学史之研究。夫文学之研究而仅限于史的方面，亦已狭矣，姑舍此不论。郑君所提出之“新观念”，一则为归纳的考察，一则为进化之观念。郑君所谓归纳的考察，乃指求真实之完备证据。夫此固一切考证工作之所同，不如是则不成其为学，初无待于郑君洋洋数千言之空论而诩为“新观念”也。而郑君洋洋数千言中，反有使人喷饭之处，如云“归纳的考察倡始于倍根……在以前无论研究什么问题或事件，都先有了一个定理或原则……”以归纳法倡始于倍根，则理论上不知何以处亚里士多德，实施上何以处Galileo John Kepler等辈？此固无关于文学，然亦可见郑君之常识矣。郑君又指出开辟之新途径共有三：(1)外来之影响；(2)巨著之发现；(3)中国文学内容之分类。此三项非不当注意，然尚有更重要于是者。仅从此三方面发展，决不能得完满之中国文学史，且第二固有非人力所能强为者。吾人以为整理过去之中国文学，当从下列三方面着手：(1)作品之阐明，即主要作品(standard words)之校勘注释，鉴别真伪，考订时代及评判价值是也；(2)作者之阐明，即文学家传记之精细研究是也；(3)文学与时代之交互影响之研究。若夫文体之源流、文家之派别，又其次要者矣。郑君于“新途径”之第三项下，述其个人所定之中国文学书分类法，一方面有概括不周之病，一方面贻区类失当之讥，而排列亦欠妥。兹为改订如下，读者比而观之，便知其得失：第一类汇集；第二类诗歌；第三类戏剧(以上三类仍旧，惟名称稍改)；第四类弹词(内容即原第五类)；第五类小说(即原第四类，惟当将原第八类中之寓言移入此类)；第六类史传，原第八类个人文学及第九类中之游记应入此类，并加传记、专史、杂史、通史等；第七类论著，包括原第六类散文集及原第九类中所余各项(其中谣谚一项应移入诗歌类)，并加学术专著一项，仅采其有文学价值者如《庄子》《孟子》《天演论》之类；第八类文学批评(仍原第七类)。

(二)郭绍虞君《文学演进之趋势》一文，乃根据摩尔顿(Moulton)《文学之近代研究》一书中之文学演进表而立论。郭君于中国古代有无史诗(epic)之问题依违不能决，而谓吾人今日所以不能考察古代史诗之故有二：一则先民尚实，不喜荒唐之神话，故叙事诗之质量皆逊，无流传之价值；一则或由孔子不语怪力乱神，《诗》《书》经其删定，史诗遂以失传。以吾人观之，此两说皆不能成立。谓古代民族不喜荒唐之神话，则曷不读《山海经》？就诗歌言，如《离骚》《九歌》《招魂》，莫不以荒唐之神话为主要资料。《诗》《书》之未经孔子删削，殆成清代学者之定论，而《诗》《书》中亦未尝无荒唐之神话。以吾人观之，中国古代殆无史诗，果有之，当不能□

采风之使之耳目，且自殷末以至战国五六百年间，歌谣讴谚不绝于称引及集录，何故独遗史诗？谓古实有之，至有史时代而忽然忘却，有是理乎？至中国何以无史诗，则可用斯宾格勒之历史哲学解释之。一文化有一文化之基本象征(fundamental symbol or general idea)，其基本象征不同，则其所表现于文化上者自不能无异，初不必求其故于外表之事实也。复次，摩尔顿氏举文学之系别归纳于一元，其说多牵强附会。郭君步趋不离，亦可谓食西不化者矣。郭君谓哲理文所以从抒情诗蜕变而来的缘故，则实以意志为其枢纽，情与志本常相混而不易分析……志又与知常相混而不易分析……所以抒情诗有蜕变为哲理文之可能。推是说也，则一切知识学术皆可附会谓由抒情诗蜕变而成，又何独哲理文乎？

(三)潘力山君《从学理上论中国诗篇》中谓秦以前，我国只有歌诗(与声乐舞蹈相伴)及剧诗而无独立诗，不知其何以处《离骚》《九章》及《天问》诸作也。

(四)梁启超君《释“四诗”名义》一文，乃其《要籍解题》中《诗经篇》之一段。梁君此文之主要意见，即推翻旧日以风、雅、颂三者为四诗之说，谓尚有南一类(《周》《召》二南)，合风、雅、颂恰成四数。梁君于本文之末声言曰：“我这种解释，惟释颂一项本诸阮元《揅经室集》而小有异同，其余都是自己以意揣度的，或者古人曾说过亦未可知。”然事之巧妙竟有不出梁君所料者。梁君“释南”之说六百余年前程大昌已发之，且梁君所举证据无一不为程氏所已举者。兹比列程氏与梁君之说，读者一阅便知。

(1)程说(见程氏所著《诗议》之第一篇，粤雅堂丛书本，《焦氏笔乘》卷二第二十八页引)：

盖南、雅、颂，乐名也，若今乐曲之在某宫也。南有周、召，颂有周、鲁、商，本其所从得而还以系其国土也。……《鼓钟》之诗曰："以雅以南，以籥不僭"。季札观乐，有舞"《象箾》《南籥》"者。详而推之：《南籥》，二南之籥也；箾，雅也；象舞，颂之《维清》也。其在当时亲见古乐者，凡举雅、颂，率参以南。其后《文王世子》又有所谓"胥鼓南"者，则南之为乐古矣。

(2)梁说：

《诗·鼓钟》篇"以雅以南"，南与雅对举。雅既为《诗》之一体，南自然也是《诗》之一体。《礼记·文王世子》说"胥鼓南"，《左传》说"《象箾》《南籥》"，都是一种音乐的名，都是一种诗歌。

然程氏之说亦有与梁君不同者。程氏谓原始之《诗经》只有南、雅、颂三体，而风为后起，引证颇凿，兹不赘述。

(五)本书之最末一篇，为郑振铎君之《中国文学年表》。篇首声言未及细校，疏漏及错误当不免。夫谨严之编辑家，决不应以此等语自文饰。今观此篇去取失当之处，直不胜举。如于先秦，则有申、韩而无老、墨、荀(其生卒年虽不能确知，亦当著其大略)。又如屈平之生卒年固不能确考者，而篇中竟不加疑词。于西汉则张骞使西域之年沿坊间年表之误，固可无责。于东汉有桓谭、崔瑗、仲长统，而无王充、张衡、王符，真不可解矣。于六朝则著《文心雕龙》之刘彦和竟不能占一席。于五代则冯延巳竟见弃遗。自郐以下，吾不欲观之矣。

署名“素痴”，原载《大公报·文学副刊》第8期，1928年2月27日

评《中山大学语言历史研究所周刊》论文

广东中山大学近创办语言历史研究所，其规模略仿旧日北京大学国学研究所，并印行周刊，其体例亦仿旧日北大研究所周刊。该刊以去年十一月创刊，至现在止，吾人所得见者共有五期。撰述人多为校教授，虽取材间或不甚紧严，亦近日出版界中在水平线上之刊物也。就所见五期中，可注意文为下列之四篇，兹一一略加评骘。至第三期中陈寅恪《童受〈喻鬘论〉梵文残本跋》则已见《清华学报》四卷二期，本刊第二期业已论及。

评顾颉刚《秦汉统一之由来和战国人对于世界的想像》

顾君此文大意，谓三代国境不出黄河两岸，“九州乃是战国的时势引起的区划土地的一种假设”“因为那时四海之内有九个方千里的地，所以就有了九州之说”，因断定《禹贡》为战国时所作，并谓战国人认当时之疆域为三代之疆域，赖此谬误之历史见解，消除种族之成见，故能有秦汉统一之业云。此文傅斯年君曾有评论(见该刊第二期)，指出小节之错误甚多，兹概不赘述。然顾君此文尚有数大谬误，为傅君所未见及者。

(一)三代王畿之狭小，自是事实；然王畿与全国境域不容混为一谈。春秋以前，王朝之势力及其与长江流域诸国之关系，吾人决不能据春秋时之情形推断，因国势之消长及领域之伸缩为历史上所恒有事也。九州之划分，远在战国之前，器物上及史籍上证据凿然，乌能抹杀？

(甲)齐侯镈钟："虩虩成唐(汤)……有敢(严)在帝所，博受天命，咸有九州，处禹之堵。"

(乙)《商颂·玄鸟》："宅殷土芒芒，古帝命武汤，正域彼四方，方命厥后，奄有九有。"

(丙)《商颂·长发》："九有有截，韦顾既伐昆吾夏桀。"

(丁)《左传》哀公四年："士蔑乃召九州之戎。"

(戊)《左传》宣公三年："王孙满对曰：……昔夏之方有传也，远方图物，贡金九牧，铸鼎象物。"

(己)《国语》："共工氏伯九有也，其子曰后土，能平九土。"

《左》《国》之文，顾君自可指为战国人之臆则〔测〕；然《商颂》、齐钟，岂亦战国人所伪造欤？(《商颂》，据王国维所考，乃西周中叶人所作；齐钟从字形上推定，亦春秋时物。)如是普通之证据，曾不覆按，而信口疑古，天下事有易于此者耶？吾人非谓古不可疑，就研究之历程而言，一切学问皆当以疑始，更何有于古？然若不广求证据，而擅下断案，立一臆说，凡不与吾说合者则皆伪之，此与旧日策论家之好作翻案文章，其何以异？而今日之言疑古者大悉类此。世俗不究本原，不求真是，徒震于其新奇，遂以打倒偶像目之，不知彼等实换一新偶像而已。

（二）顾君谓：“《商颂》里说‘邦畿千里’‘肇域彼四海’，看四海仅仅千里，那时天下是这样的小。”顾君于《商颂·玄鸟》中如此浅白之句，竟未能通其义，真足使人骇讶。按此段全文云：“邦畿千里，维民所止。肇域彼四海，四海来假。来假祁祁，景员维河。”《说文》：“畿，天子千里地，以远近言之，则言畿。”然则畿乃国境之一部分，而非其全部也。此言四海，非指四海之本身，乃指四海以内之一切国（故云“来假”），四海正与邦畿相对，谓邦畿以外，四海诸国皆来朝献也。若以邦畿与四海为一，则不独文字上无此诂，且原文竟不可通矣。

（三）顾君谓秦汉以后武功之低落，在思想上以儒家德化之说为重要原因。关于此点，吾无间言。然顾君于汉元帝从贾捐之议弃珠崖之事，谓“这种宽洪的度量……秦始皇、汉武帝一辈人都是不会有的”。此点虽无关大体，然此言实乖历史常识。按武帝晚年亦深悔早年之远略，其罢轮台设尉之议，实与元帝之弃珠崖同调。故班固谓，“末年遂弃轮台之地，而下哀痛之诏，岂非仁圣之所悔哉！”（《汉书·西域传》赞）读者或顾君如欲知此诏，可检《汉书·西域传》“渠犁城”条，兹不赘引。

评顾颉刚《春秋时代的孔子和汉代的孔子》（该刊第五期）

顾君此文略谓以圣人为理想中最高之人格，始见于《论语》。孔子只以君子自居，未尝以圣人自许。孔子卒后，因其人格之伟大，世人之期许，及门弟子之宣传，遂成为圣人。战国人渐加附会，视为能未卜先知之人。及汉代纬书，则直以孔子为神怪之人物。此皆非孔子所及料者矣。

此文大体上极允当，然亦有谬误。如云，“我们读《论语》，便可知道他修养的意味极重，政治的意味很少；不像孟子，他终日汲汲要行王政治，要救民于水火之中”。实则就《论语》考之，孔子救世之热情，初未尝减于孟子。(不过其时游说之风未盛，故《论语》中无如孟子游说人主之辞耳。)试观时人对孔子之批评，微生亩则谓“丘何为是栖栖者欤？毋乃为佞乎?”石门之晨门，则谓“是知其不可而为之者欤”。孔子之自期，则谓“苟有用我者，期月而已可也，三年有成”。其后晚年不遇，则有“凤鸟不至，河不出图”之叹。以上仅就记忆所及者举之，若取原书逐章寻索，必不止此。又如《佛肸》《公山》及《子见南子》三章，以崔东壁指为伪，兹不引。何得谓孔子“政治的意味很少”?

评胡适《论左传之可信及其性质》(该刊第一期)

胡君此文乃节译瑞典学者珂罗崛伦(B. Karlgen，其汉文名曰高本汉)之作而间有评论，珂氏之书今已有译本(上海新月书店出版)，胡君之评论亦有极不中肯者，如云，“用K(指珂氏)比较周秦西汉的文字结果，我们可以得恰相反的结论。……如果周秦西汉古书中没有和《左传》同样的文法，那么，我们不可以说《左传》是西汉晚年的作品吗”。不知珂氏之不采此结论者实自有故，因彼在前篇已证明司马迁确曾见左氏之书，且采用之也。

评余永梁《粊(费)誓的时代考》(该刊第一期)

余君此文谓《书·序》以为《费誓》纪伯禽时事者谬，此篇乃鲁僖公时人所作，纪鲁僖公时事者。其主要证据：(1)从古彝器考之，周初人称徐为“徐方”，而《费誓》有徐戎之名，显为春秋时人语，又《费誓》文体与《秦誓》同，《秦誓》作于鲁僖公时。(2)鲁僖公有伐徐戎之事(见《左传》及《诗·鲁颂·閟宫》)，而费地与《閟宫》所纪用兵之地合。此文考证极精细，然其结论似尚未十分稳固，因第(1)证据只能证明《费誓》作于春秋时，而不能证其所记为春秋时事；第(2)证据只能证明鲁僖公时亦有伐徐戎而用兵于费之事，不能反证伯禽时无同样之事也。

原载《大公报·文学副刊》第8期，1928年2月27日；后载《中山大学语言历史研究所周刊》第2卷第19期，1928年3月6日；今据后者录入

评郭沫若译《浮士德》上部

尝病国人之读西书，多不知善择，往往小言琐记，视同圭珍；而文化之结晶、不朽之名著，反束于高阁，其介绍翻译也亦有然。往者林琴南氏以旷世之文笔、锲而不舍之辛勤，而所译多第二、三流以下作品，论者惜之，而后人知以林氏为鉴者盖鲜。歌德(Goethe)之《浮士德》(*Faust*)者，乃德国文学之精髓，而与希腊荷马之《伊丽雅》、罗马威智儿之《伊尼雅》、意大利但丁之《神曲》、英国莎士比亚之《哈孟雷特》共为世界文学五大伟著者也。今郭沫若君译之以饷国人，可谓知所务矣。(《浮士德》一册，歌德原著，郭沫若译，上海创造社出版部发售，民国十七年二月出版。)

《浮士德》原书分上下二部，上部之前有三曲。(一)献词。(二)舞台上楔子，为台主丑角与诗人之对答，大旨在讥讽庸俗之缺乏艺术鉴赏力。以上皆与剧情无关。(三)天上楔子。魔鬼之王麋菲斯特菲烈斯谒于上帝，言及下界浮士德其人。魔鬼曰："吾能诱之使入于邪。"帝曰："不然，纯善之人自能于迷惑中寻正道。"魔鬼请试之。帝曰："恣汝所为，吾言终验。"言已遂退。以下即入上部正文。浮士德坐于书室中，厌倦于智识之求索，将欲自杀，为天仙所止。是夕魔王变形相见，约明日复来。至则许浮士德以人世一切享乐，而浮士德售其肉体与灵魂与魔王为酬。议成，刺血书券，浮士德遂偕麋菲斯特出游。至 Noremberg，遇玛伽泪于途，艳之。藉麋菲斯特之力，几经辗转乃得近之，以后频相聚晤，穷极新交初恋之欢。浮士德请深夜会玛伽泪于其闺中，并授以蒙药，使饮其母，免其觉而阻尼。玛伽泪竟许之。其母饮药后，遂不起。是夜浮士德如期至，遇玛伽泪之兄华伦丁。华伦丁素愤浮士德之所为，相与格斗于月光下。华伦丁重创，死于玛伽泪之臂上。临终，当环集之群众前声数玛伽泪之罪，众乃系玛伽泪于狱。浮士德既创华伦丁，随麋菲斯特逃之山中，与巫女歌舞，夷然若无事。后闻玛伽泪入狱，深夜偕麋菲斯特共往救之。浮士德独入见玛伽泪，死路相逢，还疑是梦，深情所感，痛恨全忘，相抱唏嘘，各诉所苦。已而天将曙，麋菲斯特来促逃。玛伽泪见之大惊。伊素知其非善类，深恶之。至是宁受上帝之裁判，不肯与之偕逃。浮士德无如何，终随魔鬼出。玛伽泪在后频呼 Heinrich！Heinrich！（浮士德之名）。第一部遂终。第二部历叙浮士德致身为人类服务，于此中得人生之意义，魔鬼终莫能诱，最后在天使环绕、天乐悠扬中，浮士德之灵魂上升于天国，而楔子中上帝之预言果验。由是观之，则原书上下二部各成一段落，各可为一独立之著作。许多批评家且谓后部破坏前部之命定与终决（fatality and finality），实为一艺术上之错误，不如使前部分离。今郭君仅译上部，并谓："也把那全译的野心抛弃了。"是固无足深憾也。

郭君在近今白话文学作家中，文字尚为明晰可解者。兹译全用韵文，亦为一种新尝试。郭君于后序中自谓以已尽至善之努力，并云："为要寻出相当的字句和韵脚，竟有为一两行便虚费了我半天工夫的时候。"此种不苟之精神，吾人甚乐为表彰。然据后序中所自述，郭君之成此书，不过初译费时一暑假，改译"仅仅只有十天"。倚马可待，固足自豪，然观其译本中谬误之多，如下文所例示者，吾人毋宁劝郭君不必如此匆匆。人生虽促，然不宜在此等处省时间也。抑吾人更有不解者，以偌大著作，初次介绍于国人，乃无只字之序引。一般读者若于原作者之生平及原书在文学史上之地位无相当之认识，乌能了解而欣赏之？岂译者夕甫杀青，朝既付梓，遂无暇顾及其他欤？若然，则对读者未免太不负责矣。

近余方读歌德原书，适于友人案头见郭译本一册，因取以与原书校。其谬误荒唐，令人发噱之处，几于无页无之。若为详尽之《郭译〈浮士德〉上部纠谬》，吾恐篇幅直足与译本埒，而本副刊亦不能尽登。兹只就剧前献词、舞台上楔子二段（约占译文二十二分之一）而论，郭译之谬误已不下二十余处，其中有十余处直与原文风马牛不相及。兹揭示于后，以见一斑。抑郭君在后序中有云："有许多人把译者的苦心完全抹杀，只在卖弄自己一点点语学上的才能。……我也并不是要拒绝任何人来纠正我的错误，只要是不出于恶意，我是绝对欢迎的。"今予有所绳纠，谨先声明非欲抹杀"译者的苦心"，惟予是否"卖弄自己一点点语言学上的才能"，又如何然后可谓为"不出于恶意"，予殊未能自决，愿郭君明以教我。

译文谬误举例：

（一）原书献词第二节末二行云：

Und nennt die Guten, die, um Schöne Stunden

Von Glück getäuscht, vor mir hinweggeschwunden.

意谓旧日良朋，有方在华年，而为幸运所骗，弃我而逝，今重加题起(黯然伤心)也。而郭君却谓：

善良的人们已从我眼前消尽，
他们是被幸运欺骗令我伤神。(译本二页)

若是则歌德当时眼前所见无一善人矣。歌德未尝如是悲观厌世也。

(二)以上之误译与原文尚略有关联。惟次二首二行：

Undmich ergreift ein längst entwöntes Sehnen
Nach jenem stillen, ernsten Geisterreich.

意谓有一种久已忘却之渴慕，今乃重现，将吾攫取，引至彼幽寂严肃之精神世界。郭译作：

幽寂森严的灵境早已忘情，
一种景仰的至诚系人紧紧。(译本三页)

不独倒白为黑，直不知所谓矣。此种译笔，“真足系人紧紧”。

(三)译本第六页“忽然而成调，忽然而飞迸”一行。原文作：

Missraten jetzt und jetzt vielleicht gelungen,

意谓时而失词，时而辞达也。

(四)上行次二行原文云：

Oft, wenn es durch Jahre durchgedrungen
Erscheint esin vollendeter Gestalt.

意谓每有经过年代之锻炼淘汰，然后完善之作品乃显现。此为被动句而省去被动之助语(Verb to be)。其中，durch 乃指示 agent 者，与英文被动句中之 by 相当。(德文 direct agent 用 von，indirect agent 用 durch，英文概用 by。)郭君不明此句之文法构造，误以 durch 等于英文之 through，遂猜译作：

每每有经过多少岁时，
我们的作品然后才能完成。(译本七页)

(五)原文：

Drum seid nur brav und zeigt euch musterhaft,
Lasst Phantasie mit allenihren Chören,
Vernunft, Verstand, Empfindung, Leidenschaft,
Doch merkt euch wohl, nicht ohne Narrheit hören.

意谓(丑角对诗人言)是故尔当鼓勇，并以最优之榜样自示于人，使幻想并其一切色彩(ihren Chören. ihren 指 Phantasie. Chören 乃 figuratively 用，非指音乐上之合唱也)，如理智、领悟、感性、热情等，动人听闻。但当注意，于此等色彩之外，勿少却痴蠢(谓勿少却无意识之言取以娱乐也)。郭译作：

你平心静气宽怀大量，
驰骋你的幽思，加上些合唱，
甚么理智直觉感性热情，都可乱吹。
可你还要留心，总还要带些儿酸味。(译本八页)

读者当知，这“些儿酸味”全由郭君制造出来。

(六)原文：

Leicht ist es vorgelegt, so leicht als ausgedacht.

意谓此极易于展演，其易不减于片刻之空想。郭译作“别要徒费手腕，别要徒费思索”。(译本九页)

(七)原文：

Man eilt zerstreut zu uns.

意谓来观吾侪者皆放心旁骛。郭译作“三三五五连接来”。(译本十页)

（八）原文：

Die Damen geben sich undihren Putz zum besten
Und spielen ohne Gage mit.

意谓妇女穷极妆饰，不支薪金而加入扮演。（谓妇女在戏场供人观看，无异于台上之优伶也。）第二行郭译作“不费一文钱，早在替我们拉票”（译本十页），全失原文之妙矣。

（九）原文：

Wodurch besiegt er jedes Element?
Ist es der Einklang nicht, der aus dem Busen dringt
Und in sein Herz die Welt Zurückeschlingt?

意谓诗人何以征服万汇，岂不以一种和谐之美由其胸中发出，而复将宇宙吞入于其心内者乎？盖谓此和谐之美取现实之宇宙为资料，而在心中造成一理想之宇宙也。末二行郭译作：

岂不是以这由衷横溢的，
吞吐太荒的和谐。（译本十一页）

以吾之愚鲁，在未看原文时，实无从窥其奥妙。

（十）原文：

Wer teilt die fliessend immer gleich Reihe
Belebend ab, dass sie sich rhythmisch segt?

意谓此呆板单调、亘古如一之序列，谁区画之，使其依韵节而动耶？郭译作：

是谁区分出这平匀的节文，
永恒生动着一丝不乱。（译本十二页）

此为“神译”欤？“魂译”欤？“猜译”欤？吾不知所以名之。

（十一）原文：

Es wäehst das Glück, dann wird es angefochten.

意谓幸福滋长，旋被沮厄。郭君盖或一翻字典，见 anfechten 有引诱之训，遂将此句译作“幸福初生，色诱以从”（译本十三页），此亦“神译”之一例也。

（十二）原文：

Was hilft es, viel vom stimmung reden?
Dem Zaudernden erscheint sie nic.
Gebt ih, euch cinmal für poe en,

So kommandiert die poesie!

意谓多谈诗思之感动何补于事？诗思之感动从不显现于逡巡不前之人。尔等既自命为诗人，便当调遣诗国之兵将。郭却译作：

空谈一阵有何谓？
踌躇万事终无济。
天将你们做诗人，
你们便当点兵调将。(译本十七页)

前二行全搔不着痒处，第三行则与原文刺谬。

(十三)原文：

原文舞台上楔子之末，有一段绝妙好词(丑角对诗人之语)，予今试译之如下：

Den Jugend, guter Freund, bedarfst du allenfalis,
Wenn dich in Schlachten Feinde drängen,
Wenn mlt Gewalt an deinen Hals.
Sich allerliebste Mädchen hängen,
Wenn fern des schnellen Laufes kranz
Vom schwer erreichren Ziele winket.
Wenn nach dem heft' gen Wirbeltanz
Die Nächte schmausend man vertrinket.
好朋友啊！则当你战场中强敌当前，

则当娇嫋嫋绝代美婵娟，
把双臂儿使劲的在你颈上悬，
则当竟走时途路迢迢远，
锦标儿在可望难即处舞翩翩，
则当对对儿胡旋舞后腰肢倦，
沉迷痛饮到红日出天边，
则当这些时，这些时啊，
你如何可少却了青春的心。

郭君所译，亦天下之奇文：

青春时代呀，朋友哟，万事不可缺少。
当你临阵要逃脱，
当有绝代的佳人，
把你的颈儿紧吊，
当那远距离赛跑的荣冠……（译本十五页）

按原文全句内主词为 du，动词为 bedarfst，宾词为 den Jugend，Wenn 以下各短语乃历举需要 Jugend 之时也。郭君不明此，以 Jugend 为主词，以副词 allenfalis 为宾词，“当你”以下各短语遂无所附丽。译文不独费解，并且文法不通。hängen 一字在此处绝不能译作“吊”，“绝代的佳人把你的颈儿紧吊”，爱“你”欤？抑谋杀“你”欤？真费读者猜索也。Dich in Schlachten Feinde drängen，郭君译作“临阵要脱逃”，则作者岂成为天下之大懦夫哉！若是则不如及早自将“颈儿紧吊”矣。

以上仅举其荦荦大者。此外译文十八页中尚有小节之差忒十余处，兹限于篇幅，不能罗列也。（译本后序之末云“民国十七年十一月三十日改译竣”，又云“民国十八年一月十日校读后志此”。按今犹为民国十七年四月而此云云虽系小节，亦可见今日中国著作家及印书局司校稿者之玩忽荒疏何如也。）

署名“素痴”，原载《大公报·文学副刊》第 13 期，1928 年 4 月 2 日

评三宅俊成《中国风俗史略》

旅华日人三宅俊成（日本关东厅在支研究员）顷著中日文合璧之《中国风俗史略》一书，由北京西长安街二十一号文字同盟社印行，定价一圆。此书内容殊啬，中文部分不过二万三千余言而已。其叙述大体上按朝代分期，惟周以前为一期，秦合于汉，三国至隋合为一期，五代为一期。每期所述项目，时有增减，然大要不出服装、建筑、饮食、器用、仪礼、宗教、祭祀、舞乐、玩器、医疗、生业、货币等等。其资料以《初学记》《太平御览》《玉海》《渊鉴类函》等类书为主，而参以他籍。以偌大题目，而取材如此其简陋，篇幅如此其薄小，其不能有多大价值明矣。

然作者却以筚路蓝缕之功自居。其绪言之末云："现在各国均有风俗（志）及风俗史之编，而中国之旧邦未闻有此种科学的研究、系统的著述。今不揣菲才，乃拟为之尝试著述。"不知数年以前，胡朴安氏已有《中国风俗志》之编纂，张亮采氏已有《中国风俗史》之撰著（商务印书馆出版），且其书皆不如三宅俊成君此编之简陋。而三宅君乃未之知，遂至后来居下，劳而鲜功，亦可惜矣。

三宅氏此书以供通俗之浏览，已嫌其多不正确；若从学术上观之，则直无价值可言。盖其引据皆不注明出处，即每章之末亦不列参考之书，使人无从考核。此种缺略施于通俗之书犹可，惟决不容施于专门之著作。而日人于支那学之专门著作亦每每如是，深望其能及早变革也。

作者于周以前之资料，毫无批评精神，故三皇五帝创物之神话采掇无遗，此章直拉杂摧烧之可也。周以后各章亦时有谬误。如云“后汉明帝时佛教西来”（三十七页），不知西汉末年佛教已入中国，而汉明求佛之说不足信。如云“秦以后平民如有买卖奴婢”（三十七页），不知战国时已有之，见《史记·货殖列传》。如云唐代武器有枪炮（五十六页），不知火药之用为战具始于宋末，唐以前之所谓炮乃指发石击敌之机械耳。

除讹误外，尚有两大病。（一）叙述笼统。例如，其叙秦汉建筑，只此数语：“秦汉之建筑极盛，秦筑阿房宫，汉有种种室阁之建筑，庭院营造亦颇有雅趣。”试问读者于秦汉之建筑能得丝毫印象否耶？（二）叙述不明晰。古代器物后世已绝用或不恒见者，若但举其名称，读者必不能索解，等于废语，书中即多犯此病。例如，言汉代杂器有“七轮扇等”，按此乃据《西京杂记》记言长安巧工丁缓连七齿轮，上置风扇，一人运之，满室生风，但据字面，曷能揣知其意？又如言汉代玩戏，但云“有格五……摊钱影戏等”，亦犯同病。

然此书亦有一点可取，亟宜加以表彰。书中影印历朝明器中偶人，以表示其时代之衣装。此种新史料及其新应用，中国史家盖未有注意及者，惜书中图象极模糊耳。吾人由此暗示，广搜历代明器

（或其精细之影片），并佐以文字上之证据，以研究古代之服装，亦史学上极饶兴趣而极有贡献之事业也。

署名“素痴”，原载《大公报·文学副刊》第15期，1928年4月16日

评戈公振《中国报学史》

《中国报学史》一册，东台戈公振著，商务印书馆出版，定价三元。此书搜讨之勤，网罗之富，实为近来著作中之所罕见者。内凡六章，第一章绪论，正名申旨；第二章官报独占时期，述唐至清末邸报之沿革；第三章外报创始时期，述清嘉道以来西人在粤沪各地办报之经过；第四章民报勃兴时期(此所谓民报乃指纪载民事之报以别于官报者)；第五章报界之现状，并附插罕见之图画数十幅。此书不独可使报界中人明本业之掌故，其第二、第三及第四章可补史乘，后二章第三及第四章更可为近世史料一部分之目录。然其遗漏舛误之处亦所不免，兹摘举如下。

(一)资料之待补者。

(甲)本书第二章第十三页云，“光绪间又有《谕摺汇存》……盖杂志式之官报”。其后事如何作者未及。按《谕摺汇存》至宣统初年已停印，或创办一报名《华制存考》者继之，此报书中未举及。余藏有此报宣统元年十月一函，其函上广告云：“启者：本局(撷华书局)《华制存考》创办于《谕摺汇存》停印之时，其内容所采录皆治理事实，有裨公务，留心政治者堪作掌故，较之《谕摺汇存》更篇页增加，名例详备，日出一册，月钉成书。”其月刊中项目有宪政、政务、名臣及各部日事。

（乙）鸦片战争以前侨居广州洋行之西人曾刊有西文报纸，此为外人在我国内地办西文报之最早者，其事详美人 William Hunter 所著 *The 'fan kwae' at Canton before Treety Days* 一书中。

（二）疏谬之待正者。

（甲）本书第二章第四页载汉昭帝时，燕王告霍光及帝谓光曰：“此事朕知其诬也，不然，更调羽林，事方八日，燕王何由知之，已使告变矣。”作者谓意或彼时已有邸报传知朝政之事。按如所意，则昭帝当已知其故，何为讶问燕王何由知之？如燕王所据者为秘密之报告，则与公开之邸报无涉，而此等事何时蔑有？

（乙）本书第二章第七页云：“按雕版肇自隋时”，此盖据孙毓修《中国雕版源流考》。而孙氏则采《河汾燕闲录》之说，《燕闲录》则因误解隋书而致谬。此点美人加脱氏 Thomas Carter 在其所著 *The Invention of Printing in China and its Spread Westward* 一书中辨之至详，我国印刷术之起源，不能先于中唐也。（加脱氏之书已由向达君分章译出，载登中华图书馆协会之《图书馆学季刊》各期。）

（丙）本书第五章第九页以下，列举现今国内以学术为主体之杂志，殊多疏舛。《观象丛报》《新教育》《社会学杂志》《国学丛刊》《华国》《北京大学月刊》等早已停刊，《史地学报》已改为《史学与地学》季刊。民国四年发刊之中英文《清华学报》（季刊）久已停刊，今之《清华学报》乃半年刊，十三年作始。此外如《燕京学报》《广东大学语言历史研究所周刊》等，其出版虽在此书编成之后，他日再版，皆当加入。又关于医学、农学、银行、商业等，国内社团不乏刊物，作者皆不举及。又以文艺为主体之杂志，占今日国内定期刊物之大部分，作者一不著录，何也？他如第二章起处，引王安石谓《春秋》为“断烂朝报”之说，而辩驳《春秋》非报纸，剌剌数百言不休。不知荆公不过比较其形式之相肖，初未尝以《春秋》为朝报也，何劳作者之详证博辨，此真无的放矢也。其比次不当者，如第二章第十一节历叙清代官报沿革，至于光绪间，继忽插入乾隆间传钞伪稿案一长节，与前后不接。若述清初官报为此节之引端，乾隆以后之官报另为一节，岂不较善乎？

署名“素痴”，原载《大公报·文学副刊》第21期，1928年5月28日

评梁乙真《清代妇女文学史》

作中国妇女文学史难，作清代妇女文学史为尤难。其难在一方既患资料太少，一方复患资料太多。盖中邦闺秀，罕钟翰墨之奇才，求之古代，如希腊之萨浮(Sappho)，吾国无有也；求之近代，如斯达尔夫人(Madam de Stäel)之于文学批评，吾国无有也；如白朗宁夫人(Mrs. Browning)及罗色蒂女士(Christina Rossetti)之于诗，吾国无有也；如奥斯丁(Jane Austen)及伊略脱(George Eliot)之于小说，吾国无有也。数千年来，其能在文学通史占一席位之女子，最多不过三四人，而其成就又非甚伟；余则绣余弄翰，妆罢闲吟，无非伤春悲秋，啼红怨绿，或寄念远之情，或写倡随之乐，千篇一律，百口同声。编册甫成，枣梨斯劫，浅陋者闻名而惊诧，慕色者违心而标榜。因罕见而为奇，非有取于内价(intrinsic value)。此类撰作，清代尤夥。盖乾嘉两朝，时近百载，海内既无大故，江南不闻戈声，重以其地渔盐之利，茶丝之产，物力丰殷，华采蔚起。吴会则万家粉黛，扬州则十里珠帘。朝野欢娱，闺帏暇豫，何以遣日？则有咏歌。或母女传受，或姊妹唱酬，或结清溪之社以联吟，或集金兰之作而合镌。风气所播，篇什斯多。只就词而论，南陵徐氏小檀栾室所汇刻集钞者，已不下四百余家(皆清代所作)。其他诗文，苟施网罗之功，何啻倍蓰之量？嘻，富矣！然其为质，既如上言。严格以求，则鲜有录；降格以就，则多不胜收。吾故曰作清代妇女文学史尤难也。

品藻才媛，旧日惟有丛谈选集；贯串成史，盖肇始于梓潼谢君(谢无量《中国妇女文学史》)。然谢书之病，可得言焉。一则真伪不分，玉石相乱。例如，卓文君白头之吟、班婕妤团扇之咏、蔡文姬悲愤之曲、伯玉妻盘中之诗，昔贤已证其赝作，谢君犹信为原璧。一则权衡失宜，轻重倒置。例如，回文之诗、盘鉴之图，不过嵌字之匠工，难厕文章之林府，而乃反复铺叙，几连百纸；若夫漱玉之词，精金比价，稽其篇幅，逊前什一。其他疵累，兹不具举。谢书止于有明，清代阙而不录。近有获鹿梁君乙真，赓续前书，而稍变体例，为《清代妇女文学史》一卷，都五篇二十三章(中华书局出版，定价一元五角)。吾观作者探寻蒐集，诚勤且劳，惜乎见狭识卑，多而无当，大部分缀钞杂话随笔，捃录词辑诗征，耳食是凭，原书罕觏，即南陵徐氏之汇刊《百家闺秀词》及《闺秀词选》犹未遍检。[其证据(一)徐刻中重要作家多不见称于书中，并其附录清代妇女著作家表中亦无之；(二)王贞仪之《德风亭词》见于徐刻，而卷中三十页言王贞仪则不及之。]他可知矣。又缘识陋，品藻多乖，每以粪壤为椒兰，乱薰莸与泾渭。举一显例，有如下述。乾隆间有随园女弟子金陵陈淑兰者，某岁履端，绣诗以献“太史”。其诗曰：“果然含笑过新年，已得名传太史篇。依作门墙真有幸，碧桃种向彩云边。”其攀附名流、靦颜市誉之态若绘，其词语既劣俗不堪，第三句更文法错谬；而作者列之章首，字字浓圈(七十二页)，不知读者见之，作何感想也？

本书体例，亦大可讥。第二、三两篇述清代妇女文学之极盛时期，为全书精华所在。然其组织，大抵以“某某人与妇女文学”为分野(如王渔洋与妇女文学，又袁枚与妇女文学等)，一若各时代女学之俊英，皆有赖于名流之絜掖；而凡与名流无连谊者，举不足厕于作者之林。噫，谬矣！夫士固有文采盖世，而自挺孤芳，耻附名流之羽翼者，而谓闺阁中独无其人耶？清代文人，其声名最高、标榜最力者，孰与袁枚？当枚之时，江南最伟大之女作家，惟山阴胡玉亭(慎容)、上元王德卿(贞仪)，而皆与袁枚无闻问。王氏尤避之若浼，其集中且痛斥当时奔走袁门之“名媛”，羞与同流。清浊之界，岂不判然哉？而作者不为表彰，反将山阴胡氏隶于袁枚名下，昏聩至此，蔑以加矣。夫同属一人之门墙者，以师该之可也。至若不过曾与唱酬，曾经称道，或仅生在同时，徒因其人名高，遂以笼罩一切，得毋作者目中所见，名位声势以外无余物耶？此外如满洲文学立为专章，亦毫无意义，盖彼等之文学，既全被汉化，与其氏族无关。若必以地理及氏族为分界，则宜立专章者又何独满洲？又如妇女题壁之诗，多出好事文人之矫托。今既无法确定其真，其诗又非卓绝，故末篇中《妇女题壁诗》一章可删。其末篇中《闺阁诗拾》及《娼妓文学》两章，亦宜分纳于同时之作家中，不立专目。

本书之疏漏，其见于南陵徐氏二刻中者，兹不列举。他如上元王德卿为清代女文人之最杰出者，既见上述，而书中仅于《闺阁诗拾》中寥寥数十字列其著作之目(二九九页)，盖作者全未见其书也。按德卿之《德风亭初稿》十三卷(书中作《初集》十四卷者误)见《金陵丛书》，其词则见《小檀栾室汇刻闺秀词》。关于德卿学行，余别有传，兹不重述。书中十六页言及明末女杰刘淑英，谓“以杀敌致名，独其文采未传”。按淑英实未尝杀敌，惟其诗文《个山集》，民国初年已刊行。张荫麟君有《刘淑英传》，见《弘毅杂志》第一卷第四期，兹亦不赘引。书首第二页载清初会稽商景徽著有《咏雏堂集》，按当系《咏雏堂诗草》之误(见《越风》卷二十九)。景徽姊女祁德渊亦能诗，书中(四页)记其事甚略，按《毛西河集》有《祁夫人易服记》，可节取。景徽尚有女侄商采，亦工诗，书中未及，采著有《绿窗集》，其《落花诗》中“但教天上看成雪，敢恨人间踏作泥”二句，余颇爱诵之。稍后于商采而工诗者，上虞有陈淑旂(字绣庄)著《绣庄诗草》，会稽有胡云英(字小霞)著《环梅小住诗草》，刘淑慧(字守拙)著《芝雨堂稿》，淑慧女鲁湘芝(字慕班)著《慕班诗草》，而商可(字长白)秀丽绝俗，髫岁能诗，甫笄而殂，时人伤悼。其父宝章太守辑其遗作，为《昙花一现集》，中有可诵之句(据《越风》)。与王德卿同时而相稔者，泽州(山西)陈宛玉有《吟香楼集》，吴县许飞云有《读诗私笺》及诗文集，扬州周湘蘅、宛平刘慕昭皆有诗集(据《德风亭集》)。凡此均梁君书中所未及者。飞云之《读诗私笺・自序》云：“余少笃好读三百篇，长而不辍，寻章摘句，间有所悟。时出己意为之疏证，又用心考稽诸家诗本，汇参其义蕴，附以私见，分四卷。”是能不为小序及朱传所囿，而自辟蹊径者，可谓闺阁中之方玉润、崔东壁矣。又梁书一百二十三页谓，“胡玉亭之从姊石兰有女思慧嫁刘秉恬，十六岁尝作《秋山瀑布诗》，见《雨村诗话》”，按此盖据《诗话》而误者。石兰无女，思慧乃玉亭女；母卒，而石兰抚之者(据《越风》)。又满洲文学章中第一节论顾太清之词(二五七至二六〇页)所据《天游阁集》，今国内只有《风雨楼丛书》本，而实不全。近日人铃木虎雄发现天游阁钞本，以校刻本，诗多三卷(原七卷，刻本只有一、二、三、五共四卷，而分第五卷为二卷)，共一百五十余首；词多三卷有奇(原六卷刻本缺第二第五及第六卷，其已刻各卷中，亦有缺者)，共一百四十余首。太清在妇女词史上地位仅亚于易安，此发现极关重要。梁君书再版时，即不获见足本，亦宜补志其事也。

署名“燕雏”，原载《大公报·文学副刊》第24期，1928年6月18日

评《燕京学报》第三期[①]

《燕京学报》第二期，本副刊第九期中曾经介绍，兹该学报第三期已于六月下旬出版，爰将其中比较重要之论文，述评如下。

一、冯友兰《儒家对于婚丧祭礼之理论》

冯君谓孔子与其后各家有一显著之异点。孔子讲学之目的，不在养成某一家之学者，而在养成为国家社会服务之人；其所以教弟子之六艺，皆当时已有之书籍。孔子对于当时之政治社会制度，亦不图有所改变，惟尽力拥护之。此即孔子所自谓"述而不作"也。其所述者，即《周礼》，即周公所定之制度是也。然后来之儒家则不止此，彼等所赞成拥护者虽仍为《周礼》，然已将之理想化、论理化，而与之以新根据。而其理论，由今观之，极有价值。试就吾人所以对待死者而论。若纯依理智，则一切丧礼及祭礼皆毫无意义，而当

① 原文未署名，据徐规《张荫麟先生著作系年目录》所言，"冯友兰《儒家对于婚丧祭礼之理论》"(即本文的第一部分)为张氏所作。且朱希祖认为本文对其论文之评论不公，去信反驳，张氏亦有回应，详见《答朱希祖君(附来书)》一文。

废除，然此为感情所不许；若纯依感情，而以种种迷信为真理，则为理智所不许。而儒家对待死者之道，则兼顾感情与理智而折衷于二者之间。古时已有之丧祭礼，多为宗教的仪式，其中包含不少迷信与独断(dogma)；但儒家以述为作，加以澄清，与之以新意义，使之由宗教而变为艺术为诗。此点与今世哲学家桑戴延纳(Santayana)主张宗教宜放弃其迷信与独断而自比于诗者暗合。

以上冯君之言大体极精当，惟有一点宜补充者：孔子及其后儒家之拥护周礼，只以周礼适应于当时之社会，非以为一成不可变者也。反之，《礼记》且云："礼，时为大"，而孟子之称孔子，则以为"圣之时者也"。冯君谓"孔子却积极赞成当时之各种制度，而且尽力拥护之"，实不尽然。康有为"孔子托古改制"之说，固多夸大，《礼运·大同》之论，固未必为孔子之言，然《论语》颜渊问为邦，孔子曰："行夏之时，乘殷之辂，服周之冕，乐则韶舞。"使孔子而得为东周，其未必处处墨守周公旧典，可断言也。

冯君又以为儒家之注重丧祭礼，欲使死者长留于子孙之记忆中，因以得"受人知"之不朽，谓"此儒家理论化之丧祭礼所应有之含义"。按此说既不能于儒家典籍中得丝毫根据，只能谓之或有之含义，不能谓应有也。以客观的思想史家之地位立言，此类可有可无之附益品，实以刊落为宜。吾知冯君之为此说，不过欲联接下文婚礼之理论，使前后成为一贯之统系。夫以现代自觉的统系，比附古代断片的思想，此乃近今治中国思想史者之通病。此种比附，实预断(presuppose)一无法证明之大前提，即谓凡古人之思想皆有自觉的统系及一致的组织。然从思想发展之历程观之，此实极晚近之事也。在不与原来之断片思想冲突之范围内，每可构成数多种统系。以统系化之方法，治古代思想，适足以愈治而愈棼耳。不审冯君谓何？

最后，冯君述丧〔婚〕礼之理论，谓儒家对婚姻之意见完全注意于其生物学的功用，此则极明显而无可争辨者也。

二、张荫麟《中国历史上之“奇器”及其作者》

此文首章有一点可注意者。即将近代东西学者所考定中国发明磁针之时代，提高一千余年。西方人以（一）磁针、（二）火药、（三）印刷术，为中国文明之最大贡献，故关于此三者之历史研究最深。近日人山野博士集西人研究之结果而下一断案，谓关于磁针之纪载，始见于南宋沈括之《梦溪笔谈》，其发明不能早于十一世纪。作者据王充《论衡·是应篇》，证明东汉以前已知用磁针，而正山野氏之大误。

本文分我国“奇器”之历史为四时期：（一）东汉以前，创作极少，作者主名亦鲜可考。此时代奇器，除上述之指南针以外，有阳燧（透光凸镜）、欹器（一容器满载则覆，中则正，虚则欹）及其他当存疑者六器。（二）后汉至隋，为我国奇器史之黄金时代。此时代作者名氏，多有可稽。后汉则有张衡及毕岚，三国时则有马钧、葛衡、诸葛亮，六朝时则有解飞、魏猛、祖冲之、信都芳、耿询、临孝恭。其他不得主名之创作，亦有数种。（三）唐至明季，为沉晦之时代。其间最重要之奇器为浑仪、记里鼓车、指南车（以机械造成非利用磁针者）及计时器。（四）明季至清季，为西学东渐时代。清初受西方科学影响而自创新者，有黄履庄一人，发明极多，要以温度表及气压表为最重要。惜前此史家无注意及者。

三、容庚《汉代服御器考略》

集古彝器，摹绘成书，宋人始发其端，至清而此业大盛。诚能荟萃宋、清诸家所著录者，以类相从。每名之下，系以一图，以明古代器物之形制，实可为名物训诂之学辟一新径，而为将来编纂辞典之最有价值资料。容庚君即从事于此。前有《殷周礼乐器》一文，而此篇继之。所述汉代服御器"约分十类。鼎、甗、鈚、镂、鍪皆用以烹者也。盉、卣、壶，殷周皆用为酒器。此或相同。钟、钫乃壶之属也。鐎斗，温器也；无足者谓之尉斗，炽炭于中，所以中绘，用名同而状同。斗、勺，用以挹注者也。盘、洗、铜、盆、匜，用以盥洗者也。镫以烛物，炉以熏香，镜以鉴容，钩以系带，焙其以染丝乎。量器附焉"。

篇首并总论诸器之花纹及铭辞。

四、张星烺《中国史书上关于马黎诺里使节之纪载》

马黎诺里为意大利国人，元顺帝时奉教皇班尼狄德十二世之命来报聘元室者。此事旧无注意者，亦不知中国故籍中曾有此事之纪载。张君寻获元人文集中言及此事者不下十家，因聚录其文，并加疏证。此亦一极有兴味之发现也。

五、黄子通《王守仁的哲学》

黄君谓阳明之基本观念，乃(一)心是物，(二)心是身，(三)心是理，(四)心是性，(五)心性是至善的，(六)心无动静与体用，(七)天地万物只是一心。其言多与梁启超君《论王阳明知行合一之教》一文雷同，初无新义。忖作者所以自异于梁君者，惟在不加赞和提倡一点耳。然黄君袭梁君之说，以巴克雷之绝对唯心论比附王学，则知黄君亦犹梁君然，根本未曾了解王学者也。阳明曰："心无体，以天地万物感应之是非为体。"是阳明明明承认天地万物之外于心而存在也，无独之存在之物，则感应何自生？譬无实体，何能有影？阳明又曰："知是心之本体，心自然会知。见父自然知孝，见兄自然知悌"云云。此即"天地万物感觉是非"之注脚，而未尝以知与物合而为一也。然则阳明又谓"心外无物"者何也？曰此所谓物，与所谓物质之物，涵义完全不同矣。《传习录》上："(徐)爱曰：……爱昨晓思格物的物字，即是事字，皆从心上说。先生曰：然。身之主宰便是心，心其所发便是意，意之本体便是知，意之所在便是物。如意在于事亲，即事亲便是一物。意在于事君，即事君便是一物。意在仁民爱物，即仁民爱物便是一物。意在视听言动，即视听言动便是一物。所以某说无心外之理，无心外之物。"然则当阳明说心外无物时，其所谓物，非指物质，而指行事之决断。故又曰："灵虚不昧，众理具而万事出。心外无理，心外无事。"而以此说比附巴克雷之惟心论，岂非指鹿为马哉！看花一喻，只证明"心自然会知"。若谓"此花与汝心同归于寂"，乃指物质不存在，则心亦不存在。如何说得通！近人不肯细读古人书，其字典中名词只有流行之意义，而以为古人亦如是。断章取义，望文生训，比附西说，遂嚣嚣然作其“历史的批评”。此中国哲学所以愈讲愈晦也。黄君此误，初无足讥，盖不过沿袭前人者而已。

此外尚有（六）许地山君之《摩尼之二宗之际论》，“大部分是从欧美学者底著作撮译出来”。有（七）杨树达君之《〈汉书〉释例》，阐明《汉书》记叙之通例。有（八）伦明君之《续书楼读书记》。所记为反驳阎若璩《古文尚书疏证》及惠栋《古文尚书后案》之著作，凡十二种，各为提要，并助其张目。兹未睹原书，不欲遽加判断。其《〈孔子家语〉疏证提要》一篇，辨《家语》非王肃伪撰，尚持之有故。又有（九）朱希祖君之《明季史籍跋文》，于著作人之问题各有考证，惟其书皆非甚重要耳。末附（十）洪业君之《明吕乾斋、吕宇衡祖孙二墓志铭考》。二志乃燕京大学兴筑校舍时掘地所得者。其人其文皆无关于史，徒存该校文献，附列于后，宜矣。

原载《大公报·文学副刊》第27期，1928年7月9日

附：

冯友兰君来函

编辑先生左右：

贵刊于第九期及第二十七期中，对于友兰在《燕京学报》中所发表论文，俱有奖饰，甚感甚愧。于二十七期中又承指示二点，尤可

感谢。惟愚意亦有可申言者，请分述之。

（一）论孔子本人，孟子有“圣之时者”之言，然所谓“圣之时者”，乃对伯夷“圣之清”、伊尹“圣之任”、柳下惠“圣之和”而言。《论语》中亦载孔子论伯夷、柳下惠，而归结于“我则异于是，无可无不可”。孟子所说，正与《论语》此节同意。盖俱谓孔子个人出处之态度，非指孔子对于礼教制度之意见也。颜渊问为邦，孔子所答诚可为孔子不墨守周公旧典之证据。然“为邦”之道，经纬万端，其什百倍重要于乘辂服冕者甚多，而孔子不之及，岂非以“文武之道，布在方策”“郁郁乎文哉，吾从周”。其所应改变者仅小节而非大端欤？孔子又言，“殷因于夏礼，所损益可知也；周因于殷礼，所损益可知也；其或继周者，虽百世可知也”，此亦可为孔子不墨守周公旧典之证据。然孔子知殷周对夏殷礼之“所损益”可也，“其或继周者”何以“百世可知”，岂孔子果如谶纬家所说，能预知来世欤？抑孔子以为“文武之道”百世可从，有“所损益”不过小节，故可知欤？愚意当以后者为较合理之解释也。综观孔子一生，守礼惟谨，《乡党》一篇，描写甚详。此外《论语》所说，入太庙则每事问，陈恒杀君则请讨，三家以雍彻则讥之，管仲树塞门则讥之，季氏旅于泰山则讥之。此其所守之礼为周礼欤？为孔子所自制之礼欤？抑孔子“为东周”之后，对于上述诸端，俱将有所变更欤？愚意恐不然也。

（二）孔子以后，儒家“七十子后学”派别纷歧，当然不能谓其对周礼有一致之见解。现在吾人之问题，只是儒家所理论化、所理想化之具体的礼教制度，如婚丧祭等礼，为周礼欤？为儒家所自制之礼欤？贵刊谓，“孔子及其后儒家之拥护周礼，只以周礼适应于当时之社会，非以为一成不可变者也”。是贵刊亦以“孔子及其后儒家”为“拥护周礼”，与愚意本无不同。至于儒家果以周礼为适应于当时之社会而拥护之，抑以为一成不可变而拥护之，则系另一问题。友兰文中，并未讨论。盖儒家派别纷歧，对此问题之意见亦有不同，当分别论之。愚意孔子以周礼为百世可从，即有损益，亦只在小节上。故道家述孔子故事，多在此点与孔子开玩笑。较后之儒家，有一部分，如《礼运》之作者等，乃退一步为如贵刊所说之主张。有人谓《礼运》受道家影响，非无故也。然此点出乎现在讨论范围之外，究竟如何，现不必论。

（三）友兰所谓“儒家所理论化之丧祭礼所应有之涵义”考，仅谓其应有耳，非谓古时儒家已自觉而知之也。然彼即未自觉而知之，亦无害应有者之为应有。例如，水之一字，查曾在字典中，除假借、引申外，必有若干新义（如轻气、养气化现之液体之义）。此新义乃水字所应有，不过前人未发现而后人发现之耳，后人岂能无端创造耶？又岂能谓因前人未发后此义，而此义即于相当时间内非此字所应有耶？又如昔时现试，近人谓系一种智识测验，故考试虽以诗文取士，而所取之士却亦不少能作事者。此种考试制度之涵义，岂前人所知？然前人即不知，又何害其为应有耶？友兰以应有为应有，非以应有为古人以为有，与贵刊“或有”之说并不相违。不过贵刊以为若无人以为有，则某涵义即无有，友兰则以为即无人以为有，而应有者仍应有。然此点转为纯粹哲学问题，不必于此讨论矣。

冯友兰（七月十七日）

原载《大公报·文学副刊》第29期，1928年7月23日

《清华学报》中的“撰著提要”[①]

《尚书·泰誓》今古文异说考

《泰誓》年月，解经诸家，各持异说，聚讼至今，讫无定论。兹篇遍举今古文之说，以及据古文以驳今文之说，调停今古文之说与“近师”之说，条列而明辨之。末将各说对照，列表以参验其异同之迹。

——陈钟凡，《国学丛刊》，第一卷，第四期，四六至五六页，民国一二年(一九二三)一二月出版。

《国学丛刊》

乃东南大学国学研究会之出版物。该会之主要指导员为顾实及陈钟凡，故《丛刊》中二人之论文较多。内容多考证之作，亦恒有非难“今文家”之论。年出四期，现已出至一卷四期。有小学、文学、

① 今据《清华学报》(共六期)“撰著提要”录入。

史学等专号。定价每期二角五分。出版处：上海商务印书馆。

《永乐大典》考

谓《永乐大典》全书已佚，据著者所闻见，今存尚有一百五十余册。原书蒐采极详，修撰甚宏，惟其编纂体例，以《洪武正韵》为纲，以韵统字，以字系事，实殊欠允洽。篇中历考《永乐大典》之编纂、储藏及散失之经过，末将现存各卷之目录及所在地点，列为一表。

——袁同礼，《学衡》，第二六期，一九二四年二月出版。

《学衡》

总编辑吴宓。月出一期，现出至二八期。内多国学及西方哲学、文学之论文，时有批评新文化运动之作。定价每册二角五分，全年二元五角。编辑所：南京《学衡》杂志社。发行处：上海中华书局。

周代南北文学之比较

是篇先比较周代南北文学之渊源、背景及其体制三事之别。北人诗歌，言短调重；南人辞赋，句读长短无恒，篇章变化非一。论音律，则楚声迂徐而雄浑，北音沉顿而凄清（此乃将南北作品中所用韵，归纳而得之结果）；论思想，则北多写实，南富想像；论情感，则北人多慷慨激昂之怀，南人极悱恻缠绵之致；论其所言之宗教，则北人所言，仅属抽象的描写，南人所言，能为具体的表示。篇中所论各节，均列举例证，所据之书，大抵北方文学，以《诗三百篇》为根据；南方文学，以《楚辞》为根据。

——陈钟凡，《国学丛刊》，第一卷，第三期，一一至二六页，民国一二年(一九二三)九月出版。

夏商二代学者考略

将汉以前之典籍中关于夏商二代学者之记载，尽为搜集。所考自夏之禹、皋陶、后稷、契、益、奚仲、启、式罗、靡鬲、关龙逢、太史终古、卞随、瞀光、无余；商之汤、伊尹、太甲、仲虺、咎单、老彭、迟任、伊陟、臣扈、巫咸、巫贤、甘盘、傅说、祖己、大戊、祖乙、盘庚、武丁、高宗、祖甲、箕子、微子、祖伊、胶鬲、商容、辛甲、粥子，至伯夷、叔齐止。凡四十六人。虽本篇所考悉就“经国治民”而言，然即此以推周秦诸子以前之我国“学界”情形，亦可得其概略矣。

——周慤，《史地学报》，第二卷，第七期，一九二三年一一月出版。

郑樵传

郑渔仲为我国学术史上重要人物，而《宋史·儒林传》及《宋元学案》俱载焉不详。兹篇据《夹漈遗稿》《莆田县志》《福建省志》及他书之零碎记载而成，谓：“郑樵初亦有用世之志，因受挫折，于是专向学问方面去发展。入山之初，虽是志在《六经》与整理其他的古书，但后来研究范围甚大，于天文、言语、动物、植物、医药上，都下实际观察之功。”郑氏为学，具有实验的精神，故最恨“空言著书”。彼以为凡是做一种学问，都要亲自去认识，不能专靠在书本上。彼之研究方法，为“明类列”及“核实”。彼对宋儒之理学、汉儒之传注均有非难。彼到京师上书的原因，非为要做官，实为下列三个志愿：(1)传自己的书；(2)整理图书金石；(3)编辑通史。彼毕生的大事业是在《通志》一书，是书流传最广远(他的别种书现已失传)。书中《本纪》是由各史集合而成，《年谱》四卷和《二十略》是彼自著。其中有一部分——《年谱》及《都邑略》——是临时编集。其余《氏族》《六书》等略，是由旧著删节而成。此书系急就而成，故并没有精神的结构。彼自己所做之书亦并没有在《通志》里多多收进。故我们至今，不能见到他学问的“完全系统”和“细密分类”，实在是一个缺憾。

——顾颉刚，《国学季刊》，第一卷，第二期，三〇九至三三二页，民国一二年(一九二三)四月出版。

《国学季刊》

乃北京大学出版物之一，编辑主任为胡适。年出四期，现已出至第三二期。所发表论文，以史学及小学为多，大半为该校各教授及海内外学者研究有得之作。每册价五角，全年一元六角，发行处：北京大学出版部。

转注正义

是篇首辨清代小学家对于转注之误解，而以为转注之始，由于殊方异域，言有不同，而字亦异之故。观扬子云《方言》所记及《说文》转注之明引，其为方言者，全书极多。其证末，更附录所假定转注正例及变例数则。

——李翘，《学衡》，第二六期，一九二四年二月出版。

“歌”“戈”“鱼”“模”古读考

是篇研究之结果：(一)唐宋以上凡“歌”“戈”韵之字皆读“a”音，不读“o”音；(二)魏晋以上凡“鱼”“虞”“模”韵之字，亦读如“a”音，不读“u”音或“ü”音。其研究第(一)事根据：

(a)唐季日本采汉字所制，以为切韵所用之“假名”其代表“a”音之字什七属于“歌”“戈”二韵，而日本音注汉字其属于“歌”“戈”韵者一律以“a”属诸音为切。

(b)晚唐阿剌伯商人所著《中国游记》及元马可孛罗游记中，从汉语音译之专名，凡汉文属“歌”“戈”韵者，悉译作“a”音。

(c)将六朝隋唐佛籍中音泽之名词与梵语原文比对，凡梵语作“a”音者，汉译悉用“歌”“戈”韵之字。

(d)凡当时所译外国人名、地名，语言之可考者，按其对音之例无不(与上述假定)相同。

(e)宋人译名亦与前代相同，校其音读，足征古音之未变。故杨中修《切韵指掌图》犹合“歌”“麻”为一。至刘鉴《切韵指南》，乃立“果”“假”二摄，而辽金元史以下译名，遂不以“歌”对“o”，以“麻”对“a”。盖“歌”“麻”异读，为元代以后之变迁，有断然矣。其研究第(二)事所根据，与上述(c)项相同，而更引“鱼”“虞”“模”在汉魏不读“a”或“ü”之例，以反证之。末又考声音之理，并指出清代音韵学家之误，篇后附有钱玄同一跋，谓：“战国以前，西周及春秋时‘鱼’‘虞’‘模’韵亦不读‘a’音云。”

——汪荣宝，《国学季刊》，第一卷，第二号，二四一至二六四页，民国一二年四月出版。

国语问题之历史的研究

是篇研究中国文字与语言之关系及其变迁，以世界一般文字发达之次序，及思想进化之历程相比照，而不墨守六书旧说。大略言我国文字，由文字画进而为象形字，更进而为意符，更进而为音符。象形有写实，及象征之别，音符有半音符与纯音符之分。惜进化至半音符之阶级时，误入“借字表音”之歧路，遂终不能完全脱离意符之束缚，以造成一种有规律之字母文字。缘此情形，乃生二弊：

(一)文字本身之分裂(即别字日多)。其补救方法，当改用拼音文字。即不能，亦当规定：凡原属表音字中纯音符之字，悉以注音字母代之，不写汉字。其余固有之“象形字”“表意字”及“表音字”中之“半音符字”，亦当规定一种有规则的简笔写法。

(二)语言文字之分歧：(1)语言随时与地之变迁而生差异，而文言不符。其补救之法，当赶紧规定一种国语，以我国“有势力的多数人所用之语言”为准。(2)文人学士以四声分别字义，而一般俗人则变单音之字为复音之词，以别字义，于是文言不符。其补救方法，急须改以字为单位之语言，而为以词为单位之语言，尽量采用口语中之复音词，并规定语尾用法。

——沈兼士，《国学季刊》，第一卷，第一号，五七至七八页，民国一二年(一九二三)一月出版。

释《墨经》“说”“辩”义

释《墨经》中关于“说”“辩”各条，皆依照原文，不增易字句，并证明《墨经》为名家之术，于墨学为别派，而墨学之要点在“兼爱”。又谓治《墨经》必先通名家之学，而后经义或能有得，若近人之以科学附会《墨经》及改字解经，则既舍本而趋末，且不足以服人矣。

——孙德谦，《学衡》，第二五期，民国一三年一月出版。

名墨訾应论

篇端首论墨有“正”“别”之分，则“别墨”犹言异端，不当以他派为解。当时之争辩者，必各自谓“正墨”，而以“别墨”归之他家。他家与辩亦尔。故墨义本不齐一，欲求眉目应有三事先须明白具答。依著者之研究，其结果如下。

(一)惠施、公孙龙之学，不出于墨，其证有六。

(a)《荀子·解蔽》言："墨子蔽于用，而不知文。……惠子蔽于辞，而不知实。"墨、惠并举，而其所蔽性又相反，故不能谓惠出于墨，犹不能言墨出于惠。

(b)庄子《天下篇》、韩非子《显学篇》所称墨派，俱有相里等诸氏，而俱未提及惠施、公孙龙，焉有墨家钜子如惠施、公孙龙者，所就远出相里诸墨之上，而庄、韩论"墨学流别"转致漏列之理?

(c)《汉志》所载名、墨流别，判然不同，惠施、公孙龙俱列名家为大师，无同时跨入墨家之道。或谓施、龙专习科学之墨，而舍宗教之墨，不知墨子言教言学，理原一贯，歧而二之，乃不知墨者之所言，施、龙果为墨者无舍教言学之事。

(d)惠、墨两家，凡所同论之事，其义莫不相反，如墨言"景改为住"，与惠言"飞鸟之影不动"、墨言"非半不新则不动"、惠言"一尺之捶取半不竭"，理均相反。

(e)考惠子之说，与墨大相僢驰，故如鲁胜言：以惠为"别墨"亦无有是处。

(f)引章太炎之说谓：(1)惠施与墨家俱有事于名，特施为詧，而墨非詧，其中鸿沟甚大；(2)墨子自著之《辩经》久已亡绝，今之六篇非施、龙作，殆墨家弟子所撰述；(3)今所存六篇为墨家一派之作，余派已不可考，今所得言惟此自号为正墨者与名家"訾应"诸义而已。

本篇所论，与近人梁任公、胡适之论墨颇多出入。

——章行严，《东方杂志》，第二〇卷，第二一号，七五至七八页，民国一二年(一九二三)一一月一〇日出版。

《东方杂志》

总编辑钱智修。其内容以政治及其他社会科学为主，尤注意我国时事及各国政治社会情状，亦间有关于哲学、科学、国学等专门论文。时出专号，最著者如《宪法问题专号》《爱因斯坦专号》《杜里舒专号》等。最近出有《二十周年纪念增刊》上下两册。出版处：上海商务印书馆。月出二期，每册价二角，半年二元，全年四元。现在已出至第二一卷一号。

《列子》书中之宇宙观

谓《列子》书之“宇宙观”主张“轮化”说。轮化说者，谓宇宙之变化，悉依一循环的原则，现世之前与现世之后，皆有无限之世界。其世界，皆与现世界相若。每一世界之中，有一大进化，有一大退化，如明晦之相前后，如寒暑之相循环。又如轮转，故谓之“轮化”。吾国老子、庄子、列子及印度哲学，均有此观念。日人井上圆了，近亦于所著《哲学新案》，有所阐明。作者因述列子之宇宙观较详，故以《列子》书中之宇宙观命题。

综观《列子》一书，与世界轮化说相似之处，约有十端。

（一）谓世界之物，有“有变化”与“无变化”二类。

（二）世界无时不变化。

（三）万物变化之原因，不本于神意。

（四）“自化”之“自”字，以因果律解之，最圆通，《列子》书中之“命”，与此相似。

(五)列子亦有类似以现世为来自星云，及气体变液体、液体变固体之说。

(六)列子亦有现世界将来必坏之主张。

(七)列子以天地为空中一细物，与太阳系非世界全体之说相同。

(八)轮化论谓惟有生有，现世有物质与势力，现世之前亦有物质与势力，《列子》书中有类此之说。

(九)《列子》亦有必宇宙大化为无始无终、无穷无尽之意。

(十)以万物变化为轮化之说，有《列子》书中凡数见。

就此十端所举，可知列子之论，为轮化而非进化。胡适谓之为生物进化论，实欠的当。又胡适以庄子之自化为进化，亦属误解云。

——傅铜，《四存月刊》，第七、八及一一期。

《四存月刊》

系北京四存学会出版品，以提倡颜(习斋)、李(恕谷)之学为宗旨。内容有颜李学，颜李遗著(兼论国故、史地及世界政治)，译稿，演说，名贤遗著，谈丛，文苑及附录各栏。四存学会原系前总统徐世昌所发起，故月刊论著亦多半撰自徐氏及其旧幕府。该刊月出一册，现已出至第一九期。定价每册二角，全年二元。编辑者为四存学会编辑处，总发行所为北京西城府右街四存学会。

《四书》之分析(An Analysis of The Four Books)

Ⅰ.《大学》——著者将《大学》一书所论作一统系表，然后逐条讨论之。其表如下：

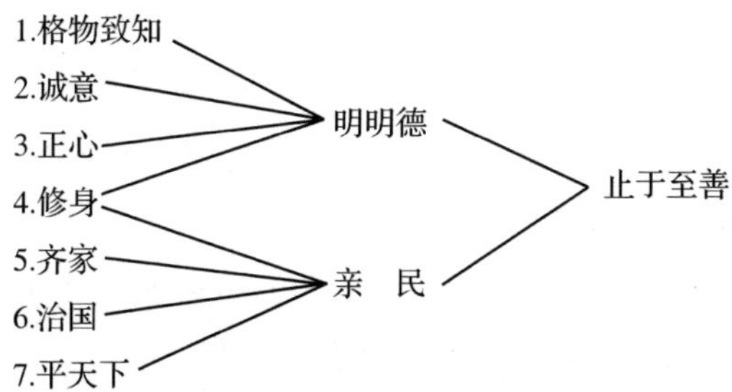

Ⅱ.《中庸》——大略言《中庸》乃研究“道”之作，而“中”与“庸”为道之作由；又谓“道”之定义，应根据原书，绎出如下：(一)道为自然之路；(二)道为个人及宇宙惟一之道；(三)道无乎不在；(四)道人人之所由，惟至人能明之。结论，谓道即因果律，未复说明《中庸》之应用于心性、伦理的行为、社会服务及政治诸论。

Ⅲ.《论语》——作者谓《论语》非孔子自著，乃其门弟子所记集，专言人类道德之书。其对于道德之观察有四点：(一)对于个人之道德，以“仁”为本，仁之英译以“humanity”为最当；(二)对于家庭之道德，以孝为本；(三)对于社会之道德，以“忠”“恕”为本；(四)对于邦国之道德，以“德治”为本，惟德义甚广大，故又言“礼”“乐”以明之；次言孔子对于政治有“庶”“富”“教”及“足食”“足兵”“民信”之二说；次又分举子所“雅言”与子所“不语”以明孔子学说之范围；次言孔子教学之态度，与设教之门类；末更论孔子对于“天”及与“君子”之观念。

Ⅳ.《孟子》——谓《孟子》乃孟子自著之书，本孔子之教，而发挥其“内圣外王”之学。于“内”则述其“性善”“知言”“养气”之说，而以为人皆可以为圣人。于“外”则述其“德谟克拉西”及“社会主义”(Democratic & Socialistic)的政府。而谓为君者，当忧民之忧，及乐民之乐。至贼民之主，只可谓之独夫，实在应诛之列。孟子以为民无恒产，则无恒心，故又持井田之主张。末述孟子非战主义、性命之见解及异说之争辩。

——江亢虎，《中国学艺杂志》(*China Journal of Science and Arts*)，第一卷，第六期，五三八至五四六页，一九二三年一一月出版；又第二卷，第一期，一五至二四页，一九二四年一月出版。

《中国学艺杂志》(*China Journal of Science and Arts*)

总编辑二人 Arthur De C. Sowerrby, F. Z. S. 主理科学部分；John C. Ferguson, Ph. D. 主理文学及艺术部分。副编辑兼总经理为 Clarice S. Moies, B. A. 。此杂志以研究中国学艺为主。其内容以关于中国地质、生物、文学及古代学术、史学等论文为多，亦间有其他科学论文。年出六期，每期定价中国银币二元，全年定价一〇元，现已出至二卷一期。编辑及经理处在上海(The Ben building 1020)。

萧梁旧史考

著者欲编《新异书》，故先作此篇以溯其源流。所考萧梁旧史凡三十种。除考其大略外，并附作者之事迹。

——朱希祖，《国学季刊》，第一卷，第一期，八〇至九五页，民国一二年一月出版；又第二期，三三三至三五二页，民国一二年四月出版。

郑樵著述考

考郑樵遗著共六十余种。凡关于诸书之记述及批评悉为辑集。所根据资料，以郑樵之《夹漈遗稿》及《通志》为主，并参以宋、元、明、清人的记载十六种。

——顾颉刚，《国学季刊》，第一卷，第一期，九六至一三八页，民国一二年一月出版；又第二期，三〇九至三三二页，民国一二年四月出版。

摩尼教入中国考

唐武后间，波斯摩尼教入中国，颇行于社会，至宋元不衰，及明清政府悬禁传教，乃渐绝迹，至于今日，其史迹极为湮晦。

作者于唐宋载藉，搜剔钩籍，言之极详。其章目分十六，如下列。

(一)摩尼教起原。

(二)摩尼教始通中国。

(三)摩尼教开教回鹘。

(四)摩尼教与回鹘之关系。

（五）回鹘为摩尼教护法。

（六）摩尼教传布广远。

（七）唐道家依托摩尼教。

（八）唐人重视摩尼教。

（九）唐季摩尼教受迫害。

（十）五代摩尼教与乱党。

（十一）五代宋初摩尼教消息。

（十二）宋摩尼教依托道教。

（十三）僧徒诋毁摩尼教。

（十四）南宋摩尼教复盛。

（十五）元明时代摩尼教。

（十六）摩尼教与秘密教派。

——陈垣，《国学季刊》，第一卷，第二期，二〇三至二四〇页，民国一二年四月出版。

“火祆教”入中国考

大略言波斯火祆教之名闻于中国，自北魏南梁始，其在北魏极得帝后之信仰。唐代尤尊崇“祆教”，建祠设官，岁时祭祀，意欲以此招徕西域也。唐武宗会昌五年（八五四年），用道士赵归真议，罢黜佛法，并毁外来诸教，“祆教”遂被排斥，及宣宗复兴佛法，外来诸教并获弛禁，“火祆”历五代两宋犹有存者。

南宋而后，中国典籍不复见“祆祠”之名，“祆教”即有留存，当亦式微矣。篇中兼考“祆”字在我国字书内之源流，及唐时典籍称祆之略例。又证宋姚宽附会杜预《左注》谓春秋时睢水有“祆神”之谬。又论“火祆”与“摩尼”之异同，并辨明唐杜佑、宋姚宽至清钱大昕辈将“火祆”“大秦”“摩尼”三教混为一谈之误。

——陈垣，《国学季刊》，第一卷，第二期，二七至四六页，民国一二年出版。

《穆天子传》征西今地考

谓黄帝、尧、禹、周穆王皆尝至西王母，西王母即今波斯。篇中取证古今要籍，暨地理专书，比互钩稽；将穆天子西征所经、今地所在，一一审勘，存疑著信，都二万数千言。综其所考，大略谓穆王西征，自今之直隶正定，诣山西，出雁门关，绕河套，抵甘肃西宁，逾黄河，入青海，道出河源及巴颜喀喇山，越前后藏，登帕米尔大山；折而东，截帕米尔山北经喀什噶尔河，循塔里木河上流至和阗；复自叶尔羌，走逾布哈尔，转入波斯；更折而北，直抵今里海、黑海、俄罗斯南部大旷原，大猎三月而还，东南逾俄属西比利亚向新疆之天山，北路逾天山，沿塔里木河、罗布泊，道哈密，长驱至外蒙、土谢图汗，复南沿河套而南，至山西之蒲州，又东至直隶井陉东，长驱而西，逾太行越河乃归宗周。

——顾实，《国学丛刊》，第一卷，第四号，五六至八五页，民国一二年（一九二三）一二月出版。

未有历史以前之河南一村落（A Prehistoric Village in Honan）

近世考古学者，以为华族初入居中国时，已知用铜器，而谓在中国所发现之石器，非华族之物，乃古代先华族而居中国之低化民族之遗迹。一九二〇年作者在河南发现一古代村落，带有正确不误之华族的形式，而其中仅有石器、陶器、骨甲器，独无一铜器。于是上述假说，遂有问题矣。

此次发现地点，系在河南仰韶村（在陇海路渑池站北一五里，洛阳西二〇〇里）。其遗址在今村之南，南向延长约二〇〇〇呎，东西广一五七〇呎；北半多荒土，南半则几全为“文化土层”（culture stratum），厚十呎至十六呎。其质松轻，多含炭灰，亦时见小炭片。所发现各物，有铸形之石斧、镰铚形之石刀，甲骨所制之针、箭嘴、钻，与其他品物，石制及土制之纺织轮，及石制之耕器，又有贝壳多件。其刀斧之形式与今日中国北方所用者同，箭嘴之状亦与近世相似。各器考定略属于新石器后期，然从所发现之陶器观之，则其时代或当略后，缘此处所发现陶器之一部分，系曾转于制陶之磨轮者（potter's wheel）。而新石器时代用轮制之陶器，除在埃及一国，其纪载尚有可疑外，其余世界各部陶轮之用，皆在较后之文化阶段。此处所发现之陶鼎，无古代铜鼎垂立之柄，陶鬲有耳，为古代铜鬲所无，然其形状则相同。此“仰韶文化累积层”之显著的形式似足以表示：不独古仰韶之居民为华族之祖，且仰韶文化似为中国历史曙光之先导。在所发现各遗物及数千陶器碎片中，完全无文字之存在，足证明其遗址之古，应在有史以前。

此遗址中又发现人骨甚多。由北京协和医校人体学教授 Dr. Davison Black 研究后，现尚未有确定之结果。然作者据其所言，知其有以仰韶住民为原始华人（proto-chinese）之趋向。陶器之碎片中，有陶质极良者，多作砖红色，表面磨光，原器多为碗，形小而简单，上有黑色(间有红或白)之绘画。其图样甚随意而多改变。中国有史时代之陶器，无与此同者。但此与新疆安诺一九〇四年所发现者极相似，又与希腊南部 Thessaly、俄国西南 Tripolje 及西西利岛(Sicily)所发现属于新石器后期者相同。

据英人 R. L. Hobson 氏及其他考古学者之研究，谓此种绘画之陶片乃红陶而黑饰，其式样显然与近东各地，如巴比伦、波斯等所发现者相同。此类陶器之时代，约在纪元前四〇〇〇至一五〇〇年之间，以其散布于近东及西伯利亚，似尝逾新疆而入中国。倘此器源于巴比伦(此器在巴比伦之年代，据 H. R. Hall 所证在纪元前三五〇〇年)，而分布各地，则中国既在远东，其达此处历时甚久。仰韶遗迹既无铜器，而中国之有铜器，早已证明为在纪元前二二〇五至一八一八年间。故知此器不能在纪元前一五〇〇至二〇〇〇 年之后。此遗迹今正开始研究，现在所得之结果如下：

“仰韶文化”大略属于新石器后期，带有原始华人的色彩，而其绘画的陶器，表现其曾受近东及欧洲东南部之新石器后期文化之影响。

——安特生，《中国学艺杂志》(*China Journal of Science and Arts*)，第一卷，第五期，五〇八至五一二页，一九二三年九月出版。

原载《清华学报》第 1 卷第 1 期，1924 年 6 月

汉代老学者考

汉世老学盛行，诗家如韩婴，儒家如董仲舒亦称引道家言。文、景好老学，其风所被广矣。兹篇据《史记》、两《汉书》及前后

《汉纪》五书考见两汉老学者。计前汉二十余人：盖公、曹参、河上公、文帝、景帝、窦太后及窦氏子弟、直不疑、王生、汲黯、郑当时、黄子、司马谈、司马迁、杨王孙、刘德、邓章、严遵、邻氏、傅氏、徐氏、刘向。后汉二十二人：蔡勋、安丘望之、耿况、王伋、班嗣、向长、高恢、任光、任隗、范升、淳于恭、楚王英、樊融、樊瑞、翟酺、马融、周勰、矫慎、桓帝、张角、向栩、折像。其攻击老学者前汉一人：辕固生。后汉一人：刘陶。

——杨树达，《太平洋》，第四卷，第八号，民国一三年九月出版。

《庄子》研究历程

司马迁谓：庄子放论归之自然，其著书大抵寓言。阮籍《达庄论》言其“述道德之妙，叙无为之本。寓言以广之，假物以延之，聊以无为之心，而逍遥于一世”。且于“自然之理”颇加注意。郭象《庄子注》或言非出其手，然其书实足不朽。序称庄通天地之统，序万物之性，达死生之变，而明内圣外王之道，上知造物无物，下知有物之自造也。所论亦属扼要。唐韩、柳为文模《庄子》，惟于义理未尽窥。宋苏轼始鉴别《庄子》书中之真赝。王安石则谓庄周隐居放言，深识周之为人，然谓“推庄子之心以求其行，独何异于墨子”，则稍失附会矣。褚伯秀撰《南华真经》《义海纂微》专主义理，林希逸《庄子口义》侧重论文，皆未精核。明焦竑《庄子翼》多引古书，方以智《药地炮庄》及陆西星《南华经副墨》时杂佛说。陆谓《天下篇》为庄子后序，《寓言篇》为其前序，颇具特见。

清王念孙校《庄子》颇见审重之精神。姚鼐撰《庄子章义》疑外篇不出《庄子》，与王船山不谋而合。姚于韩退之“庄学出子夏”之说取半信的态度，此则由于平日治文笃好韩公之故矣。梅伯言谓“庄子者，文之工者也。以庄子为言道术非知庄子者也”，此则专以文学眼光论庄矣。曾国藩以庄子文比孟子、阳明，颇具特见。王闿运注《庄子》，谓庄子学孔子受《春秋》，自为道德，非欲继老学，论甚奇辟。康有为以庄周传子贡学，并从其书考子贡之学。梁任公于二十年前，谓庄子乃道家而兼治儒家之言。俞樾《庄子平议》贡献在训诂。章炳麟《齐物论释》以唯识说庄，其《征信论》力驳实斋之说，而以谓庄学不出子夏，又谓《盗跖》《胠箧》《马蹄》等篇为伪。林纾之《庄子精华》《庄子内篇浅说》、马其昶之《庄子故》、王先谦之《庄子集解》及郭庆藩之《庄子集释》均系释庄之作，而以郭著为犹便于初学。近梁任公于庄子政治哲学有所发明；胡适据《天下篇》考宗教的墨学与科学的墨学分途之因；马叙伦《庄子义证》意主蒐罗；蔡元培以庄子比柏拉图说皆新颖。著者之意，以谓《庄子》于古代南方文学极占重要位置，而于道家哲学史之原价亦不容轻视云。

——甘蛰仙，《东方杂志》，第二一卷，第一一号，九四至一〇〇页，民国一三年六月出版。

由读《庄子》而考得之孔子与老子

(一)《庄子·天下篇》历叙各家道术，言其“往其不反”，独不及孔子，盖庄子实暗予尊孔。《盗跖》《渔父》虽似诋孔而实非。《渔父》之说与《论语》所记晨门、荷蒉、沮溺、丈人辈等耳，非诋也。《盗跖》之无理谩骂，乃借一穷凶极恶之口，语类滑稽，未足为孔子辱，庄子或有微意存乎其间也。又反观之，据太史公《老子列传》亦谓今存先秦儒家言，绝无绌及老子之文。孟子距杨、墨独不及老（杨氏为我，老子外身各异趣）。荀子论及老子者只《天论篇》“有见于绌，无见于信”八字。孟、荀皆以好辩称，而均未目老子为异端之尤，是皆古书骤难解答之问题也。

（二）老学之高尚，无待庄生抑孔以张之。而《庄子》一书述孔老答问，共有一十一条老孔事迹，莫详于此。庄子之如是详述发挥，盖以此为当日两家之最大学案，并非以轩老轻孔。反观儒家所纪，仅《礼记·曾子问》寥寥数语。盖此学案属于老子，故儒家不甚纪载。或陋儒嫉老，仅留此破碎剩言，以见孔所问所闻于老者，不过如此。

今从《庄子》考见孔老学术之异如次。

（甲）儒家重仁义，老氏斥之为乱人之性。

（乙）儒家重经籍，老氏以经为先王陈迹。

（丙）儒家游方之内，重修身行已，老氏主忘形。

（三）《庄子·天下篇》明引《道德经》，证以《韩非子·内储下经》及《吕览》所称老聃之言，亦皆出《道德经》，此皆证明五千言为老聃之所作。再《文子》一书固解说五千文者，内亦称老聃，亦系一证。至老莱子则另系一人别有著书。见汉《艺文志》。若太史儋之名，则仅见于《秦史记》，彼见秦献公为预言，背老子，斥前识为愚之义，决非为著五千言之老聃。

（四）据《庄子》一书，可订正《史记·老子传》者有八事。

(甲)老聃不名耳。

(乙)老子尝久居沛，孔子见老子在其免官后。

(丙)孔子见老子，一在周问道，一在沛问藏书，皆非问礼。

(丁)《史记》误以老莱子语孔子“去子之骄气与多欲、态色与淫志”，为老聃语。

(戊)太史公说老子至关，关令尹喜曰：“子将隐矣，强为我著书。”似不足信。据《庄子》则关令尹为列御寇之师，俱为古之博大真人，故关尹似非强老子著书之人。

(己)老子入秦，非一去不返。

(庚)《庄子》记老聃死，非莫知所终。

(辛)《庄子》记老子事，无一语涉及神话。《史记》所载老子后裔，或出太史儋后人之附会。

(五)《庄子》记接舆事与《论语》合，可见其不皆寓言。又所记子桑户(即子桑伯子)即孔子所称为简者，孟子反(即孟之反)即孔子所称为不伐者。又子琴张，即孔子所指为狂者，皆儒家之浸淫于老氏者。又《檀弓》记原壤母死而歌，与《庄子》记子桑户死，孟子反、子琴张临尸而歌事相类，则孔子故人原壤子固亦老氏之流。又曾晳言志近于老氏，子游述《礼运》与老子告子贡“五帝三王之治天下”一章(见《庄子》)同。又《论语》记，“或曰以德报怨奚如”，则直举五千言为问。可见孔子门徒中受老氏影响者不少，而并不以其书为异端，不许学人之研究也。

——范祎，《学衡》，第二九期，民国一三年五月出版。

孔孟之根本思想

孟子称孔子曰“集大成”。集大成者，将过去学术组成统系(systematize)之谓。欲组织一学说成统系，必有一根本原理(fundamental principle)。孔子之根本原理，“仁”是也。孔子所谓“仁”，一面是指天之德，他面是人类所具有之本性，能实现仁即是事天之道。是之谓修已，成己(self-realization)而治人。治人即成物(universal realization)，能成物则是与天地合其德。故孔学带宗教性，而实非宗教。

孔子所谓义，实涵于仁。其说有二：(一)仁者乃无差别之爱，义者含有由亲及疏之原则。后者所以实现前者之手段也。(二)仁为人类之天性，然人类之天性不仅有仁，又有动物之本能(宋儒所谓人欲)焉。义者乃伦理规范，所以区别人类天性中之所当实现者(仁)，与所不当实现者(欲)之事也。仁义并举，始于孟子。盖当时墨子言兼爱，即孔子所谓仁，惟其实现之手段则不由义。杨子为我，其看重人我之差别，亦与孔所谓义有相近之点，惟其理想又与仁违。故孟子并标仁义，以距异说。

更试以孔孟所谓仁义为立脚点，讨论近代各种主义。如以义与近代之个人主义结合，而以仁与家族主义结合，则二者之调和即为孔、孟实现仁义之第一步。如以义与家庭主义结合，而以仁与国家主义结合，则二者之调和即为孔孟实现仁义之第二步。如以义与国家主义结合，而以仁与国际主义结合，则二者之调和，即为孔孟实现仁义之第三步。

总之，孔孟举个人、家庭、国家、国际四主义，而调和之。四者调和，仁义乃能实现。

——日本服部宇之吉(东京帝国大学教授)讲，范寿康译，《学艺》，第六卷，第一号，民国一三年五月出版。

孟子教育学说

言中外教育大家之定施教方针，多先研究性之本体。我国揭出性字讨论者，孟子实为启端之第一人。孟子论“性善”之主旨，实仅曰性可以为善，初不曰凡性皆善或必然。彼对告子之论性三说——(一)性无善无不善也；(二)性可以为善可以为不善；(三)有性善有性不善——惟总答之曰乃若其情，则可以为善矣，乃所谓善也。是则孟子之所谓性善，乃其情之可以为善也。此孟子性善之说也。

孟子之论性善，其根据有三：(一)仁义礼智，人所同具；(二)人之官能，有所同然；(三)人皆有良知良能。

孟子之所谓性善乃专指仁义礼智之性，而形色之性不与焉。故云：“形色天性也。”明乎仁义礼智之性之外，别有形色之性矣。然孟子于形色之性曰：“性也，有命焉，君子不谓性也。”恐人藉口于性，任性所之也。仁义礼智之性足以指导形色之性，故曰：“此天之所以与我者，先立乎其大者，则其小者不能夺。”若夫为不善，由于不能尽其才也。

所以不能尽才之原因有二：(一)激于外势，如富岁子弟多赖，凶岁子弟多暴是；(二)放其良心，如自暴不可与有言，自弃不可与有为是。

欲存其性，在求放心，欲求放心，其积极之法为“仁礼”，消极之法为“寡欲”。至其教育学之实施，有五大要点：（一）养性教育——“存其心养其性”；（二）自动的教育——“深造”“自得”“勿助长”；（三）标准教育——“大匠诲人以规矩”“中道而立，能者从之”；（四）意志的教育——“养吾浩然之气”，其方法“在不动心”；（五）人格教育——“反身而诚”。

——盛朗西，《民铎》，第五卷，第二号，民国一三年四月出版。

梁任公五行说之商榷

梁任公谓：五行生克之说创于邹衍，而以为《尚书·甘誓》及《荀子·非十二子》篇之五行均不知作何解；而《洪范》之以金、木、水、火、土为五行，不过分别物质之性质功用，并无生克之说；至《左传》所记，虽有颇近五行家说，然疑是战国后人窜乱。其解《墨经》“五行毋常胜”曰：胜，贵也；或以五行生尅说解之非是，生克说出邹衍后，墨子时无有。

著者非之谓：“五行生克，古人谓之‘生胜’，以‘克’训‘胜’，不为无见。任公谓其非是，窃所未解。而谓生克说出邹衍以后，墨子时无有，寥寥数语，别无明据。”又谓古代五行说，有“常胜论”及“非常胜论”二派。“常胜论派”谓：五行生克有一定，墨子主“非常胜论”，以为五行变化，生克不常。《墨经》：“五行毋常胜，说在宜。”宜字乃多字之讹，古文宜作多，形近致误。观《经说下》释此条云：火铄金，火多也；金靡炭，金多也。二多字是其证。盖墨家以为五行相遇，固不免相胜，然其相胜，由于其量之多，而非一定不移。例如，火多铄金，火胜金也；然金多靡炭，是金又胜火也。其说与“常胜派”正相对。若依任公解作五行无常贵，以适宜者为贵，则与《经说》全文不相照应。又《孙子·虚实》篇引“五行无常胜”语，以明兵法之变化无定。若如任公解，则又与变化义无关。《墨经》之言，既为驳“常胜派”生克之说而发，则墨子时已有五行生克说，非创自邹衍可知。著者又引《墨子·贵义》篇“墨子北济遇日者”一段，以证明墨子时已有五行生克之说。

——栾调甫，《东方杂志》，第二一卷，第一五期，九二至九八页，民国一三年八月出版。

支那内学院精校本《玄奘传》书后（关于玄奘年谱之研究）

首言此书校本之特点在：（一）文字之校勘，（二）记载之校勘，（三）遗像及地图之附录，（四）年岁之标记。惟作者于该书卷端所列年岁，有未能释然，因作一《玄奘简谱》。玄奘卒年，诸书所记，互相矛盾者有五说。作者考定玄奘生于隋文帝开皇十六年，卒于唐高宗麟德元年（五九六到六六四年）。谱中于玄奘西行所经，及传译佛经之次第，其有年可考者，一一简略叙入。末提出整理《玄奘传》之法，关于注释、校勘、补编者十二事。

——梁启超，《东方杂志》，第二一卷，第七号，七二至八七页，民国一三年四月出版。

指南车与指南针无关系考

篇述日本山下博士之说，谓黄帝、周公造指南车之事不可信。其足征者，则有后汉张衡、三国马钧、后秦令狐生、北齐祖冲之、唐金公立、宋燕肃、吴德仁诸人，皆尝制指南车。燕肃之制法见《宋志·舆服志》，其内部构造称述颇详。历观各史所载此器之形式与制法，知其内部乃装置齿车之机械，并非应用磁石之指极性。此器自晋代后，用为天子卤簿之先驱车，并非学理的观测器。至元代后此器即绝迹于世。

又考中国磁石之见于载籍，始自《吕氏春秋》，名为“慈石”。至梁大同九年(五四三)出版之《玉篇》始有磁字。后唐之《广韵》(唐天宝中)更言“磁能引针”。宋沈括(仁宗嘉祐八年，即一〇六三年进士)《梦溪笔谈》始言磁针之指极性(欧洲十二世纪末，英人Alexander Nackman始言磁之指极性，后沈括百年)。后《本草衍义》(一一一六，宋徽宗政和六年)亦载其说。《萍洲可谈》(一一一九)始载“时人用指南针航海”，其后《诸蕃志》(一二二五)、《真腊风土记》(一二九七)并有同样之记载。据此推考，可见宋以前中国人尚不知磁之有指极性，故使用指车时代，乃尚在未知磁之指极性之时代。

至于妄言指南车与指南针有关系之说则实始于明陈殷之《十八史略》(一三七二)。其时指南车已绝迹，而指南针盛行于世，故彼按其字面，臆断指南车为指南针之应用。其后中西学者并踵其谬，遂至遗误至今。

篇首有译者自附识语，纠正本文谬误者二事，谓：(一)指南车虽非利用磁针，然又安知指南之意非由磁针间接而来，或古代指南车未尝不同磁针，特后人欲眩神秘，故代之以机械。(二)磁针之指极性及其应用于航海，虽至宋代，始见于载籍，然前人之无纪载，未必即为未发现之证。发明与应用，往往质假以时日。磁针发明之后，安知其即能应用于航海。故山本以指极性之发明始见于宋之《萍洲可谈》，即断罗盘针之发明当在十一世纪后半，似亦未当云云。

——日本山本博士，文圣举译，《科学》，第九卷，第四期，三九八至四〇八页，民国一三年四月出版。

二千年前中国之国立大学

汉武帝从董仲舒议，创太学立五经博士，寻至弟子博学员。光武复兴之。明帝以后渐颓废，安帝、顺帝相继缮修。孝献帝时，太学行礼，帝犹亲自临观。故汉之太学自武帝元朔五年(西纪前一二四)至东汉亡即献帝建安二四年(二一九)已有三二二年之历史。校址西汉时在长安有市，有狱。东汉时在洛阳，讲堂长十丈广三丈，有石经四，有博士宿舍。顺帝时有房二四〇所，共一八五〇室。汉代太学生，通谓之弟子员，初置时由太常择民年十八以上者补之，亦有年未十八以异敏拜为“郎子郎”者。后汉质帝时大将军至六百石皆遣子弟受业，此外又有非太学生而受业太常者。学生有先工而后读者，有常为佣役者，有受郡守津贴者。又有匈奴遣送来学之留学生。初置时有学生五十余，成帝时增至五千，顺帝以降则三万余。武帝初置五经博士为教师，而以祭酒总领其纲纪。博士祭酒，皆由丞相御史、中二千石及二千石保举，经太常卿选试，然亦有以才德被征者，应选举者初不限年岁。故光武时戴凭以十六应试，年岁之限大约始于明帝，其限为五十以上。博士选举，久后亦多不以实，故杨震能举名士，诸儒称之。

太学课程为五经。初《书》有欧阳，《春秋》有公羊，《易》则施、孟，此外《诗》有齐、鲁、韩，《礼》有大、小戴。宣帝始立《谷梁》，及梁丘之《易》，大、小夏侯之《尚书》，共十四家。哀帝时从刘歆议，立《左传》《逸礼》及《古文尚书》。光武立《左传》，后旋废。其授课也，聚千百人于一讲堂，举行大都授。讲授殆有定时，弟子不敢缺席，人主亦时临幸讲经，或称制临决。然自安帝览政，薄于艺文，博士倚席不讲。博士亦争掌承问，或奉命巡行天下。学生均自费，然亦有受国家优待，如复其身，且时受赐教。有志操者加俸禄，卒业有期。又尝设甲乙之科以劝勉学者。学生得奏议国事，其势力可以左右朝政。东汉之时私家传授者，指不胜屈，其弟子之多过于西汉之经师，尝立精舍讲学。武帝以前，郡国未有学校，而闾里自有书师。自文翁在蜀立学堂，武帝乃令天下郡国皆立学校官。王莽柄国，特尚学术，郡国乡聚，皆有学校。东汉开国君臣，大都其时学校所养成也。

——盛朗西，《民铎》，第五卷，第一号，民国一三年三月出版。

原载《清华学报》第1卷第2期，1924年12月

甲骨文字之发现及其考释

清光绪廿五年，甲骨文字发现于河南安阳城西北五里之小屯。

骨甲归刘鹗者五千余片，归罗振玉者三万以上。甲骨刻辞，乃殷墟遗文，较之许慎所见大抵为姬周文字，实称更古。自经孙诒让、罗振玉、王国维等考释之后，已得结果如下。

(一)关于小学者。(甲)象形文字多恍若图画。(乙)会意文字，有体殊字同者。例如，牢，或从牛，或从羊，其义则一。(丙)斠正《说文》。《说文》中形体之讹者，因此证明者甚众。(丁)斠正经文。罗氏从殷墟卜辞中发现畢字之本形，知古文畢、散二字形似，经书中多讹畢为散。(戊)参证金文。骨甲文中足为金文之参证者甚多。(己)参证古籀。甲骨文字有与大篆小篆相同者。可见大小篆非出一时之创造。又骨甲文为《说文》所无者几千字。

(二)关于历史者。(甲)都邑。卜辞所载地名可考者凡二三二。其可定者二：商(河南商丘)、亳(山东曹县南)。略可定者七：龚(辉县，在河南，以下五处同)、盂(沁阳)、雝(修武西)、杞(杞县)、截(考城)、雇(原武)、曹(山东定陶)。(乙)帝王。殷帝见于卜辞者廿三，名号有与《史记·殷本纪》略异者。《三代世表》“主癸生天乙，是为殷汤。”卜辞汤作唐，天乙作大乙。《周书》“天邑商”，卜辞作“大邑商”。《殷本纪》外丙，卜辞作卜丙；外壬，卜辞作卜壬；阳甲，卜辞作羊甲；盘庚，卜辞作般庚；庚丁，卜辞作康丁，亦作康祖丁；武乙，卜辞又作武祖乙。又《史记》之大丁疑即卜辞之文武丁。汤之先世见于卜辞者，据王氏所考：夋为帝喾名；土为相土；季当为王亥之父冥；王亥即振，乃亥之伪，《山海经》作王亥不误；王恒即恒，仅见《楚辞》，盖王亥弟；上甲即微，即《鲁语》之上甲微。据罗氏作考，卜辞中之匚、匚、匚即报乙、报丙、报丁；示壬、示癸，即主壬、主癸。此外，若且丙、小丁、且戊、且己、中己、南壬，其名号祭祀比于先王，而史籍无征，殆兄弟之未立，或诸帝之异名欤？(丙)制度。(子)继统。兄终弟及，无弟乃传子，兄弟未立殂者，亦祀以先王礼。(丑)名号。商代诸王多同名，其大、小、祖等字皆后代所加，以示区别。卜辞之称先妣，皆作妣甲、妣乙等，可见女性之制，始自周初，而商无有也。(寅)祭祀。卜祭用祖妣生日。祭名甚多。有曰蒦者，殆谓祭用大濩之乐也；有曰伐者，殆以乐舞祭者也。先公、先王、先妣，皆特祭不祧。先妣亦特祭。亦有同日而祭二祖者。祭，牲用牛，或羊，或豕，或犬，数自一至百；用鬯六至百。(卯)贞卜。凡征伐、田渔、出入、风雨、年岁皆卜。出师人数多至五千。官制有卿事、太史、方、小臣、竖、埽臣。宫室有大室、南室、血室、祠堂、皿宫、东寝、龙囿。(丁)卜法。卜以兽骨(龟用腹甲，兽用肩胛及胫骨)，于骨里凿一椭圆之渠，上博下狭，复于圆旁凿一洼。以火灼洼处，则坼纵横见于表，所谓兆也。凡卜祭祀则以龟，余皆以骨。胫骨多用于田猎，胛骨多用于征伐。殷墟所出，兽骨什九，龟甲什一而已。篇末附关于骨甲文著作目录表一。

——容庚，北京大学，《国学丛刊》，第一卷，第四号，六五五至六七三页，民国一二年一二月出版。

汉隋间之史学

(一)导言。自汉至隋为我国史学昌盛时代，其间史学之变迁以魏晋为升降极大之转纽，故实际上可分为魏晋前后两时期。此时期史学之位置迭有变迁。我国史家初以史出《春秋》之流，故刘歆《七略》、王俭《七志》均以史籍附于《六艺略·春秋家》之末；荀勖四部，初立史目在经、子后；至阮孝绪《七录》始介史部于经、子之间。爰及《隋志》以经、史、子、集分为四部，史学始与各部相抗衡。史学之名似起于魏晋之际，其意不外娴史事，精鉴识。主要定义，盖在劝善惩恶。此种史学，实仅为一种史观，重在伦理的评判，而与近时西洋新史学之定义大相径庭。

（二）史官。汉仍周秦之制，置太史公。宣帝以其官为令，但行文书。迨其末流，仅知占候。王莽效古，立柱下五史。东汉置兰台令史，著作东观，为开局修史所由昉。三国各置史官，而北方诸夷国亦多有设著述之司者。元魏史官添置翻译，高齐、周、隋，名人兼出。众手修史之弊在汉隋间尚不是剧。汉初史出于官，西汉无甚私著之史。后经灵、献、永嘉之乱，逮于魏晋，史官失守，学者乃代之而兴。

（三）史家及史著（上）。本章所谓史家包括：（甲）为史官而专事著述者；（乙）非史官而任意撰述者。此时期史著数量之进步，可于汉、隋二《志》觇之：《汉志》无史部，而《隋志》史部有十三门；《汉志》所录史书不过四百余卷，《隋志》则数十倍之。据各史《艺文志》及近人所补《续各史艺文志》等书，各朝代之重要史家及史著，可撮录如次。楚汉间之史著，有《世本》《战国策》等。汉初有陆贾《楚汉春秋》及司马迁《史记》，后者补续颇多，然皆鄙陋，不足踵追。后汉则班固《汉书》由曹大家奉诏校叙成书，注之者甚众；至于专门授业，并于五经。荀悦奉献帝命删固书为《汉纪》，班固又奉明帝诏成《载记》。《汉纪》百十四篇，历桓、灵两帝，经数手续撰始成。灵帝时，马日磾拟续《汉纪》，会乱未就。综计两汉史家及史著，盖有史家六六，史部目一〇五，史卷目一四八八。其在三国，王沈独就《魏书》，韦曜、薛莹续成《吴书》，蜀有谯周《古史考》等。综计其成绩，盖有史家五四，史部目八六，史卷目七四八。晋代史学渐进，其著者有陈寿之《三国志》，马彪之《续汉书》。又华峤删《东观记》为《后汉书》，惜未成。又袁宏有《后汉纪》，于宝有《晋纪》。陆机、束晳及王隐父子亦各有撰述。综计其成绩，盖有史家一六五，史部目三〇二，史卷目二三四二。宋代史学极著精采，有范晔之《后汉书》、裴松之《三国志注》、何法盛之《晋书》、孙冲之、苏宝生之国史，及徐爰诸氏之续纂。综计其成绩，盖有史家四六，史部目八九，史卷目一三六七。齐代有臧荣绪合东晋、西晋二史为一书，江淹著《十志》，沈约撰《宋书》，裴子野删为《宋略》，年祀虽促亦有可观。综计其成绩，盖有史家一五，史部目二五，史卷目六一二。梁有萧子显《齐书》、吴均《齐史》及何元之等之《梁典》，均雅有条理，足以弥纶一代。综计其成绩，盖有史家五六，史部目九七，史卷目三七一二。陈代史学寖衰，梁、陈二史迄唐贞观始成。综计其成绩，得史家一八，史部二六，史卷目五七八。以上所述均属南朝，北方诸国亦不废著述。前赵、后赵、前燕、后燕、南燕、前凉国史之撰述，皆有可考。而蜀汉常璩之《蜀汉书》及《华阳国志》尤杰出。前秦撰述，焚于苻坚，存者甚鲜，赵整隐著不辍，后经裴景仁正讹，删成《秦纪》十一篇。此外后秦、后凉、北凉、南凉、北燕诸国，史多残阙，《史通·正史》篇犹记其一二；至西凉、后秦，则人书俱缺。综计北方诸国之成绩，得史家二一，史部目三〇，史卷目二六六。北魏史书最著者为崔鸿《十六国春秋》，道武以后，屡修国史，遭崔浩史狱，史官遂广。和平间，复史官，命高允修国纪。太和以后，官私撰述称盛。然尽此一代，多琐述而鲜伟制。综计成绩，得史家一五，史部目二三，史卷目二六八。北齐有魏收之《魏书》。其国史则天统迄武平间，作者辈兴，颇多注记。综计成绩盖有史家一九，史部目三四，史卷目六八七。北周国史，推柳虬之著，他无足称。综计成绩，有史家五，史部目八，史卷目五一。隋开皇初，诏更撰《魏书》。炀帝更命修改之，旋中止。又诏李德林续成《齐史》，同时王劭以编年体撰《齐志》。王劭又有《隋书》八十卷，惟体例未备。王胄等有《大业起居注》，多散佚，至唐始成。此外有牛弘《周纪》，亦成于唐初。综计成绩，得史家二〇，史部目四五，史卷目一〇八一。

（四）史家及史著（中）。比较各朝史家及卷部俱以两晋为首，两汉次之，梁又次之，后凉为末。史卷以梁为首，两晋、两汉次之，前赵为末。汉隋间史学兴替之受时代影响者有四：（甲）汉代史司于官，灵、献后乃渐开放；（乙）晋混一宇内置史官，作者辈起；（丙）梁武、元二帝提倡史学（武敕造通史）；（丁）萧梁间实录仪注之体兴，动至数百卷，原料多而成书少。（原文此下有《历代存疑史家及史著》《历代存书目录》《〈隋志〉史著部卷目比较》，及《〈隋志〉四部部卷目比较》四节。）

（五）史家及史著（下）。史注之类属注训诂者，裴骃、应劭等开其端；类属注事实者裴松之起其绪；从事于史料考证者刘宝、姚察创其首。刘勰之《文心雕龙·史传篇》为批评史书之祖。汉卫飒《史要》十卷，开史钞之风。魏晋以降，族望渐崇，故世系家谱之编纂特盛；自五胡乱华，作者因欲区别夷夏，谱牒乃尤贵于世。方志及舆图之书，撰制于此时内者亦众。其中尤以齐陆澄之《地理书》、梁任昉之《地记》、陈顾野王之《舆地志》、晋裴秀之《禹贡地域图》、隋裴矩之《西域图记》为最著。传记之为专著，肇自刘向之《列仙列女传》等。自光武诏撰《南阳风俗传》，郡国之书始兴。魏文传列仙，嵇康传高士，而后作者益众，名目益广。

（六）正史之体例。叙本纪、世家、列传、表历、书志、论赞、题目、叙传等体例之沿革，而论其得失。

（七）五大史学家。论司马迁、班固（附班彪）、荀悦、裴松之、刘勰。历述各人之事迹，及其学术之得失及影响；后者多采前人成说。

（八）史学界之现象。历叙各朝君主对于史学之提倡，贵族对于史家之扶助，及史家对于史学之努力。末考魏晋迄隋史家于《史记》、前后《汉》三史之研究。

（九）三大史案。（甲）汲冢案。晋太康二年（二八一），汲郡（今河南汲县）魏襄王墓发现竹书数十车，卫恒、束皙、王庭坚、荀勖、和峤从事考证整理。此事在史学上之最大价值，在因此而发生疑古之观念。（乙）石铭案。此案为我国最早之史狱，在北魏太武帝时（四五〇）。初，崔浩奉太祖命修国史，务从实录，恭宗时刊之石铭。及太武真君十一年被极戮辱；僮吏已上百二十八人，皆夷五族；惟与浩同修国史之高允因实对见宥。崔浩之诛，按明焦竑据《宋书·柳元景传》所考，虽实由于谋叛，特假史事而发；然此事之影响于后世史笔固甚钜。（丙）秽史案。魏收于齐天保二年受诏撰《魏书》一百三十卷。史称其所引史官惟取学流，美恶书录，恩怨相报。于是诸家子孙，投诉陈谍，众口喧然，号为秽史，而收冢亦被发。实则收书包举一代（刘攽语），婉而有章，繁而不芜（李延寿语）。《四库提要》尝为收辨护，并谓其叙事详赡，而条例未密，秽史之说，词实太甚。据《唐志》所载，称《魏史》者实咸以收本为主。

(十)结论。综观汉隋以来之史学：论体制则无史注之例，而文亦繁芜，又尚空论，事模仿，多芜杂、抄撮、过繁诸失；论辞句，则有发言失中、加字不惬、措词烦冗、润饰过滥等弊；论史职，则史臣多文士，著述多以大臣为首。又史官所修，多载事不博；而起居注之职，多出近臣，宠禄贵游，罕因才授云。

——郑鹤声，《学衡》，第三三至三六卷，民国一三年九至一二月出版。

The Last Journal of Thomas Angier

Thomas Angier 乃清初商于台湾之英人。兹篇从其一函中考察清初中英贸易之状况。初，郑成功既逐荷人而有台湾，其子郑经嗣立，贻书招徕外国商人。冀得其助，以维持独立。一六七一年东印度公司自 Bantam(苏门答剌地)遣一船来尝试之。时郑经利洋人火器，许公司市舶商于岛中，惟限定每船须以定价代购枪械，及其他货物各若干。明年公司复。遣二船东航，不知所终。是年复有三船来。然郑经欲一手专利，英商咸失望。一六七五复有一船来，携火器甚多，王大喜，以其时方与清廷抗，需此孔殷也。船货既售，索值不能偿。郑经乃准公司设洋行于厦门及台湾以为酬。至一六七八年，乃开始营业，而 Angier 则执业于台湾。是时岛中洋人极鲜。有意人名 Riccio，宦于郑氏，理洋人交涉事。公司海舶，每年一来，然无利可图。以纳税甚重，而郑氏及其权贵，恒购货不给值，争之无效，乃预备辍业。一六八三年十二月，Angier 致书厦门经理，述其在岛中之经过，其略如下。

一六八一年，经少子克塽嗣立。一六八三年六月，清师以舰四百迫台湾，郑氏水师副帅林某逐走之。次月清水师大队又来击，总帅名 Sego（编者按，Sego 当即是施琅）。郑军大慑，不战而降。克塽遣使求容。清帅命蓄发者免死，余俟帝命。复以兵万人登陆，建节港内。清帅初入岛，待英人甚善，允保护其财产，许其贸易如前；于台民亦善加安抚。及全岛既定，手段乃大变；并责英人以械助贼叛清。令洋行将存货列单上呈。旋索贡（Premium）金二千五百两，言如违令则尽没其财产。英人不得已，乃以货物充数，而帅之手下复勒金六百两。英人见商业无望，乃速收旧债，所得甚稀。而清帅之待遇日恶，且不许其离岛。

此 Angier 清中之大略也。其后台厦洋行均辍业，而中英之通商，遂遭中断云。

——*China Journal of Science and Art*（《中国学艺杂志》），第八卷，第三期，一四〇至一四九页，民国一四年三月出版。

中国历史上气候之变迁

美耶鲁（Yale）大学校教授亨丁敦（E. Huntington）去岁来华，演讲于东南大学史地学会，谓新疆人民之生活习惯，全受气候支配；即昔日西域诸国之盛衰，亦皆视天时为转移；而五胡乱华，元灭宋，及满清入关，亦可进而推定其尝受气候上之刺激而发动。本篇即以考证此说之真确而作。

作者根据《图书集成》及《九朝东华录》统计各省之雨灾旱灾，

上起成汤十三祀，下迄光绪二六年，列为四表，其结果如下。

东晋(四世纪)旱灾特别增多。明代雨灾较少，旱灾较多，而尤以长江流域为甚。南宋时长江流域雨量增加而黄河流域则反减退。又日中黑子之记载，世界各国中，以我国为最早，依二十四史所记(原文附有一表)，在南宋一朝，日中黑子之多，为晋代迄明所未有，与近代科学家华尔福(Wolfer)研究所得之意见相同。依印度气象局局长华葛之研究，世界各处雨量可分两类，或则依日中黑子数之增而增，或则依日中黑子数之增而减。南宋时长江、黄河两流域之雨量，一增一减，与华葛之说参考后，殊觉信而有征。科学家又谓日中黑子多则地面温度降，少则增高。南宋时杭州春雪时期较今时晚而且久，与此相证，可见当时气候之曾变冷。且也，南宋时春季多雪，又为风暴南行之征，风暴多，故雨量增也。由历史各季奇冷之统计观之，自十二世纪至十四世纪(南宋至明初)，冬季天气似较严寒；在十五世纪中(明中叶)，则冬季天气似较温和。此又足与南宋降雪之记录互相印证。

——竺可桢，《东方杂志》，第二二卷，第三号，八四至九九页，民国一四年二月出版。

原载《清华学报》第2卷第1期，1925年6月

《古书疑义举例》补

(一)耦语中异字同义例。如《庄子·山木》篇曰：“天地之行也，运物之泄也。”行、泄义同。《大宗师》篇曰：“神鬼神帝生天生

地。”神、生俱有引出之义。

（二）一字不成词则加助语例。如《书·盘庚》：“民不适有居。”《诗·瞻卬》：“蟊贼蟊疾，靡有夷届。”有、夷皆以助语。

（三）助语用无字例。如《诗·文王》：“王之荩臣，无念尔祖。”《左传》隐十一年：“无宁兹许公，复奉其社稷。”无皆语助也。亦有用不、莫等字代无字者。

（四）草木虫鱼鸟兽同名例。如《尔雅·释草》：蓨，蓚通苗蓚；又《释草》有果蠃，而《释虫》亦有果蠃是也。

（五）协韵之字而后人误读之例。如《书·洪范》：“无偏无颇，遵王之义。”义（古文作谊）颇古音相叶，而唐玄宗不察，诏改颇为陂。

（六）句中用韵例。如《诗·国风》：“喓喓草虫，趯趯阜螽。”喓与趯韵。《邶风》：“有沵济盈，有鷕雉鸣。”沵与鷕韵。

（七）注经用韵例。如《尔雅·释训》：“子子孙孙，引无极也。”“颙颙卬卬，君之德也。”……计共七句，每句第七字皆用韵。

（八）二声相近，二义相通，而字亦相通例。如《史记·周本纪》：或作有；盖或古读若域，有古读若以（说见《唐韵正》）。二声相近；故曰：“或言有也”；音义既通，则字亦相通。

（九）二形相似，二声相近，而义亦相通例。如蕉瘁班固作焦瘁，《左传》作蕉萃，《孟子》《国策》作憔悴，《玉篇》作顦顇，俱形容困苦或枯槁之意。

（一〇）有双声之字连用，不得分为二义例。如《易·说卦》：“坎为水，为沟渎”。《说文》：“渎，沟也”。《离骚》：“曾歔欷余郁邑兮”。《说文》：“歔，欷也”。

（一一）有叠韵之字连用不得分为二义例。如《左传》闵元年“宴安鸩毒”,《说文》:“宴,安也”。《诗·民劳》:“无纵诡随,以谨无良”。《经义述闻》云:“诡随叠韵字不得分训”。

(一二)补倒句例。如《庄子·应帝王》篇曰:“且鸟高飞以避矰弋之害;鼷鼠深穴乎神丘之下,以避熏凿之患。而曾二虫之无知。”“曾二虫之无知”(知训匹),倒文成句,犹言不能配匹二虫也。

——姚维锐,《东方杂志》,第二二卷,第八号,一〇一至一〇九页,民国一四年四月出版。

中国民族西来辨

言中国民族西来者有二派。(一)谓所有东西各民族悉系自美索不达迷亚徙入。(二)谓东亚原始之民为黎苗。黎苗之来不可考。惟夏族则自西来,其文明亦自西移植也。考吾侪今日对于东亚为非人类发源地之说,尚无确证,故东亚住民为无原始于东亚者一说,实难凭信。且近世所发现之各种原人遗骸十七起,无一出于美索不达迷亚者。又考东亚当黄土生成时代已有旧石器之人迹,而巴比伦则无之。故第一说不能成立。

主第二说之最占势力者为法人拉克伯里氏。拉氏谓中国民族来自迦勒底(Chaldea)、巴比伦(Babylonia)。古代靄兰(Elem)王廓特奈亨台(Kudur Nankundi)既平巴比伦南部,率巴克(Bak)族东徙,经昆仑山脉,抵中国西北部,循黄河入中国。奈亨台即黄帝,巴克即所谓百姓,昆仑译言花国,即中华。又其先西方有萨尔功(Sargon)帝,创用火焰形之符号,即中国所谓炎帝、神农。又有但吉

(Dunkit)曾传其制文字，即中国之苍颉云云。此说之不能成立，理由有五。

(一)夏族于短时期内(如拉氏所言者)自西徂东，就地上之阻碍，及当时交通方法上观之，殆不可能。

(二)或以传说人皇由藏经蜀入陕，及黄帝经昆仑，为夏族东迁之证。不知昆仑卫藏之去西亚较去东亚为尤远，不能为其由亚徙东之证，人皇事出《纬书》，黄帝事出伪籍，皆不可信。而其所谓昆仑，究为今日何地，莫能确指；百姓二字始于唐虞，以其授姓而名；华本民族之称，非国土名，始见于《左传》。

(三)论年代。我国古史在共和以前至少有数万年以上，而巴比伦文化仅可溯至西纪前六千年，吾国有旧石器时代而巴比伦则仅可溯至新石器，奈亨台实约当尧舜之时，乌包(Ur-Ban 主西来说者以为即伏羲)约当炎黄之世，且神农在伏羲之后，而萨尔功则在乌包之先；仓颉与黄帝同时，而但吉则在奈亨台之先。

(四)论人种。华族为黄人，而塞姆人及霭南人(皆居巴比伦之民族)皆白人，苏米尔人(居巴比伦南部)亦以白种为近。羲、农、黄、仓皆黄人，而萨尔功、奈亨台为白人，乌包、但吉亦近白种。至若姓名之发音，即使相近，亦不能证明其为一人，奈亨台等诸名与黄帝等诸名其音并不相合，且 Sargon 本为 Shargani-shar-ali 之省称，岂神农亦为省名耶？

(五)论文化。中国有旧石器时代文化，而最近河南仰韶所发现新石器时代遗骸用具，亦为华族所固有之物。至有史后之文物创作，如伏羲之八卦，神农之琴瑟，黄帝之乘马造旃冕，垂衣裳，苍颉之作书，皆于巴比伦无征。或谓八卦即楔形字。考楔形字由图象进化而成。八卦远出楔形字之前，而一卦代表数物，非仅为文字之用，且多少含有哲理，二者不能附会为一。

又主西来说者谓中土用马传自西方，不知黄帝乘马远在巴比伦知有马之前。巴比伦文物为古代中国所无者尤多。如星期(易七日一来复，乃指消长之道，与取义日月五星者不同)及时、分、秒之划分，史诗、混版书皆是。此外加神祇建筑、美术品等不易悉数。

日人白河次郎、国府种德所举中巴文物一致之点七十余条，其中谬妄之点，有如上文所已辨正者，至若天文、历法、沟洫、堤防、制度等，两邦虽略有相类，然各亦不能据为因袭之证，凡民族之禀赋及环境有相似之部分，则其文化亦常因而有相类之点也。且巴比伦之闰岁、堤防、沟洫、牧伯等在古史第一期内(西纪前三千零五或三千八百年以前)已完具，而在中国则须至唐虞时始有可考。至若二十四节气，则至西汉方始完成。

综上各端，结论如下：(一)中国民族即自外来，亦必在数万年或数十万年以前。(二)西来之说为事理所必无，中国民族即自外来，亦必不自巴比伦迁入。

——缪凤林，《学衡》，第三十七期，民国一四年三月出版。

清儒对于“元史学”之研究

(甲)《元史》之芜陋，其故有六：主撰者俱非史才，无真挚之责任心；急于开局，史料搜集未广；速于成功，未遑考订；抄录旧文，不加润色；诸臣起草泽，不谙元掌故；汉人不谙蒙古语，无从翻译。

明太祖虽曾命解缙重修之，而其书不传。明人不敢议削官书。至清康熙间邵远平始另著《元史类编》，于《元史》略有删补，其功颇大，然有纪传而无表志，且不能取材西域，新增资料甚少。乾隆间，钱大昕继起重修，先为《考异》十五卷，又以所获资料作《元诗纪事》。据郑文焯《国朝未刊书目》，有钱大昕《元史稿》百卷，然其写定传世者仅《氏族志》《经籍志》两篇耳。大昕于此两篇用力甚久，搜辑颇博。乾隆五十年钦定《元史语解》亦治元史者之一利器。嘉庆间，汪辉祖著《元史本证》，但就本书举证其记载之讹误、遗漏及译名之歧异。道咸间，魏源踵承前业，自创体例，采《四库》中元史各家著述百余种，并旁搜《元秘史》《元典章》《元文类》等成《元史新编》。其列传以类相从，传事与传人相兼，司马迁以后，未或之行也。光绪间，洪钧奉使俄、德，采译拉施特儿哀丁所著《蒙古史》并参考笔记杂史二十余种，成《元史译文证补》，于元代史料颇发新彩。屠寄继洪后著《蒙兀儿史记》，参以西方史料，证以实地调查，于《元史》大有补证，惜未成功。近人柯劭忞集诸家考证之余，再加搜采，以数十年之力，成《新元史》二五七卷。虽取舍未尽得宜，考证犹有未尽，而又无考异或案语以明其所增修及根据，然其采材之广博，组织之完备，实兼《类编》（邵）、《新编》（魏）之长，前此所未有也。以上述清儒重修《元史》之功。

（乙）清儒于《元秘史》之整理，亦有足纪者。《元秘史》乃元初人所撰，为论次太祖、太宗两朝事迹者所必折衷，明初曾以华文译之，而未以补订正史。清钱大昕从《永乐大典》录出之。顾广圻又得影钞元本，与钱抄颇异，最为佳本。《元秘史》之考核自大昕始，彼之《元史考异》即全于此着手焉。清末李文田始为此书作注，李通汉、满、蒙三合音之例，故所注极精到。同时施世杰撰《秘史山川地名考》，尝亲历塞外以取证；阮惟和亦作《秘史地理今释》。丁谦集其大成而更进，所著《元秘史地理考证》，辨稽甚勤，复附有《元初漠北大势论》及《太祖编年大事记》。

(丙)此外可称之零星作品足补元代史书之缺者，清儒之成绩亦尚复不少，梅定九于《元史》年月之讹记多所订正。而元代遗书，如邱处机《西游记》、张耀卿《纪行》、耶律楚材《西游录》《元圣武亲征录》《元经世大典》及《元典章》，皆有清儒之考证注释。李文田又有《和林金石考》，集和林唐、元二代之碑刻。今人陈垣作《元西域人华化考》共引书二百余种，取材及于方志，亦前此所未有云。

——郑鹤声，《史地学报》，第三卷，第四期，一至二三页；又第五期，一至二二页，民国一三年一二月，及一四年三月出版。

中国民族之原始及其远古(The Origin and Antiquity of the Chinese people)

(一)中国历史大略可追溯至西纪前二千五百年。考证家以伏羲、神农、黄帝为神话人物，尧舜为历史人物。此五帝者，创造中国文化之祖也。耕稼、衣服、文字等等之制造，相传皆起于羲农时代，实则或当更前乎此，亦未可知。而农业之不始于是时，更无可疑。传说更有谓五帝以前，尚有万余年榛狉之世，其民生活简陋，以树为栖。此不过后人测度之词，不足尽信。然华人之自知其民族起自野蛮，不与他民族之好夸张，自谓起源于黄金时代者相同，此则正可注意之点也。关于史前之遗迹，在甘肃、河套则有 Licent 及

Chardin 神父之发现，属旧石器时代；在河南满州则有安特生教授之发现，属新石器后期，去历史初期不远。惜所获不多，未能使吾人于史前华人得一确定观念。历史时期中之最要发见为殷墟甲骨，甲骨文所纪多关于田猎祀祖之事。昔日之未开化习俗，如以鲜肉祭地祇，以生人作牺牲等，亦皆于此发见。其字形不固定，每有同字异样者。就考证所得，甲骨盖属商代之物。然甲骨中曾见一鹿角，其种今已绝，据此推测，则遗物之一部，或更早于所假定之时期，亦未可知。总之华人风俗及今回溯至有史前之野蛮时代，实可有五千年之久云。

（二）中国文化约在二千五百或三千年前，兴起于黄河流域。此说证之于各传述，均各相符。如《诗》《书》《易》中所载事迹大抵在河渭附近。虽《禹贡》所载地域颇广，然此书是否禹作，尚属可疑。若以其他较为可靠之载籍为凭，则当时疆域实属甚小。且其地险阻四环，有甚于今日之情形，故与他族常相分隔焉，华族单音制之语言，据学者研究所得，共有六百音左右。古文字数不甚多，殷契所载才千五百耳。中国文字之象形字（standard ideograph），根据学者研究之所得，约有千数。据瑞典 Karlgen 氏之研究，千五百年前之中国古音，与今音大不相同；今日之各处方言，以广州语为比较的稍近古音。就作者所知，华语之与他国语言，至今不能证明其有何关系，即蒙古语亦无与华语相关之迹可巧。就地质上言，蒙古与中原间之地理的阻隔，必已存在于历史时期之初，文化殊难越此而移殖。华化来自蒙古之说，可见不足深信。

（三）或有谓中国象形字与埃及古字相类，因谓华化源于埃及。然夷考其相似者不盈五六字，皆属浅明之象，几凡小儿皆能用之。

且埃及字在西纪前四千年已完成确立，而华字则在西纪千年或千五百年前，尚无定形。或又有谓埃及神话与华多同者，然安知其输入不在纪元之后。或又有谓华化与巴比伦有关，谓亚克特(Akkadian)象形字(巴比伦文字所本)与华字相合者。然实则不过少数简单之字偶相符合耳；且亚克特文之古音，至今未能确知。而西纪千五百年前之中国古音，今亦全无可考。故若就音而论，其相同亦殊不足为据也。或又有谓华化与美洲有关，谓墨西哥土人之字与华字相近。然亦不过少数简单之字偶尔相同，且此种相似之字，与其谓为字，毋宁谓为画，且溯其西纪六百年前时最古之形式，较西纪千五百年前之中国文字，更为粗陋，故中美文化有关之说亦不足信。要之，各地文化不必同出一源也。

(四)结论谓中国文化在二千五百年前，独立的发生于河南附近，其所以能产生文化之故，与黄河有关。

——《中国科学美术杂志》(*The China Journal of Science and Arts*)，第三卷，第六期，三四四至三五一页，一九二五年六月出版。

山越考

两汉以前，江南未辟，吴越山居民族化外不羁。良善者白首林谷，不识郡朝；桀黠者仗兵野逸，剽掠好乱。至三国时而益盛。其民好武习战，行军部伍，以户为单位，有组织，有训练，故多精锐可用之材，所屯聚之地，首推会稽，余散居今之浙、苏、皖、赣各地，山越之所经营与江南之开辟有关者三：于山谷间广启田畴，一也；尝开道路以利交通，二也；山越所聚居之地，后多辟为郡县，三也。

三国时，山越为吴患甚烈，时受魏诱起乱，沮吴远图。孙权初降魏受封，亦由其逼迫之故。盖数十年间，尝祸及六十余郡县。寇变无时，守令常须戒备也。吴人对付之法：镇抚、讨伐与怀柔。三者并施，颇著效果。及孙权嘉禾六年，诸葛恪平山越，东南山越之患，至是稍息。吴亡后，陈高帝初年及唐德宗贞元间虽有余患，然不久即平。嗣是山越事不复见于史书，盖渐同化矣。

——刘芝祥，《史地学报》，第三卷，第四期，五一至六四页，民国一三年一二月出版。

王玄策事辑略

玄策先玄奘使天竺，立功甚伟，惜正史无传，事遂湮晦。考玄策至天竺凡三次：（一）贞观十七年奉敕偕李义表等廿二人送婆罗门客还国，并巡抚其邦。尝勒铭耆暗崛山，十九年又立碑摩诃菩提寺，其归国当在二十年。（二）廿二年又奉使往，蒋师仁副之，四天竺国王咸奉贡。会中天竺王尸罗逸多死，国中大乱，其臣那伏帝阿罗那顺篡立，发兵拒玄策。玄策从骑卅余人与战不敌，矢尽被擒，诸国贡物并被掠。玄策遁走吐蕃西鄙，檄召吐蕃千二百余人，泥婆罗国七千余骑，与师仁率之，进至中天竺国城，连战三日，大捷。阿罗那顺弃城遁，师仁追擒之，并多所俘获。余众奉王妻息阻乾陀卫江，师仁复击溃之，获王妃及子，并掳人畜甚众，降城邑五八六。东天竺及迦设路国争来馈献。玄策执阿罗那顺以归，时贞观廿三年也。(三)显庆二年奉敕往送佛袈裟。途中周历诸国，并接受贡物，至龙朔元年始归。玄策著有《中天竺记》十卷，久佚。(此文所引据之书为新旧《唐书》《天竺国传》《法苑珠林》《道宣集》《古今佛道论衡记》及日本奈良药师寺佛迹碑。)

——柳诒徵，《学衡》，第三九期，民国一四年三月出版。

南宋都城之杭州

(一)杭州县治，秦汉时在山中，至唐始迁至钱塘江所冲积成之平原。贞观间有居民十一万，五代时未为兵祸所及。宋代辟为商港，与海贾互市，遂益繁盛。

(二)高宗南渡，定都杭州，改名临安。其时居民不下数十万户，百十万人。仰二浙、闽、广江南之物产为供给。国库税入约四千万缗(盐百分之五十，酒卅六，茶七，海关五)，什七用于兵饷。

(三)本节述临安禁城之风景。

(四)临安设有国立太学，有斋十二，生徒(嘉定间)千七百余人，分三级，外又有武学(校)、医学(校)等。

(五)本节述临安城街市之情形。

(六)本节述四季时节都人游赏之习俗。

(七)述临安之繁华状况，有茶坊、酒楼、歌馆、花园、西湖、会社、说书、烟火戏、慈善事业、游民等项。

(八)述元初马可孛罗所见临安旧京，并言其都市之繁富与民情之和平，等等。

(九)临安之凋落，由于火灾之频。火灾之原因，由于房屋之过稠与居民之佞佛等故云。

——张其昀，《史地学报》，第三卷，第七期，八三至九六页，民国一四年六月出版。

西藏文化发达概略

言中国之西藏与欧洲之 Tibet 包指地域不同，而藏人皆未之知。西藏文化支配所及，除西藏外，有蒙古、青海及满洲之一部分。研究西藏学者分其地为二部：（甲）小 Tibet，合中央州之卫及藏洲而言。中央州之都会曰拉萨，藏洲之都会曰日喀则，二者同为 Tibet 繁华之区，然在神话时代，并非文化中心，自入有记载时代，西藏文化乃以是为舞台而演进。地居群山间，为一盆地，海拔高万一千呎至万三千五百呎。在此二高度间，人口较繁，以上渐稀。气候虽炎暑亦凉爽，惟在室外烈日下，则温度极高。（乙）大 Tibet，包卫藏及卫东之康、藏西之阿里（阿理又隶有三大洲，曰哲孟雄，曰尼泊尔，曰大达），中央洲北之 Shang 及青海亦皆入焉。北极昆仑，南越雪山，东界四川，西至帕米尔。海拔不一，平均高一万三千五百呎。峻岭四绕，内部沙漠纵横，中多池沼大河。北部饶沼盐，藏人大半赖以为生焉。西藏气寒土瘠，上田岁止一获，所得仅种子之五倍左右，过海拔万四千呎以上，则二年或三年一获。物产有麦、豆、荞麦、小麦，仅足供所需之三分之一。禽兽繁殖，以信佛教，从不猎取。沼盐为出产大宗，以转运艰难，价极高昂。其他内外贸易，亦因交通之阻滞迟缓，不能发达。

西藏人种有三：（一）Maha Bhaārata 族（著者之命名，本为印度大史诗名，诗中载有神曰大自在天者，藏人之祖先也）居西藏西部，在婆罗门子河西北，有山曰 Kairas Giri，大自在天所经营之处，为昔时文化最盛之地。此地文化，关于印度文化甚钜，印度古籍中如 Prâna 屡屡见之。盖印度文明，一方来自雅里安（Aryan），而 Tibet 亦为其文化之一泉源也。（二）Atsusam Tibetan 族，居西藏中部，在婆罗门子河两岸。据神话所传，本与印、缅、暹一部分人种同源于希马拉耶山；其人体小，面阔，肤赭，颧高，鼻低，额广，口大，发眼皆黑，多早老，鲜长寿，性和蔼可亲，惟过于保守，且深迷信。（三）Do Kham 族，居康及青海，多与蒙、甘及土尔其人通婚，体伟肤白；民情强暴多盗，然伟大人物若黄教始祖宗喀巴，实生于其间。其俗谚有云“杀人，礼佛，向前走”，颇能表示此民族之矛盾性情焉。

西藏文化史可划为五期。（一）神代文化（西纪前八百年及以前）。多载于印度二大史诗 *Rama yana* 及 *Maha bhārata* 中，就所载推之，其文化当起于西纪前六千乃至一万年以前。二诗略谓，最初有大自在天神，以神力统驭万事万物，行空遁地，为其常技。部下有四大将：曰多闻天王，夜刃（一作药叉）、罗刹二部属焉；曰持国天王，鸠盘陀、乾达二部属焉；曰增长天王，迦楼罗、阿修罗二部属焉；曰广目天王（亦称毗沙门王），聚那罗、那伽二部属焉。多闻天王之兄有啰婆那者，锡兰之祖也，其所居之宫，以水晶为柱，故有水晶宫之名。其民善战，文化颇高。啰婆那尝亲征印度，掳其后 Shita，欲妻之，不从，幽之十年，后印王攻破锡兰，迎后归，谓相偕乘飞机越海峡而返也。二史诗又言 Kairas Giri 之华美建筑。Kairas Giri 者，印度人所命之名，在藏原为 Gangsrimpochle，义为雪山大宝，盖指希马拉耶山，此地文化，后随恒河之流传入印度，再以Banares为中心而递进演成印度神秘之文化。至藏人所自记之神代文化则有二说。一曰Pon教，有似中国之道教与日本之神道。相传昔有印度某国王，偕六子亡入西藏，因输入印度文化于西藏。六子之裔，分为六族，即后世西藏人所自出也。二为佛教，载于西藏最古之记录Ma nibka abum中，谓藏人始祖为猿，名赤面猴，西纪前一三〇〇间被迫与罗刹鬼女婚，无所出，女乃选地狱、饿鬼、畜生、修罗、人间、天上六种人为子孙云。西藏当游牧时代，仅有各部酋长，距今三千年前，印度有一国王，战败走西藏，藏人疑为神，立为王，是为肩舆王。印度学者则谓有Yudistl者，实与弟兄五人及所共娶之妻越雪山往天国，其实即往西藏，此说颇近是，盖藏人自有书契迄今，皆行一妻多夫制也。观上所述，可知西藏文化实含有极浓厚之神秘色彩，此系彼邦文化之特征，即今日犹然也。

（二）上古文化（从肩舆王至西纪六三八年），此时期中，武备最发达，不独内部统一，且向外发展，然仍不脱神秘。相传当时有《宝王庄严经》及观音像自天降至王庭，即为佛教传入之始，自是其国王皆自称观音化身，藏人之视国王为神，盖始于此。

（三）中古文化（西纪六三九至一二五一），雄主宗赞含甫王出，承前代之武威，侵中国，唐太宗以文成公主与之和亲。王娶文成公主后遵守四条件，即遣十六人留学印度，中有三菩提者，遂因梵文创藏字，复译佛经，极精密，惜成者无几。自是文化之基础始立，然一般人民思想，仍不脱神秘性，咸以三菩提为文殊化身，且视其王宗赞含甫亦如神也。其时小说家、戏剧家（演剧露天）相继辈出，建筑美术亦极进步，音乐亦自中印传入，颇能发达。宗赞四传至

Tite Tugtan，又与唐失和，入寇。英宗以金城公主与和亲。公主生 Tisong detsan 王，王与德宗和亲，立于对等地位，和约勒碑至今犹存(见《龙威秘书》)。王又为宗赞后振兴佛教第一人，尝遣使赴印，印度高僧亦联袂来。后西纪八五〇年，印僧 Padma Sam bhava 来至，为红帽派之祖。时印、藏学者皆努力于文化之输入，多译佛经。其译法全取直译，严整忠实，一字不遗，绝不蹈汉译偏重主观之弊，有功于研究佛学者不浅。中、印佛经今多亡失，而藏本犹存者甚多，故藏文经典在佛学界中有抱残守缺之功焉。又自西纪七〇〇至一二〇〇年间，印度佛教衰息之情形，中印几尽失载，惟藏书记述独详，其时印度名著亦多流入西藏者。Tisong detsan 王子 Muni Tsampo 嗣位后，下令全国，实行均产，贫民大乐，不复从事生产，贾人因之得巨利，贫者仍贫，而富者仍富。王后又严加监督，然结果仍无效验，反扰乱人民，其继母恶之，遂杀之而立己子，均富政策遂归失败。

(四)近古期(一二五二至一六四〇)，自叭思巴王之即位始。王本红帽派，得成吉思汗之器拔，藉其力得王位，僧人为王，实自此始。此期西藏文化之特色，厥为政教合一，近代因之，教王法王，自是遂支配西藏全境焉。

(五)近世期，起自第五代法王言力海(一六四〇年)以迄于今，本期历史，讲者因时间限制，未及详述。

——河口慧海(日人)讲，朱偰记，《社会科学季刊》，第三卷，第二号，二五七至二七九页，民国一四年三月出版。

我国国际贸易源流考

我国海上交通始于秦汉之辟南越。《汉书·地理志》所载，自日南航海所通诸国，虽其地不可悉考，而其中之黄支国或云即今西印度之建志补罗(Kanchipura)。据《前汉书·张骞传》，武帝时帕米尔高原、阿富汗、印度等已有我国货物之买卖，而罗马、波斯已有我国人之踪。中、罗陆路贸易之蒿矢，其时当在西纪前一六〇至一一〇年间。时波斯介两大国之间，次以汉彩缯与罗马交市，故遮阂不使自达。从罗马帝安敦(Marcus Aueerius Antoninus)占波斯湾，遣使自日南来通(西纪一六六)中罗间之海上贸易乃始萌芽。三国孙权时，复有罗马贾人到交趾。三国以降，国内乱，对外商业式微。后魏与西域、波斯、印度交通尚繁，然已远不如昔。东晋末及南北朝时，佛教盛行，印度以东诸国，开始来通，南洋诸国亦至，我国商船亦渐及于波斯湾、红海。是时外国贸易，南朝航海，北朝遵陆。罗马及西域之货币，亦随商业而输入。自唐以后罗马衰，商权为亚剌伯人所代。

隋炀帝时，西域来商者四十四国。唐兴，拓疆，通国益众。时犹太商权渐及我国，然为期甚短，后卒让于亚剌伯焉。时波斯人来者亦多。海上贸易，以锡兰岛为中枢。番商之来我国者，多集于广州，外则交州、泉州、扬州。市舶使之设，其始不可考。据《文献通考》，开元初叶已有此官(贞观十七年已有三路舶司)，其职在征货税。当时税率，今可考者，据《郡国利病书》则龙脑、沉香、丁香、白豈蔻，尝各抽解一分；据亚剌伯人所传，则什三而取。唐之季年，内乱相踵，贸易随衰。五代时，西人多商于高丽、回鹘、黑水等。南海之中西通商，一时殊不振焉。宋代多边警，东拉逊国亦内乱，故陆路互市停顿，海上则甚盛，宋初定广州、明州、杭州为通商港，相继设市舶司，三方惟广州最盛。元祐二年，又开放泉州，置司。南渡后，政府更招徕外贾，图裕国库。宋初，关税取什一，时或什二，南宋增为什四。税入：绍兴四年泉州所得达九十八万缗；中兴间，广州、泉州抽解及和买所得年达二百万。时泉州贸易渐盛，及南宋之末，居广州上。亚剌伯人以锡兰为根据，而我国沿海亦有为其居留地者。南宋时，贸易中枢已移于三佛齐，即今苏门答腊岛之舶来白克(Baleobang)。元代国威远及，商业复振。陆路一由天山南路经南西伯利亚通欧洲，一由天山南路经中亚达西亚，汉人居西亚者不少。海上则世祖招徕外贾，并将诸藩互市之权利收归政府，以免司官之垄断。商港有泉州、上海、澉浦、温州、广州、杭州、宁波，而以泉为关门，最称繁盛。马可孛罗(Marco Polo)谓泉州为世界最大港之一。时泉州、福州诸港侨居之外人，盖以万计。税率：据柯劭忞《新元史》，其货以十分取一，粗者十五分取一。南海诸国，世祖时来通者二十余，亚剌伯人亦至，迄明中叶，海上商业皆操于其手。

明代西亚混乱，陆路通商不振，惟中日贸易重通，颇称兴盛。后倭寇猖獗，乃商辍司废焉。泉州、广州与宁波设司，俱在洪武初年，广州最发达。近世欧人来华，以葡人为嵩矢，事在正德十一年。自后葡人相继东来，于宁波、福州、厦门等处建设公行。中遭放逐，后复令弛，来者益多。嘉靖中，其在粤之居留地有三，即上川、电白、澳门，是其中以澳门为最盛。嗣葡人以暴行，经一五四五年宁波居人之屠杀，及一五四九年泉州吏民之放逐，互市遂限于澳。继葡人而至者为西班牙人。班人于一五七〇年始至粤，迭求缔商约，为葡人所间，不果。然华人之赴斐律宾者，往来自若，故马尼剌遂为两国之市场。荷英之来通，一在一六一四年，一在一六三七年。旋遇鼎革，贸易中辍。缔约通商，始自清代之中俄《尼布楚条约》(西纪一六八九)。然当时所结之约，不得谓为完全之国际条约。自鸦片战后，媾和南京，订《南京条约》(西纪一八四二)。国家条约之要素始具，而国权自是大损。继其后者为一八五八年之《天津条约》。自是以后，对外每一失败，即缔结条约，开放商埠，对外贸易不堪设想矣。甲午战败，我国鉴于世界大势，开放商埠，然其大部则仍基于条约上之规定也。篇末附中国与各国通商年代、通商港、内地市场及寄航港诸表。

——陈仲益，《东方杂志》，第二二卷，第一〇期，九七至一〇九页，民国一四年五月出版。

最初中英茶市组织

茶之输入英国在明末，至清代嘉庆中，而饮茶之风，通行于英之全国。道光二十年，英国用茶平均每人有一又四分之一磅之多焉。康熙中，中英茶市中心点在厦门。乾隆二十四年上谕，限止英人在广州通商，直至鸦片战争前不改。英商不明我国习惯、法律，故纳税及与华官交涉等事，皆委华人代办。华人营此业之组织者称为公行，华官亦利用公行负责代收租税及代办交涉。广州公行始于康熙五十九年，后得政府许可专利，其权足以操纵茶市，支配茶价。英商购茶，与公行交易。每年订合同，春冬交茶一次。英商如有欠税骚扰，政府惟公行是问，故公行必防察英商，恒以此失和。英国方面，东印度公司专贩茶之利，设代理处于广州。其初，每年公司船来，派货头(supercargoes)数人同行，司贸易之事，后派定货头委员会驻广州，北京派海关监督管税务，税以船为单位，因船之大小而异其税。公行采办茶叶，由其他茶商经理。茶商资本不足则赖行商贷助，故后者完全在行商势力之下。康熙二八年以前，茶货悉由班塔木转印度，再转至伦敦。后因价太昂，乃直接海运。嗣是公司茶市日盛，嘉庆十三至十六年间，平均每年运茶达二六五〇〇〇〇〇磅，乾隆时英使 Lord Macartney 谓茶市尝促英之海运，海运有助于海军云。道光十四年以前，出口之茶悉由福建、安徽、浙江供给。三省之茶皆从陆路运至广州。嘉庆一八年，公司将茶箱从福州以沙船运至广州。嘉庆二十年因广州公行反对，政府下令禁止海运。此后二十五年间，闽茶仍由陆路至广州。但公司不忘海运之便，恨公行之垄断。在《南京条约》未成前二年，赖班脱(George Lampent)即在伦敦有要求英政府请中国取消公行并开放福州及厦门以利茶市发达之举。公司、公行恒以利益上冲突而决裂，公司以枪炮相恫，公行鼓众怒以抗，因是而辍业者屡。公司因专营茶业，无力推广其他销场。同时又不准他人来华经商，高抬茶价，使致英人积怨。故英国会遂于道光十三年，取消东印度公司专利之权。总观最初中英国茶市，一五〇年内，两方皆尽力解决交通问题，并供给政府无数财源。此一段通商史料产与鸦片战争颇有莫大之关系。

——陈翰笙，《社会科学季刊》，第三卷，第一号，九至二三页，民国一三年一二月出版。

最初华番茶马贸易的经过

西番(本文番字，括有今甘凉以西及青海西藏等处，即古氐、羌诸种人所在之地)人常食动物性食品，生理上需要植物性饮料为调节，故尚茶。但茶饮风习，在中国境内虽自汉以来，即日盛一日，在域外诸邦则在六朝时，尚未有此种嗜好。茶之需要至唐而渐及于境边。尔时回纥入朝即已有以绢易茶之说。惟其贸易情形则不可考。正式互市，当始于宋以后之西番茶马贸易。盖马为西北特产，中国自汉唐以来，皆取给焉。故宋明皆确定与西番茶马交换政策。宋自熙宁以后，此业始成为政府所专利，置茶马司于秦州、凤州、燕河等地管之。其后互市，每年有定期。茶马比价，大抵元丰六年以后，上马一匹值茶一驮，淳熙后虽下马亦值十驮，上马则非银帛不办。盖初时输出多蜀茶粗品，到乾道末年输出的多为细品，于是番人贱粗贵细，致使从前茶价遂致锐降故也。同时政府为补救起见，立有细茶输出之禁。马之输入额，据《宋史》建炎初岁约二万匹，乾道初减至九千匹，淳熙初规定一万二千九百匹。然事实上不能达到此数，亦茶价低落有以致之也。明略沿宋制，于陕甘沿边置茶马司十余所。贸易之盛驾于宋代。

——黎世衡，《社会科学季刊》，第三卷，第二号，二一二至二二〇页，民国一四年三月出版。

中国奴婢制度

(一)我国奴婢之渊源略有四：一曰罪犯。据《风俗通》《说文》，奴婢制之始生，全出于罪犯，此与近今学者所谓奴婢起于俘虏之说不符。然以罪犯为奴婢，吾国行之甚早。《汤誓》有“予则孥戮汝”之言，《论语》记“箕子为之奴”之事，《周礼》于此例有明文。汉代罪犯之没入官者，皆为官奴婢。此例原则上似仅为犯罪者所缘坐（株连）之亲属而设。《周礼》有“古者从男女没入县官为奴”之说，汉代则缘坐男女之没为奴婢，于律文事实俱有可征。谋反叛逆缘坐男女入官之律，自唐至清皆然（清律除缘坐外，对于犯特种罪之本犯亦有没为奴婢者）。清末改律，始革之。二曰俘虏。我国奴婢制是否生于役使俘虏，无从证实。惟历史上屡有以大批俘虏为奴婢之事，此种事实大率多在外族入主时。魏、金、元及清初俱有可征。三曰买卖。吾国向不承认奴隶营业。卖子女妻妾或其他亲属为奴婢之刑禁，唐迄清之法律皆有之。然事实上亲属、奸人及盗贼之和卖与略卖，所在皆有。四曰家生，即指承继其父母之奴籍而为奴婢者而言。元、清两朝，皆有奴婢阶级世传之规定。

（二）历代奴婢在法律上之地位可分六项言之。其一，良贱不能为婚。唐律规定男奴绝不许娶良民为妻，婢女之嫁良民虽不禁止，然冒充良民而嫁者有刑。宋、明、清刑律因之。元律许良家女嫁男奴，惟嫁奴者须入奴籍。其二，清律奴隶无应试出仕之权利。即转入民籍，亦需待其三代后，子孙始准应试出仕，惟内官不得至京堂，外官不得过三品。其三，历来法律对于奴婢犯罪之制裁，不与良民平等，其刑罚恒加重。其四，凡主人对奴婢犯罪，及一般良民对奴婢犯罪，其所受制裁俱较良民对良民犯罪为轻。其五，奴婢之诉讼权颇受限制。唐律，奴婢于主人，除谋反叛逆罪外，皆不准告发；告则不问虚实，皆处奴婢以绞刑，而被告者转因奴婢之告发而得拟于自首之列；又奴婢告主之亲属，即实，亦处流徒等刑。宋、元、明、清诸律皆因唐制。其六，综合历代实例而言，吾国奴婢之解放，大率不外三因：(1)其于国家明令之总豁免，如汉永初四年诏诸没入官奴婢悉免为庶人之类；(2)基于已达法定解放之年龄；(3)基于主人之释放。

(三)就法律言，自清宣统元年禁革买卖人口条例(现行法仍之)宣布后，奴婢制度即已消灭。然蓄婢之风，今犹未替。此因由于于法律无灵，而该条例本身亦不无可议，该条例定旧有奴婢解放后，一概以雇工人论；惟此所谓雇工人是否即与寻常之雇工性质一律，原文词旨似尚不免含糊。又该条例许今后贫民将子女，定契长期佣于人。依其所规定，不论定契时子女之年龄何若，其雇契之期限俱可定至被雇者满廿五岁时为止。在此制之下，被雇者之丧失工作自由，既与奴婢相似，则其所受雇主压迫亦必与奴婢相若。虽云在雇限内主家如有虐待事，本家得缴未满工值而领回；然缴值领回，及向官厅证明虐待，俱非一般贫民力所优为；故此实仍为一种变相的奴婢制度，而为父母者遂得以长期雇佣之形式自由处分其子女之身体矣。结言论今后宜完全废止奴婢制度，一面另实施救贫政策。

——王世杰，《社会科学季刊》，第三卷，第三号，三〇三至三二八页，民国一四年九月出版。

原载《清华学报》第2卷第2期，1925年12月

历代刑法书存亡考

我国法典首推战国时魏李悝《法经》六篇，次则汉《萧何律》九章，皆亡佚。后汉律书有陈宠《辞讼比》七卷，鲍昱《决事都目》八卷，应劭《汉仪》二百五十篇，及不著撰人《汉武律令故事》三卷，惜无存。魏陈群等奉敕撰《新律》十八篇，今惟存《序略》一篇，见《晋志》。同代有刘郡《律略论》五卷，全佚。

晋泰始三年，贾充等奉敕撰《新律》二十篇，凡二万七千余言，宋、齐沿用之；书亡，今可考者有张裴《律注序表》一篇(见《晋志》)及唐宋类书所引数十条而已。晋代注释法律者，张裴(《汉律序晋注》一卷、《杂律解》一卷)、杜预(《律本》二十一卷)最著，其书皆亡，惟裴上注《晋律表》见《晋志》耳。

南朝有齐《永明律》二十卷，盖王植等纂集张、杜旧文，书成而未布；有《梁律》二十卷，蔡法度等撰；又有蔡法度《晋宋齐梁律》二十卷；有《陈律》二十卷，范泉等奉敕撰。各书皆佚，惟《陈律》内容略见《隋书·刑法志》,《唐六典》亦有引文。

北朝有崔浩等《后魏律》二十卷，大略存《魏书·刑法志》，有王叡等《北齐律》十二卷，及赵萧等《周大律》二十五卷，其大略均存《隋书·刑法志》。又后周武帝敕撰《刑书要制》，宣帝时重修之，书亡，撰人无考，内容散见《周书》武、宣二纪及《隋志》。隋开皇初，敕修刑律，裴政主其事，成《开皇律》十二卷，实集六朝刑典之大成，而开唐律之先河。大业初，牛弘等更修《开皇律》为《大业律》十八卷。二书内容略详《隋志》。唐代奉敕撰之律书，有裴寂等

《武德律》十二卷，内容略存《唐书·刑法志》及《唐六典》卷注。房玄龄等《贞观律》十二卷，大致存新旧《唐书·刑法志》。长孙无忌等《永徽律》十二卷及《唐律疏义》均存(后书即前书之注)。宋璟、李林甫等相继修《开元律》十二卷、《疏》三十卷，全佚。李林甫等《格式律令事类》四十卷，佚。刘瑑等《大中刑法总要格后敕》六十卷，全佚。

其私人所著有张戣《大中刑律统类》十二卷，卢纾《刑法要录》十卷，李崇《法鉴》八卷，赵绰《律鉴》一卷，皆全佚。

五代时李肃等之《大梁新定格式律令》百三卷，后唐卢质《其新集同光刑律统类》十三卷，张温等之《周刑统》二十一卷，皆全佚。

宋代修律最勤，然其书今存者，只有《建隆重定刑统》三十卷，窦仪等撰(清修订法律馆有刊本)；及《庆元条法事类》八十卷，谢深甫等撰(修订法律馆刊其数卷，余今藏吴兴张氏)。宋律大抵承用唐旧，律所不载则断以敕，姑宋代“编敕”一类之书极多，然除上《庆元修法事类》外，今无一存。兹稽其目有：窦仪等《建隆编敕》四卷，不著撰人《太平兴国编敕》十五卷，苏易简等《重删定淳化编敕》三十卷，柴成务等《咸平编敕》十二卷，林特《景德三司编敕》三十卷，陈彭年等《大中祥符编敕》三十卷，贾昌朝等《庆历删定编敕赦书德音附令敕目录》二十卷，韩琦等《嘉祐编敕赦书德音附令敕总例敕录》三十卷，王安石等《熙宁删定编敕赦书德音附令敕申明敕目录》二十六卷，崔台符等《元丰编敕令格式并赦书德音申明》八十一卷，刘挚等《元祐敕令格式》五十六卷，章惇等《元符敕令格式》百三十四卷，何执中等《政和重修敕令格式》五百四十八册(卷未详)，张守等《绍兴重修敕令格式》七百六十卷，虞允文等《乾道重修敕令格式》百二十二卷，蔡决等《淳熙敕令格式及随敕申明》二百四十八卷，（董煟《救荒活民书》有引文一段），赵雄等《淳熙条法事类》四百二十卷，京镗等《庆元重修敕令格式及随敕申明》二百五十六卷，又《淳祐重修敕令格式》四百三十卷，《淳祐修法事类》四十三卷，未详撰人。

此外私家著作有姜虔嗣《江南刑律统类》十卷，黄克升《五刑纂要录》三卷，《刑法纂要》十二卷，黄懋《刑法要例》八卷，亦全佚。

辽律有耶律庶成等《重熙新定例条》五百四十七条，及乙辛等《咸雍重条例》七百八十九条，皆佚，卷数未详。

金律亦无一存，考其目有《皇统新制》千余条，有及《正隆续降制书》，皆不著撰人，不详卷数。又有移剌慥等《大定重修制条》十二卷，孙铎等《明昌律义》（不详卷数），及司空襄等《泰和律义》。

元律可考者只有何荣祖《正元新格》，卷数未详，佚。其私家撰述关于唐律者，有郑汝翼《永徽法经》三十卷，吴莱《唐律删要》三十卷，梁琮《唐律类要》六卷，王元亮《唐律释文纂例》三十卷，末一种附于今通行本《唐律疏义》，余存亡无考。

《明律》三十卷，为洪武初刘维谦等奉敕撰，弘治间修《明律》所未载者为《问刑条例》七卷，此后屡有增订，二书均存。太祖登极前，曾令周桢等撰《律令直解》，今佚。万历十三年高举等奉敕撰《明律算解附例》三十卷，今存。

此外，明代私家注释《明律》，其书甚多，著其存佚于次。

（一）存者：张式之《律条疏义》三十卷，范永銮《明律例》三十卷，孙存《明律法读书》三十卷，应祥《明律释义》三十卷，应廷育《续律管见》十二卷，雷梦麟《读律琐言》三十卷（以上均藏日本石川县博物馆)，顾应祥《明律例附解》十二卷，郑汝璧《律解附例》三十卷，王樵、王肯堂《明律笺释》三十卷，朱敬循《明律例致君奇术》十一卷，附《洗冤录》一卷，周氏(佚名)《明律例祥刑冰鉴》三十卷，舒化《新例三台明律正宗》十三卷，彭应弼《刑书今据》三十卷，姚思仁《明律附注解》三十卷，徐昌祚《明律例添释旁注》三十卷，苏茂相《明律例临民宝鉴》十六卷，不著撰人《明律例据会细注》十一卷，不著撰人《明律法全书》十一卷(以上均藏日本内阁文库)，郑继芳《明律集解》(不分卷，藏日本东京图书馆)，胡文焕《明律类钞》(见《类刻书目》)。

(二)存亡无考者：何广《律解辨疑》三十卷，张楷《明律解》十二卷，王垣之《律解附例》八卷，林兆珍《明律例注》二十卷，陈廷琏《明律分类条目》四卷。

——谢冠生，《东方杂志》，第二三卷，第三号，七一至九四页，民国一五年一二月出版。

中国内阁制度的沿革

内阁之名昉于明成祖时。然明清两朝之内阁，不过点检题奏，票拟批答，起草诏令，兼备咨询之秘书厅而已。明以前虽无内阁之名，反有事实上之内阁，受君主随意委任，辅弼君主，对之负责焉，此即宰相是也。

丞相之设为官职，始于秦武王时。始王尊吕不韦为相国，位在丞相上。汉代丞相与相国相等，有时此置则彼废。成帝以后设三公分行丞相职权，会议国政，而各有专司，其详见《后汉书·百官志》。光武以政权移于尚书，惟三公之职权不废。至明帝后，三公始不预事。

魏文帝设中书监及中书令并管机密事务，此后中书又成政治中枢。六朝时以门下省之侍中掌诏令机密。后周仿《周礼》，设大冢宰当宰相之任。隋代虽有三公之制，而未尝设员。其时分任宰相职掌者为尚书、门下、内侍(即中书)三省，而以他官兼宰相之任以总领之。唐法隋制，尚书省总理众务，统率百官；门下省掌出纳帝命，如遇君主有违法或不利之命令，可封还或批驳；中书省献进奏表章，草发诏敕。其初三省长官皆为宰相，共议国政，后每以他官同平章事，行宰相职权，凡三省长官不同平章事者，不过为本身事务官而已。

宋元丰以前，皆袭唐制，元丰元年间改以左右仆射为宰相。徽宗政和间代以太宰、少宰。钦宗靖康间复用左右仆射。孝宗乾道间则用左右丞相，终宋世不改。宋代三省职权划分极清(中书取旨，门下复议，尚书施行)。以中书省单独取与，与君主接近，权限独尊，而门下尚书之官为首相者，不复与朝廷议论，备员而已。

辽制南北两院宰相佐理军国大政。金正隆后，废门下、中书两省，以尚书令、左右丞相及平章政事为宰相。元代枢密院掌兵要，御史则弹百官，中书省管行政事务。省内设中书令及左右丞相各一，佐理万机。惟中书令形同虚设，真正宰相属左右丞相。

明初沿元制。洪武十二年惩胡惟庸事，废中书省，以六部分司国务，而君主独裁之。成祖以后，侍讲、侍读、编修、检讨等官参预机务，谓之内阁。仁宗间以掌阁者勋位之崇，阁权渐重，侔于宰相，六部禀承，俨隶其下。然其本来职务，不过如知制诰之翰林，与前世宰相殊科也。

清代内阁设大学士及协办大学士各满汉一人。自雍正设军机处后，凡草拟上谕参赞机密之权已由内阁而移于军机处。光绪二十七年又设会议政务处，分军机处职权，除军国大事外，普通政务方针皆由政务处审议。及宣统三年颁发新内阁官制，始仿效欧美内阁制焉。清代旧内阁职权，约有六：起草诏令，票拟批答，收发本章，撰拟徽号、谥号，保管御宝及纂修实录史志是也。军机处职权有七：应答君主咨询，商定军事计划，议决国家大政，起草上谕，审议旨敕题奏，审理大狱，及奏请任免钦命文武官吏是也。

——高一涵，《社会科学季刊》，第三卷，第四号，四四五至四七五页，民国一四年九月出版。

原载《清华学报》第 3 卷第 1 期，1926 年 6 月

《古诗十九首》之研究

《古诗》之作者及年代，在六朝时已成问题。其所拟议之作者，有西汉之枚乘，有东汉之傅毅，有汉魏间之曹植、王粲。今观十九首体格韵味大略相同，当为一时代诗风之表现。诗风未有阅百数十年而不变者，此诗史上之通例。后此建安、黄初之与元嘉、永明，元嘉、永明之与梁、陈宫体，乃至唐代初、盛、中、晚之递嬗，宋代江西、西昆之代兴，皆其证也。十九首风格既首首相近，其出现先后当不过百数十年间，决不能如六朝人所拟，先后相差至三百余年之久。兹所研究，即据此前提。

十九首之非西汉作品，其证有二：(一)惠帝讳盈，而十九首中“盈盈楼上女”“馨香盈怀袖”等句。(二)“洛中何郁郁……长衢罗夹巷，王侯多第宅，两宫遥相望。”明写洛阳之繁盛，在西汉决无此景象。又诗中“上东门”为洛城门，“郭北墓”即北邙，显然为东京人语。考东汉安、顺、桓、灵以降，五言诗始通行，音节日趋谐畅，格律日趋严整。十九首理合应此时出现，为黄初、建安导乎先路，以此推之，其年代当约在西纪一二〇至一七〇年间也。从技术批评，十九首最善用比兴，专务附物切情，江芙泽兰，孤竹女萝，随手寄兴，辄增妩媚。而又含蓄蕴藉，意内言外，使人心醉。其格律音节略有定程，大率四句一解，每一解转一意。其平仄相间，按诸王渔洋《古诗声调谱》，十九不可移易。从思想上批评，十九首厌世思想极浓厚，盖汉末将乱未乱，极沉闷不安之时代之产物则然也。十九首非一人作，其中如“奄忽随物化，荣名以为宝”仍保持儒家平实态度者，虽有一二，余则皆以现在享乐为其归宿，与《列子·杨朱篇》同一论调。

——梁启超，《实学》，第二期，五至一〇页，民国一五年五月出版。

中国书籍制度变迁之研究

纸为二世纪之产物，以之写录书籍，为时更后。纸之前用缣帛，缣帛之前用竹木(亦有用甲骨)。竹木始于何时，今不可考。“竹帛”并称，已见于《墨子》及《韩非子》，则知周末书籍已有用缣帛者。《汉书·艺文志》，篇(竹木之书)多于卷(缣帛之书)；盖西汉缣帛之用，尚不如竹木之广。及东汉末，帛书之流行，当逾于西汉，观董卓之乱，军人以缣帛图书为帷盖缣囊而可想见。惟应制之作，及官府文书，则仍用竹木；大抵因其沿承定制，不能随意变更也。南北朝时官府文书尚有一部分用竹木者。蔡伦造纸(纸字原为缣帛之称)，初不甚通行，惟家贫不能用缣帛者用之。晋代书籍纸与縢帛兼用，纸之完全替代缣帛，盖在南北朝时。以上述材质之兴废。至于形式之进化，则由简册而卷轴，而册叶。简与册有别，单执一札谓之简，连编诸简谓之册。秦以前简册之制有长二尺四寸者，有一尺二寸者，有八寸者。汉代略有变更，或二尺，或一尺五寸，或一尺，或五寸，敦煌所出汉木简可证也。每简所容字数至多有六十三，至少则八字。此固由于简于大小之殊。而同大之简，字数亦有差至两倍者。编简为册之法，比列诸简，以绳横贯之，上下各一道。绳用韦，或用丝。简册上之字，前人以为或用刀刻，或用漆书。据王静安所考，书刀只用以削牍而非用以刻字。古人所谓刊削者谓有错而以刀削去之也。缣帛之卷轴，其形式今无可考；然其与纸之卷轴，形式当无大异。卷轴之判，略如今之书画手卷。皆横行，高约一尺。卷心上下露出卷外者谓之轴。轴，用琉璃、牙、珊瑚、金、紫檀或漆等为饰，颜色有极华丽者。纸或帛之一端既卷入轴内，其他端在卷外，以其他材质黏连防护之，谓之褾，褾上系丝织品以缚之。褾有用紫罗者，有用锦者，有特织者，其贱者用纸。卷外有所谓帙，帙者，裹书之衣也。通常一帙裹十卷，然亦有增减，试卷之大小而定。卷束于帙，其轴仍外露。帙以缣布等为之，或更以竹为裹。敦煌所出卷子，其外皆有细织竹簾包之。卷子幅长，欲检后幅，须展全卷，极费时阻事，于是进有散叶之制。肇始于唐末。其初为旋风叶式，将卷子长幅折叠成册，不用割裂。更进而为蝴蝶装，每叶反摺之，黏其摺缝之背，不用线钉，故每叶两片可分扬，如蝴蝶之有两翅，故名。此制行于宋初，至元犹存，不知何时始废而代以今式之线装书也。

——马衡，《图书馆学季刊》，卷一，第二期，一九九至二一三页，民国一五年六月出版。

《永乐大典》考

明成祖永乐元年秋七月，诏翰林学士解缙备辑群书，类聚而统之以韵，取便检阅，毋厌浩繁。越年，书成，赐名《文献大成》。既而以其未备，命姚广孝等重修。五年十一月修讫，凡二二二一一卷，一一〇九五册，更名《永乐大典》。当时编纂之人，据孙承泽《春明梦余录》：正总裁三人，副总裁二五人，纂修三四七人，催纂五人，编写三三二人，看详五七人，誊写一三八一人，续送教授十人，办事官吏二〇人，凡二一八〇人，他书所载总人数与此则少有出入。纂修之人物姚广孝、刘季篪及解缙为总监；王景、王达、胡俨、杨溥、陈济等皆曾为总裁；邹缉、王褒、梁潜、吴溥、李贯、杨觏、曾棨、朱纮、王洪、蒋骥、潘畿、王偁、苏伯厚、张伯颖、梁用行、杨相、尹昌隆、尚得旸、叶砥、晏璧，及王琎、赵友同等皆曾为副总裁。其他预修之人可考者有刘学饮、徐旭、胡广、金实、王汝玉、郑赐、陈敬宗、魏骥、李昌祚、黄宗载、张洪、林鸿、王偁、沈度、僧大同、姜启、敬修、如珪、指南等十九人。永乐六年设缮写副部，后以工费浩繁而罢。据《野获篇》云，典成后，列帝不闻有简阅展示者。惟世宗笃嗜之，旃厦阅览，必有数十帙在案头。嘉靖三六年，大内失火，世宗即命左右趣文楼出《大典》，一夜中谕凡三、四传，大典遂得不毁。于是世宗令重写一部贮之他所，以备不虞。当时供誊录者一百零八人，人日钞三叶，自嘉靖四一年起至隆庆元年始告竣。乃贮重录本于京师皇史宬，而置原本于文渊阁。(《四库总目》谓据《明实录》，当时重录有正副二本，又从《旧京词林志》，谓原本送回南京，皆不可信。按《明实录》明云只重录一部，而当时倘重录二本，必当以重录本送南京，万不至置祖传国器于旷远之地也。)明祚既倾，《大典》原本遂不知下落，重录本亦缺二四二二卷。乾隆中叶从朱筠之奏请，辑出《大典》中世不恒见或久佚之书，凡三八五种，四九二六卷；而遗珠尚夥。庚子之乱，蹂躏至翰林院，《大典》遂散失，联军或持之以当弹雨，或弃之以填沟壑，后渐知其价值，亦有持归作纪念品者。今原书存于中国者，京师图书馆有六三册，教育部有四册，琉璃厂、述古堂有两册，其他私家庋藏者，不可得而知矣。

——李正奋，《图书馆学季刊》，卷一，第二期，二〇五至二二三页，民国一五年六月出版。

述社

“社会”一名始于《宋史·程颢传》。而“社”之一字，求之史策，已含有团体组织之意。其始由于宗教，继则相与娱乐，又进而为学术、艺文、政治之集合。宗教之社，始于祀土神。周代自天子以至平民莫不有社。说经者或谓二十五家为社，或谓百家以上始得立社，今无从确考。汉高祖初起祷枌榆社，及即位，令民常祠社，历代因之。迄明清不革，今乡里犹有沿其习者。祭祀主严肃，而社祀则含有娱乐性质。灵鼓帔舞，牲醴弦歌。观《周颂》所咏，犹可想见当时士女欢忻之状。而《国语》载齐人祭社，鲁庄公以邻国之君往观。意其祀社必有举国若狂之概，非鲁所有也。后世田家社祭，饮啖之丰，声乐之盛，尤习见于时人之歌咏焉。其他酬神演剧醵饮之俗，盖皆由祭社触类引申者也。专制之世，禁民集会，惟祀社为礼俗所重，独得保存。唐高宗且明令，“春秋二社，本以祈农……此后除二社外，不得聚集，有司严加禁止”。故后世各种集会，率以社名，盖托于社以自解也。《周礼》州社则读法，考民之德行道艺，后世莫或行之。惟明太祖定祭社礼，有读誓文之法。其誓文大约劝民遵守礼法，互相爱助，盖《周礼》之遗意也。由祀土神之社，变而为其他性质之社，殆始于晋之莲社，乃中印僧人为中国儒生一八人所组，以念佛谈法者也。至宋则集社之风大盛，吴自牧《梦粱录》社会一则所举南宋都城之社会，别其类，有文士社、武士社、游戏社、道教社、商业社等。宋代北边山谷间居民多有结社习武，以保境御寇，号“弓箭社”，颇似后世之团练。南渡后，此类组织大盛。士夫每有利用之为国效力者。元代文士集社征诗，沿前不废。其平民之社会，除《元史》《元典章》所载农社外，他书罕有称述者。明末之复社其初原以讲求文章，广通声气，与明代诸文人结社联吟者无异，且明定以乱政干进为戒。其组织亦无甚特异处，惟其声誉既起，各种小社，闻风加入，声光之盛为前此所未有。每一开会，海内髦俊，千里毕集焉。集社之风之衰，其在清顺、康之间乎。顺治九年沿明制刊卧碑于学校，其碑文大异于明者，即不许生员立盟结社一条。而前此一年，礼部奏进学政考核法，已有生员不许集众结社之文；后此八年，因科场之案，复申令严禁士子纠聚盟会。雍正初惩康熙中朝臣朋党之习，更严申前禁，其有“标立社名，论年序谱，指日盟心”者“照奸徒结盟律”治罪。于是乾嘉学者，专以孤立无党，安分守己为高，而不敢复为团体之组织。此实清季迄今人民不能自结团体以抵抗政府恶势力之惟一近因也。清季变法，讲学论政之社会渐兴。光绪三十四年拟定宪法大纲，始明定集会结社之自由。

——柳诒徵，《学衡》，第五四期，民国一五年六月出版。

述复社

复社之成立在崇祯二年，主之者张溥、张采也，初崇祯元年，溥入京师，廷对高等，士林推重。一时公卿硕儒多折节与交。溥声名既广，屡主盟都中文会，然诸会规模尚小。未几溥随张采(时授临川知县)南归，楚人熊开元宰吴江，闻溥名，迎至邑馆，邑巨室沈氏、吴氏俱从溥游。溥遂与孙淳、吴允夏、沈应瑞等创立复社。楚、豫、江、浙之士，闻风毕集。秦、晋、闽、广亦多有以文邮致者。大江南北之文社，先后并入复社者在十五以上，由是声气日广。其组织各郡邑推一人为长，司纠弹要约，往来传置。崇祯五年张溥既官庶吉士，告假归，四远学徒群集。明年溥约虎邱大会。先期传单日出，至日山左、山右、晋、楚、闽、浙之士以舟车来者千余人。吴城为之震喧，游于市者争以复社命名。十四年张溥暴卒，海内会葬者万人。明年春又大集于虎邱，此为复社大会之最后一次矣。复社成立之初其所用为号召之目的，仅在观摩制艺；其盟词至有“毋以辩言乱政，毋干进，丧乃身”之语。盖明代防闲士人綦严，生员言天下利病之禁，刊于黉舍，复社诸人初未敢犯也。然彼辈实不能忘情于政治。张溥为复社立规程，固已标明“兴复古学，务为有用”之宗旨矣。陆世仪(清初人)《复社纪略》云：“社事以文章气谊为重，尤以奖掖后进为务，其于先达所崇为宗主者，皆宇内名宿。职任在外，则为之谋方面；在外则为之谋爰立。……是时议起废，欲推举钱谦益而阁部拼之坚，乃共推文震孟、侯恂、倪文璐、刘宗周，相继登用。又复引掖后进。……其六部迁转，及台省举劾，皆得与闻。”可见其在政治上之势力。复社声势日大，而反动亦因之。初崇祯即位，魏忠贤伏诛，东林诸君子先后起用。张溥在都深与结纳，而复社所宗主者又多东林老成。于是嫉忌复社者，目之为“小东林”。并有造为蜚语作续《蝇蚋录》《蝗蝻录》，复图一网打尽。自张溥与周之夔交恶，而复社增一劲敌。之夔本隶复社，张溥评选社友制艺为《国表集》，其二集录之夔文一首，而无褒词，之夔由是怨溥。后之夔以私怨讦循吏刘士斗(太仓州知事)去之，益为复社同人所不齿。其后累迁皆被生员噪逐，因益仇复社。崇祯九年之夔希相国温体仁旨，遂伏阙上书，攻讦复社。初温有子求入社不纳，温弟育仁作《绿牡丹传奇》谤复社，张溥言于浙学使黎元宽，焚其书。体仁大恚，遂抵瑕参革黎元宽，而阴图倾陷复社。复社诸公亦参论体仁无虚日。时谤诋复社者四起，苏民陆民声疏言，张溥与临川县知县张采倡立复社，以乱天下。又有诡名作《檄复社十大罪》者。周之夔亦草《复社或问》，罗织攻谪。既得体仁授意，遂挟二书入京都，上之，疏言张溥、张采等聚党干政，图谋不轨。诏下所司。无何，体仁以罪免。御史有上疏为复社辨白者，得旨注销原案。是为复社第一场风波，时清兵入关前二年也。明鼎既迁，福王偏安江南，阮大铖、刘泽清以迎立之功，得为福王亲近。阮故与复社四公子方以智、冒襄、陈贞慧、侯朝宗有深怨，刘亦以礼召复社名士周钟被却，皆仇复社。及擅威福，遂与马士英谋，欲尽杀党人。周钟及周镳首遇害，朝宗渡江，走依高杰，贞慧入狱。复社之门人子弟，皆惨惨畏祸。清流、浊流之争未休，而清兵已渡江矣。明亡后，复社人物有殉节者，有起义而死者，亦有出仕新朝者。泯棼稍定，旧人复集，于是有原社、恒社等组织。吴伟业(梅村)方欲合并二社，而告密者起。后虽得解，而未几有社事之禁，立盟结社，罪在不赦。嗣是而"人人屏迹"，无有片言只字敢涉盟会之事矣。

综观复社在社会上之贡献，一为标榜实用主义，唤起学者对于国家社会之努力，以"致君泽民"为目的，一为引起批评态度，由八股之批评，而渐及于文学及政治之批评。二者于明末清初之学术皆有莫大关系。

——容肇祖，北大研究所，《国学门周刊》，卷一，第七至八期，民国一四年，一一月出版。

记廖燕的生平及思想

明清之交，岭表有一学者焉，孤掌高擎，毅然与根深蒂固一世弇从之传统制度作战，其在学术上之创建亦足以名家而不朽。而其人生既寒微而不显于当时，没复湮晦不彰于后世。梁任公作《近三百年中国学术史》，凡清初在学术界稍有建树之人，类为表暴，而斯人独不与焉。其遗书虽通行于日本，在中国则孤本仅存。斯人为谁？曰曲江（属广东韶州）廖燕。

燕生于崇祯十六年，卒于康熙四十四年。自幼即颖悟不凡。尝问塾师曰：“读书何为？”曰：“博取功名。”问：“何谓功名？”曰：“中举第进士。”燕曰：“止乎此？”师无以应也。既学为文，窃有志于古。家贫无书，破产买数十百卷不足；因挟短蒯缑，走广州城。闻有故家多书，上书请读，期年读其书几遍。年十九补邑弟子员，三十以后父母相继殁。时三藩变起，燕效力清军。自述曰：“时西南方战争，文字无所用，意亦不欲以文字见，因裂冠慷慨，投笔从戎。随军，寓一古刹；虽在戎马之中，然身闲为挂搭僧，观阶前蚁斗，便复一日。无书可读，因就板作书，板为之穿。”旋复弃去。吴三桂围韶州（康熙十六年）。燕率家人避乱土围内，妻与二女相继病死，燕亦几不起，盖备极颠连矣。自是家益贫苦，居穷巷茅屋中，训二三童子自给。益努力著述，三年而《二十七松堂时初集》成，时燕声誉渐广，宁都魏礼父子不远千里徒步来订交。礼尤称赏其文。郡守陈廷策亦极与相得，为刻集行世。年四十四受聘为《曲江县志》分纂。年五十陈廷策迁署广州篆，携之同往。未几，陈入觐，欲荐燕于朝，相携北上。途次金陵，燕抱病独留。陈抵都，旋物故。燕闻之，遂绝意仕进，肆力著作，屯坎以终。燕行为多矫异流俗，晚年尝向学使辞诸生，赋诗见志。并为《辞诸生说》，有云：“……此辞诸生，非辞功名也。功盖天下曰功，名传万世曰名。……余习制举有年，恐为其所误，因中道谢去，使得专心论述以冀有传于后世……故余辞诸生，正不欲以诸生自限而为求功名之地者也。”燕生平最仰慕金圣叹。北上折回时，尝访苏州圣叹故居，而不知其处，因为诗吊之。并作《金圣叹先生传》，论之曰："予读先生所评诸书，领异标新，迥出意表，觉作者千百年来，至此始开生面。呜呼，何其贤哉!"

自明以来，士以制义为本业，此外无所谓学问。其能自振拔不为所陷溺者盖寡。其明目张胆，对于此恶制度施以有意识之严厉攻击者，自廖燕始。廖以为制义取士之为愚民政策，等于秦始皇之焚书，其言曰："秦始皇以狙诈得天下，欲传之万世，以为乱天下者皆智谋之士，以为可以发其智慧者莫如书，于是焚之以绝其源。……明制取士惟习四子书兼通一经，试以八股，号为制义，中式者录之。士以为爵禄所在，日夜竭精敝神以攻其业，自四书一经外，咸束高阁。虽图史满前，皆不暇目，以为妨吾之所为。于是天下之书，不焚而自焚矣。非焚也，人不暇读，与焚无异也。……他日爵禄已得，虽稍有涉猎之者，然皆志得意满，无复他及。不然，亦以颓唐就老矣，尚欲何为哉?"燕之论性，与孟、荀以下诸家皆施抨击，而自树一帜曰："性非无善恶，但不可以善恶名之。盖善恶为情，性发而为情。譬如农人种谷成秧，则谓之秧矣。犹谓秧为谷可乎？故谓性能生善恶则可，谓善恶为性则不可。""善恶毕竟是情不是性。若说是性，譬如人熟睡时，善念不生，恶念亦不生，此处遂谓无性可乎?"然则性之本体何如耶？曰："性为浑沦之称，原解说不得的。""善恶未分是性，善恶既分是情。"其于伦理实践，则引申其性论，而有复性之说，曰："性圣人知其然，故略于言性，而详言复性。言性只言其端，言复必征其力。端不易知，即智者而犹疑；力有可凭，虽愚人亦易尽也。……故孝可尽也，天下之人因而尽其孝；弟可尽也，天下之人因而尽其弟；以至忠信可尽也，天下之人因而尽其忠与信。则我虽不言性，而孝弟忠信性已复矣。”盖燕以为性之本体不可以言诠，而亦无言诠之之必要。燕治学贵创，曰：“天下古今之书，任他至奇至妙，读得烂熟，到底是别人的。惟能评论今古，发抒胸臆，方是自家文字。”其于千余年来在经传樊笼内讨生活之学问，根本鄙夷，其言曰：“后世诸儒不能打破藩篱，别开手眼，只将四书、五经诠释一番，自以为圣道在是，且自负为得圣道真传。是何异学步邯郸，刻舟求剑？终身堕印版窠臼中而不知，悲夫！”燕颇富怀疑精神，尝谓：“朱注之谬误极多，果可据耶？曷不求诸本经耶？”“求诸本经”，有清一代之汉学家能为是者亦不过数人而已。燕批评宋儒每多中肯之论，如谓：“宋儒将天字作理字解，岂彼苍者天为道理所结成之一物者耶？”又谓：“制礼作乐，孔子已言之矣。因先朝制作而损益之，不过一有司事耳。即制作稍乖，于天下固无大害也，况不乖乎？宋儒每将此事说得惊天动地，不知何解。”又谓：“圣经言正心诚意，是因言治国平天下而推原必本于正心诚意，非仅以正心诚意四字，即可治国平天下也。朱晦庵独举以为言，其意何居？”燕论学最推崇王守仁，其为王辩护曰：“若谓先生之独言致良知遗却格物未免流入于禅。……何先生计擒宸濠时算无遗策，功盖天下，自北宋以来以道学而建莫大之功者，先生一人而已。格物尚有大于是耶？至专主格物者莫如晦庵，而除却《论语注》几本经书以外，毫无功业可见，则又何说也？”此自非合于逻辑之论，而其薄著述而尊事功，颇与颜李学同辙。燕与颜元弟子王源交厚，盖受其影响也。燕于文学黜华崇朴，谓：“昌黎见道未彻，《原道》《原性》诸篇肤浅已甚，要之起衰救弊则其文不可诬。”诚极中肯之论也。又以为诗文须根本性灵情感，而痛恶无病呻吟，曰：“世人有题目始寻文章，予则先有文章偶借题目耳；犹有悲借泪以出，未有泪而始悲也。”“诗道性情，彼此移易不得，方谓之真诗，如陶靖节、杜工部是已。若明之王元美、李于麟则集天下韵语偶以王、李出名耳。”惟其根本性灵，故深鄙拟袭，此可于其论和诗一事见之。曰：“无论所和佳不佳，而以我性情之物，供他人韵脚之用，性情之谓何？况时地异趣，必有格然不相会者；而步之趋之，牵强凑物，以求附其辞，象其意，全诗皆有人用而不有我存焉。虽不作可以也。且彼所欲言者已去，而我所欲言者无因，而因其已去之言，无者将之使有。以无病之心为无端之歌哭，其诗未成，其所以为诗者已先去矣。……甚者杨子云之拟《易》，曹丕之筑受禅台，皆和诗之属也。……事不可袭，袭者为拙。……万事尽然，岂独诗乎？”燕之反对因袭，固不仅在文学一端而已也。

——容庚，北大研究所，《国学门周刊》，卷二，第二〇至第二一期，民国一五年七月出版。

爱国哲学家——菲希德(Fichte)

(一)菲氏是德国人提倡爱国主义中最有力的一个。他所处的时代，是世界历史上变迁最剧烈的时期。他眼见一七八九年的法国大革命，一八〇四年拿破仑登王位，一八〇六年奥国败于拿破仑，神圣罗马帝国解散，同年普法也纳之战，和一八〇七年拿破仑军队入柏林。当时的德国，几不成个国家，不啻现在的缅甸、高丽了。

（二）菲氏（一七六二年生，一八一四年死）三十四岁时，当过也纳（Jena）大学教授，一八〇七年提出建立现在柏林大学的计划书，很受当时普鲁士皇帝的称许。一八〇八年柏林大学成立，他便被选为第一任校长。不久因为他对于国民的讲演引起了法人的恶感，法政府便强迫他辞柏林大学校长职。但是有一件事不可不注意的，就是他当德国大败之后，从一八〇七年冬到一八〇八年，宣讲他“对于德国国民之演讲”，这个演讲的内容和德国未来的统一事业极有关系。

（三）他的演讲的内容，可分为两部：（1）新时代与德国民族，分三点，（a）时代，（b）德国民族的地位，（c）祖国之爱。（2）德国国民的教育，分两点，（a）教育的改良，（b）改良计划的实施。

至于他演讲的要点，则为：（1）自责，先将以前德国败亡的原因查明，则救亡方法也在其中。（2）道德的改造，非一新民族精神，无法可以救亡。他的道德尤注重互相敬爱，人类能自敬自爱，而后能敬人爱人，才能成立一道德的公共团体。（3）爱国的原理，国民所以爱国，是为一国的文化，并不是为个人的利益。

（四）作者将以上所述自责，道德的改造，爱国的原理各项，同中国现时学界上所谓救国方略作一比较：（1）学界日倡打倒帝国主义而不肯些微下克己功夫，只知责人，只知责外国。（2）国人只知天天倡打倒英帝国主义，实际上却不知道英国能够有现在这样强盛，是因为她的国民操守廉洁，有道德的基础呵。现在国内以改造政治自居的人，也只知道强力的有用，不知道德的可贵：或挟持军队割据地盘，自以为是打倒军阀的惟一方法，那么成功未见，而倒戈反革命之声已不绝而来了。（3）国民千万不要说救国以后可以增加工资，减少工作时间，那么，我们的爱国心才是纯正，才能彻底爱国。

——张君劢，《东方杂志》，卷二三，第一〇号，七一至七五页，民国一五年五月二五日出版。

我国北方各省将化为沙漠之倾向与实证

(1)北方各省，向为森林繁盛之地，今则荒芜矣。(2)山西西部，从前松杉树类甚繁盛，今则大半荒芜。森林消灭之原因，第一为滥伐，第二为中央亚细亚沙漠之侵入，其势甚烈，向我国黄河方面进行，将来此地必尽成沙原或裸山。(3)陕西榆林府，昔为榆林丛生之地，今则仅存少数之杨柳而已。榆林府西北前此有丝杉树之森林，今为砂石所埋没。(4)黄河以北前均为丰饶之地，其后地土渐变干燥，而有今日之状态。黄河南岸及稍南之山谷间，前亦为沃土，近因沙漠之侵入，皆荒废矣。(5)蒙古南部前为森林地方，长城以北数百英里有城壁遗址，前曾盛行农业，今则一片平沙矣。(6)我国北部冬季寒度与年俱增，春风亦益见凛冽，自春及夏砂尘蔽天，由此可以推知蒙古之沙漠气候已渐次侵入北方矣。(7)近年镇江及南京各地，亦有砂尘飞扬之现象，而飞来之砂均来自戈壁沙漠，是戈壁沙漠之势力已南及扬子江流域矣。

以上七点均足证明，北部各省确有化为沙漠之倾向。至北方各省由沙漠所受之害有三：(1)长期的干燥气候；(2)大饥馑；(3)大洪水。

近欲防止沙漠之侵入，势不得不行下列二法：(1)将各地荒山例行大规模之植林；(2)注意于保护各处之水源地。

以上二法，行之有年，或可防止沙漠之南侵，不然北部各省势非沦为土耳其斯坦第二不已也。

——蔡源明，《东方杂志》，卷二三，第一五号，九一至九四页，民国一五年八月十日出版。

金陵史势之鸟瞰

(一)政治中心。金陵自六朝以来，十为国都，合计四百五十年：(1)西元二二九年孙吴定都南京(时称建业)，周回二十里，传五十二年而灭于晋。吴亡以后，有石冰、陈敏之乱，建业荒残。(2)西元三一七年东晋元帝过江南下，因吴旧都而居之，号曰建康。咸和七年，新宫成，是谓台诚，至吴宫旧址，则称为苑城。(3)(4)南北朝时，宋、齐相继立国，均都金陵。(5)梁都金陵时，京师人口达百四十万，实为古今稀有之大都会。(6)陈代国境最蹙，隋炀帝入据台城，使收图籍，封府库，而还洛阳，六朝旧迹，扫地无余。(7)西元九三七年，南唐烈祖定都金陵，至西元九七五年，而亡于宋。终宋之世，金陵为陪都，而西元一一三〇年金人之焚金陵，为一浩劫。(8)西元一三六九年明太祖经营金陵，周六十一里，城垣之长在现代各大都会中仍推第一，都城，开十三门，宫阙极壮丽。西元一四四一年英宗正统六年始以北京为京师，而南京降为陪都，然设置内阁一仍其旧，欲以“金陵为天下财赋之会”。西元一六四四年明福王即位南京，翌年而清兵破南京，改明故宫为满州驻防营，而置两江总督署于金陵。(9)西元一八五三年太平天国建都金陵，号曰天京，改两江总督署为王宫，禁城周围十余里，至一八六四年而曾国藩克复金陵。(10)辛亥革命，民国临时政府，实在南京，元年四月而国都移于北京。

(二)舆论中心。魏晋之时，清议之风最盛，地方绅士往往操朝廷用人之权，人伦鉴识，谋国长算，实寓于此。当时王导、谢安皆以风流名士，掌执朝政，文雅雍容，人皆称之。六朝最重世族(一名士族)，士君子在社会上具有特殊地位，非天子所能干涉，当时"以地方绅士操有朝廷用人之权，于是朝代虽更，而社会之势力，仍固定而不为动摇，岂惟可以激扬清浊，抑亦所以抵抗君权也。"金陵之为舆论中心，至明代流风未沫，满清入关以后，以兵力劫制汉人，而士论消沉极矣。

(三)教育中心。金陵之有国学，自孙吴始。东晋太学在秦淮水南。宋(西元四三八)立四学，曰玄学、史学、文学、儒学。梁(西元五〇五)开五馆，立国学，置五经博士各一人。南朝大学，特色有二，一为演说之发达(如严植之、张绪、周颙、张讥、马枢辈，大都言论清雅，悉饶辞藻)，一为科学之研究(如何承天、钱乐之、祖冲之辈，皆于历算有所造诣，赫然开科学史之新纪元)。南唐有大学二，其一在国子监巷，其一在庐山白鹿洞。明太祖(西元一三八一)建国子监(后称南雍)于鸡鸣山之阳，其广大过于今之东南大学，至永乐二十年(一四二二)学生多至九千九百七十二人。清人入关后，降南雍为府学，洎嘉庆二十四年(一八一九)大火，昔日弘大庄严之大学，俱为灰烬矣。

(四)图书中心。齐梁间，王筠、谢弘(王导、谢安之裔)好读书，而沈约聚书至二万卷。昭明太子藏书几三万卷。政府所藏书，如晋秘阁三万六千卷，梁文德殿七万余卷，当时藏书之盛，略可想见。明初，太祖设皇册库于后湖，为收藏图籍之所。此外明代大学，亦有藏书，嘉靖七年(一五二八)南雍翻刻历代正史，计二十一史五百四十本。又明代所修之《永乐大典》凡二万二千九百卷，皆南京大学学生之所钞成。近世南京私家藏书，如甘氏津逮楼十余万卷，随园三十万卷，为大江南北所未有。今则江苏省立第一图书馆藏书四十万卷，其中宋、元、明精刊本，著述秘本，合计二千余种，实为国学宝库。

(五)佛教中心。孙权(西元二四七)为康僧会建立建初寺，江左佛法之兴自此始。东晋以后，如瓦官寺、高座寺、定林寺、栖霞寺，皆为高僧之所投止，据近人考证所得，当时寺宇，约有二百二十余所。江左名士如王导、谢安、王羲之、孙绰、颜延之、谢灵运辈，无不崇信释教。南朝帝王，皆信佛法，宋文帝、梁武帝、陈宣帝，其尤甚者耳。南唐元宗后主酷好浮屠，退朝常服袈裟，课诵佛经，其侄至祝发为僧云。明代灵谷、报恩、天界，合称金陵三大寺，遭洪杨之乱，诸寺毁灭殆尽，惟灵谷寺较完好，为宁之第一禅林耳。

(六)美术中心。自六朝以来，名士风流，大率知音善舞。如谢尚善音乐能舞，桓伊善吹笛，谢安好声律，衣冠效之，遂以成风。南唐有韩熙载者，审音能舞，见者以为神仙中人。明代秦淮花月，如在天上，舞衣歌扇，两岸交辉，犹有六朝遗风。至于书画、造像、装饰三项，犹堪记述：(1)书画。王羲之书法，为江左第一；萧子显善草隶为时楷法。顾恺之善丹青，图写特妙；艾宣工画花竹翎毛；顾德谦善绘人物；蔡润长于江湖水势；竺梦松长于宫殿楼阁；周文矩精于士女；董源工秋岚晚景。明代金陵多赏鉴家，黄琳富文堂，收藏书画，冠于东南。(2)造像。考佛教初入中国，仅有画像，晋以后造像之风始盛，至隋则造塔之风蔚起。宋戴安道手制佛像五躯。栖霞寺自齐、梁来，号为名刹，寺中为龛二百九十四，造像五百十五尊。隋(西元六〇一)起栖霞塔，凡七级，高约五丈半。明报恩寺九级琉璃塔，高二十四丈六尺，篝灯百二十有八，星光闪灼，为天下第一塔，永乐十年(一四一二)建，宣德六年(一四三一)成，倾天下之财力，历二十九年始成，太平军入金陵，纵火焚之。(3)装饰。六朝士大夫裙屐是尚。谢灵运性尤豪侈，车服鲜丽，世共宗之。明之晚年，金陵服饰，殊形诡制，日异月新，上至头巾，下至鞋履，无不考究式样，穷侈极奢。至妇女服饰，则不及二三年而一大变，而衣袂之宽狭修短，首髻之大小高低，鬓发之饰，履綦之工，无不变易。及洪杨之乱，前代流风余韵之在金陵者，衰谢殆尽矣。

(七)文学中心。宋代文人，颜、谢纵横俊发，并为江左第一，齐、梁相继，名才并集，史家如沈约，文学评论家如刘勰与钟嵘，同时并起。齐、梁以后，谢朓(元晖)、庾信(子山)英才崛起，太白、子美宗慕不休。陈代徐陵，称雄一时，所作文章，家家传诵。南唐后主之文词，尤有不朽之价值，“词至后主而眼界始大，感慨遂深，遂变伶工之词而为士大夫之词”。有明一代，宋濂之文，高启之诗，俱称开山始祖。中叶以后，顾璘、顾起元提倡文雅，为江左风流第一。乾隆中随园(袁枚)主盟骚坛，极山林之乐，二顾以后，未有能及者也。桐城古文家如方苞、姚鼐、梅曾亮、曾国藩诸人皆寓居南京，流风余韵，沾被百年。白话文学之名著，如《儒林外史》与《红楼梦》，亦为南京之产品。吴敬梓少年游冶秦淮，曹雪芹父祖均官江宁织造，两人所著之书，大致取材于明清间金陵之美人才子欤。

（八）才女中心。谢安每游赏，必以妓女随，衣冠效之，遂以成风。王献之有妾名桃叶。陈后主宠幸张丽华，引江总等十人，对丽华等游宴，号曰狎客，制《玉树后庭花》一曲，酣饮达旦。李后主后周氏好音律，得《霓裳羽衣曲》残谱，以琵琶奏之，开元、天宝遗音复见于世。明初（一三九四）太祖建轻烟、淡粉等十六楼以处官妓，永乐以后，惟富乐院独存。万历年间，秦淮四美人（马湘兰等），金陵十二钗（罗桂林等）艳情丽质，啧啧人口。秦淮向多才色女子，其以风韵胜者，如苏桂亭、马湘兰、张如玉、董小宛；其以才调胜者，如柳如是、罗桂林、杨宛；其以姿色胜者，尤多不胜数。至此等妓女，初非好淫荡检者流，考其脂粉之收场，往往可歌可泣，有情死者，有逃禅者。至如董小宛之识冒辟疆，柳如是之识钱牧斋，侠骨慧眼，断非人间凡女子也。及清季洪杨之乱，妓馆全空，曾国藩召集流亡，不遗余力，才妓名媛，大率来自苏扬。

（九）游观中心。金陵山川之美，无过钟山与后湖，近世之大人物，如王荆公、顾亭林之伦，皆寓居钟山，历有年所。荆公诗集中，以金陵为题者，计一百三十六首。后湖一名玄武湖，周三十里，钟山峙于东南，山色湖光，掩映如画。

（十）经济中心。孙吴割据大江下流，物产丰衍，故立国江东，不亚于中土。南朝国势，以梁武帝时为最盛，外国商人，往往至焉。安南、暹罗、爪哇、新加坡、印度诸国相率来贡。明代国家财赋所出，以江南为最多，浙江一省与苏、松、常三府之田租，约占全国四分之一，即在今日，江浙二省人口之密，世界各国，罕有其四。明初定鼎金陵，设上下二关，商帆贾舶，鳞集于此。金陵为东南机织业三大中心之一，据最近统计，南京玄缎织机约三万余架，以机业为生者，共八万余人，每岁售银达四五百万两之巨。金陵之衰落由于太平天国之乱，太平军破南京之前，城中人口达九十万，据今统计仅有三十八万，约当上海(一百五十万)四分之一，不及北京(八十五万)二分之一，盖经洪杨乱后，元气未复，而二次革命又蹂躏之，至其将来之发达，当无限量，此地"有高山，有深水，有平原，三种天工钟毓一处，而又适居长江下流最饶富区域之中心"；在世界大都会中，诚未易得。

以上十节，大致已完，作者于是复论：

(一)文化之劲敌。金陵罹兵火之祸最酷，如(三二八)苏峻之乱，(五四九)侯景之乱，(五八九)隋师之役，(九七五)宋师之役，(一一三〇)金兀术之乱，(一八五三)太平天国之乱，及二次革命之乱，遂使人口陵替，典章荡尽。

(二)文化之复兴。人类对于文化，经一度之努力，虽有时因兵火而毁灭，而其流风余韵，沾溉后人，往往不绝，后人积累古人之经验，以善其生，展转递蜕，逐渐进化。

(三)文化之潜势力。太平军之失败，或者谓由弃孔道而用耶教。盖自秦汉以来，中国政治上，虽屡经大乱，而孔子文化统一中国，则二千年如一日，有识者以为文化精神之亡，其祸甚于亡国。太平军所占领之三江二湖，适为近世中国文化最纯正之区域，于是曾国藩、彭玉麟辈本保卫文化之义，纷起而与太平军为敌，一举平之，歼灭无余。

(四)文化之区域精神。文化者，合时地人三要素而成之，任废其一，均不能得其真谛。文化有因地而变者，是为区域精神，有因时而变者，是为时代精神，故江左名士，虽多出中原故家之裔，然南朝三百年间，文艺学术，与北朝迥乎不侔，此盖由地异事变，可称之曰文化之区域精神。

——张其昀，《东方杂志》，卷二三，第一三号，七三至八六页，民国一五年七月出版；又卷二三，第一五号，七一至九〇页，民国一五年八月出版。

大月氏与东西文化

月氏世居祁连山者昭武城(今甘肃高台县)，秦时为匈奴冒顿单于所破，西走伊犁河南，逐塞王而居其地。其余众仍留祁连北者，史称之为小月氏，而别西迁者为大月氏。大月氏居塞地未久，复为乌孙所破，遂远过大宛击大夏而臣之，尽有阿母河以北地。遂裂土封五侯。后贵霜侯吞并余四侯，并侵灭高附、濮达、罽宾并中印度，是为全盛时代。传百余年，当东汉明帝时，尔后百八十余年间，其南部渐为印度、乌士王所收复，贵霜后裔仅保克什米尔一隅。晋惠帝时，其王寄多罗渐复旧疆而广焉，既改号嚈哒，建都于今阿富汗北境，波尔克城，是为再兴时期。又二百年当北国时，为突厥所破，国势又衰。并值王族绝嗣，围境崩析，自后不复能振，唐既灭西突厥，嚈哒遗族尽臣焉，唐后则役属于大食(即西史之Saracens)继臣于元，今则逮俄国版图矣。月氏究属何种族，今尚未能确考，惟其为白色人种则无疑。月氏在未西徙以前，本为游牧民族。既臣大夏，渐吸收希腊式之大夏文化而益加蓬勃，与安息、罽宾比肩焉。而安息、罽宾者，史称其种五谷，治田园，有葡萄、苜蓿、檀、槐、梓、竹、漆，巧雕文刻镂，治宫室，织罽，刺文绣，好治食，有金银铜锡以为器，市列以金银为钱者也。万震《南州志》(据《史记正义》引)谓大月氏城郭宫室与大秦同，土地所出，及奇玮珍物，被服鲜好，天竺不及焉。自张骞通西域，而大月氏之文物，影响及于中国，骞自月氏携回新植物，今可考者十余种，皆日用必须之要品也。汉代绘画雕刻大有进步，其石刻画像颇有昔日欧洲之风，或亦受大月氏之影响。佛教之初入中土，实以大月氏为媒介，后汉哀帝时大月氏使臣伊存聘中国，博士弟子秦景宪从受浮屠经，是为佛经传入中国之始。曹魏孝武时大月氏商人贩京师，自云能铸五色琉璃。于是采矿山中，于京师铸之。既成，光泽乃美于西方者。乃诏为行殿，容百余人。光芒映彻，见者莫不惊骇。自此国中琉璃遂贱，人不复珍之。此其在工商业上影响之最著者也。印度自安度罗王朝勃兴，佛教徒失其保护，渐为婆罗教所压迫。适大月氏南侵印度，占印度河流域，保护佛教，佛教徒多依之。佛教之再兴，实出大月氏迦腻包迦王之手，王皈依佛法，于首府建迦腻包迦寺，召集五百教徒于罽宾，开第四次结集。高僧马鸣等皆赴焉。王没，其嗣王亦奖励佛教，供养万僧于宫中者五年。佛教之所以能播亚洲，皆大月氏之力。此大月氏对于印度文化之影响也。

——郑鹤声，《东方杂志》，第二三卷，第十号，七七至九六页，民国一五年五月出版。

龟兹苏祇婆琵琶七调考原

外国音乐之入中国，先秦盖已有之。《周礼》设官教习四夷之乐，《毛传》著四夷乐名，皆其证也。汉武帝时，张骞通西域，输入《摩诃》《兜勒》二曲，其《摩诃》一曲，或即天竺古歌 Mahabhraārata，以《摩诃》显为"Maha"之对音也。魏晋以来，外国音乐传入益盛。隋总前代，勒成九部，其中天竺、龟兹之乐，俱各成部。唐益高昌，共为十部，是即燕乐，亦即辽之大乐。凌廷堪《燕乐考原》据《辽史·乐志》谓燕乐原于龟兹苏祇婆之琵琶，以琵琶四弦定四均二十八调，其说甚是，而据作者所见，苏祇婆琵琶七调(即中乐宫商等七声)，实与印度音乐中北宗北印度斯坦尼派相似，或竟出于北宗。兹分四节申说如下。

(一)龟兹文化实得诸印度。据《大藏》阿育王太子法益《坏目因缘经》所载，秦汉以前印度势力已及于龟兹，且以之为太子法益封地。使其言而可信，则古初龟兹文化，与印度有渊承之雅。又案《出三藏记》集魏时译经沙门，有龟兹国人。则汉魏之际，佛教当曾及于龟兹也，晋以降龟兹佛法之盛，更彰彰可考。《晋书·四夷传》谓其城中有佛塔庙千所。晋时译经多有龟兹人参与，而其国王子帛尸梨密多罗且弃王位而为沙门焉。唐玄奘记龟兹国，言其："文字则取印度，粗有改变。……伽蓝百余所，僧徒五千余人。……教律经义，则取印度，其习读者，即本文矣。……每岁秋分，举国僧徒皆来会集。上自君王，下至士庶，损俗废务，奉持斋戒。"由上观之，秦汉以来龟兹文化，实承印度文化之余绪。则苏祇婆琵琶七调之原于印度，非奇事也。

(二)就隋唐九部乐中龟兹、天竺二部考之，其乐舞所用舞人乐器，以及服饰，颇多相同者。

(三)考之在敦煌所发现之佛曲，其所标举调名有九种，多与燕乐诸宫调合。其中婆陁、般涉二调显然即为苏祇婆琵琶七调中之娑陁力、般赡二调(娑婆二字形近故误,《辽史·乐志》于《隋史·乐志》之娑陁力调作婆陁力调。又依翻译旧例,尾音每可省去)。

(四)关于苏祇婆琵琶七调中之般赡,《隋志》谓:“六曰般赡,华言五声,即羽声也。”是般赡一辞有第五之义。此显为印度斯坦尼派七调中之 Pan chama(一作 Pancama)一调。梵文作 Panchamah,译之等五,又第五声。(印度斯坦尼文与梵文同源,发音亦无大殊。)此字本当译为般赡摩,惟印度斯坦尼文 a、i、u 收声例不发音。故译时多从省略。七调中之娑陁力即印度北宗音乐中之 Shadja(又作 Sadja,梵文作Shadjah)一调。此调对音是娑陁暗,与《隋志》仅异末声。律以般赡之例,可译作为娑陁,正与《唐会要》所记合。而 Shadja 义为具六,又第一声。具六谓具鼻喉胸腭舌齿所发之声也。第一声谓八音之旨也。七调中之娑陁力即华调中之宫声,宫声之呼,固与具六等义,又正八音之首。则 Shadja 即娑陁力无疑。又《隋志》记苏祇婆琵琶七调有云:“就其七调,又有五旦之名,且作七调。译以华言,旦者均(韵)也”。所谓均,即律也,即西乐 C、D、E、F、G 诸调也。苏祇婆七调中之旦,实即印度北宗音乐中(that)一辞之对音,其证有三:(甲)据汪荣宝氏所考,古音同部之字平入不甚区分;故梵文 arhat 译为阿罗汉(以汉译-hat),以 t 与 n 同为舌头音也。准是,thât 当可为旦。虽 a 与 a 有别,惟验之旧译,二者混同。(乙)印度北宗音乐之 thât 义为行列,以定宫调弦乐管色之高低,其功用与均(或律)同。(丙)雅乐宫调,悉云某宫;如黄钟宫,仙吕宫之类。

苏祇婆之七调,则曰娑陁力旦,鸡识旦等。征之印度北宗音乐之称某宫，亦曰某 that。又辽之大乐即唐之燕乐而《辽史·乐志》谓：“大乐四旦二十八调，不用黍律，以琵琶弦叶之。”今按印度音乐有《波利阇陀》(*Parvijata*)一书。亦谓以琵琶弦之长短定十二律。苏祇婆琵琶七调之源于印度，于兹又得一证焉。或谓比对中西音乐，般赡属于西乐 A 调；而印度北宗音乐中之般赡，则属西乐之 G 调，似不能为苏祇婆之般赡出于印度之明证。对曰：据《隋志》所纪，苏祇婆七调，属于吕旋。而印度北宗音乐，属于律旋。因旋法之差别，故苏祇婆之般赡高于北宗之般赡一调。然北宗音乐之旋法本不一律。又音乐每因人异制。传者既殊，则旋律有别，亦事所必至也。就上四端考之，苏祇婆琵琶七调，与印度北宗音乐之渊源固甚显然矣。

——向达，《学衡》，第五十四期，民国一五年六月出版。

中算输入日本之经过

西元三世纪初，日本神功皇后用兵新罗，而间接得与中国交通，华民亦多移居于日，中国簿籍、计算、建筑、工艺始间接输入。其后西元五五四年，百济易博士王道良、历博士王保孙始以中国历法输入日本，于是改良度量衡制，置刻漏器，立天文台，行间元嘉历及仪凤历，皆遵中土之法。七〇二年，立学校，授算术，采《周髀》《九章》《海岛》《五曹》《孙子》《算经》《缀术》等十书为教本，置历士算生等名称，其后九七〇年间，日本有算书《口游》出世，其中“妊妇预知男女一问题与《孙子》《算经》孕妇难月一问题”相类似，又有“竹束”问题，为等差级数求总和，与《孙子》“今有物方一束”

一题略同。其九九歌始九九而迄一一，亦与《孙子》合。明万历中叶日人毛利重能首传程大位《算法统宗》，与其徒著书阐释之。此后同类之著作辈出。杨辉《算法》、朱世杰《算学启蒙》及算盘术亦于明清之交由朝鲜间接输入。后一种传习尤广，注者数家。同时日本算圣关孝和曾读中国算书三年，其所造级数开展法，与李冶求高次方程式方根之法相似，其剩一术与秦九韶大衍求一术全同，其根差法亦根于郭守敬之相减、相乘及三差之法；似关氏曾读《测圆海镜》《四圆玉鉴》及《数书九章》等书也。其《大成算经》曾录程大位之写算乘法，其方阵之术，则师法杨辉，其剪营术自谓出于唐穆宗宣明历。康乾间中国筹算之研究极盛，梅文鼎之《筹算》、戴震之《册算》，曾流入日本，戴所校辑之《算经》日本亦有传刻。耶稣会教士输入中国之弧三角、椭圆及对数术，至是悉间接流入日本。同光以来，西法复入中国，日本亦挹其余流。李善兰所译《数学启蒙》及《代微积拾级》，在日本均有翻刻本。

——李俨，《东方杂志》，卷二二，第一八号，八二至八八页，民国一四年九月出版。

原载《清华学报》第3卷第2期，1926年12月

评《清华学报》第五卷第一期[①]

《清华学报》第四卷第二期，本刊于第二期中曾经介绍。时阅半载，而该学报之第五卷第一期已于上月出版，内容省去旧有之“书籍介绍与批评”一栏，共有论文九篇，兹述评如下。

（一）首为朱希祖君之《中国古代铁制兵器先行于南方考》。本文内容，看题可明。何地为南方，实为先决之问题，然朱君之所谓“南方”绝无明确之定义。文中举南方用铁兵之主要证据，屡及宋国，按宋地在今河南商丘县附近。文中指为宋国产品者，绝未证明为宋国之何部分，而遂颟顸其词曰“是产于淮水附近”（一四八三页），何武断之甚耶？商丘附近而可指为南方，则以同纬度推之，陕西、山东亦为南国矣，此吾人所不敢赞同者也。又朱君引《墨子·备城门》篇：“毋以竹箭，楛、赵（桃）、搜（拓）、榆可。盖（益）求齐（赍）铁夫（孙云当为矢）。”谓：“此以铁夫为铁矢，若不致误，则宋亦有铁矢矣。”按《备城门》篇乃墨子在宋之言，而劝人“毋以竹

① 本文发表时未署名，但据浦江清之日记言：“荫麟驳朱逖先君在《清华学报》上所发表之《古代铁器先行于南方考》一文之无据。朱反讥，张因又反驳。”（1928 年 8 月 28 日）可知本文和《答朱希祖君》《再答朱希祖君》等文均为张氏所作。

箭……求赍铁矢"，似正可证明宋人尚用竹箭而不知用铁矢。无论退若干步言，亦不足以证明宋人之先用铁矢也。其关于铁剑一项（一四八一页）所举证据，只能证明吴、楚精长于铁剑之制造，然不能据是即谓铁剑先行于吴、楚，犹今日欧洲虽精于制造火药，然不能据是遂谓火药先行于欧洲也。又朱君引《国策》载智伯欲攻赵无矢，张孟谈劝其炼铜柱为之，遂以为"北方"无铁兵之反证，不知张孟谈之劝言安知非一时因材料缺乏而姑作权宜之计？且晋国又何能以概全北方？此反面证据之不能成立也。

综观朱君所据正面证据凡四。其关于铁矢及铁鍕两项，作者武断为宋物，即承认其说，而宋亦不属于南方。其关于铁剑一项，则不能证明其先行于南方。则所谓"中国古代铁制兵器先行于南方"之说实不能成立。作者又染近人翻案立异之恶习，力言古代南方文化之高。其证据，一则蚩尤作铜兵，此说仅见于战国以后书，绝难置信。一则苗民始作劓、刵、椓、黥之刑法。夫肉刑而可为文明之征，则用凌迟刑之旧日中国人，其文化宜高出于今日欧洲万万矣。一则谓南方有《三坟》《五典》《八索》《九邱》。按《左传》记楚左史倚相能读此诸书，然未尝言其为南方之书也。而观倚相所以讽楚王之诗（《祈招》之诗）乃北方之传说（tradition），则知《坟》《典》诸籍当亦北方之书也。若其为南方之书，何致只有左史能读之？且以其能读传为美谈乎？

（二）次为陆懋德君之《中国人发明火药火炮考》。盖集赵翼、梁章钜及英人迈尔、日人矢野仁一诸氏之研究结果，而加以补充也。其结论谓火药发明于唐，火炮始应用于宋末，本为吾人所习闻。惟此文引证极详晰而谨严，可裨史乘。惜文中何部分为采前人之说，何部分为作者所增补，未见言及，为遗憾耳。

(三)次为林义光君之《周易卦名释义》，于造卦本意试作一新解释。作者立说多取证于彖辞，而又屡否认彖辞之解。究竟彖辞何以忽而可据，忽而不可据。作者未能寻出客观之根据。此逻辑上未能自圆其说者也。

继此有(四)王力君之《南粤音说》、(五)刘驷业君之《英国巴克黎银行会计制度之研究》及(六)朱君毅君《大学生智力之测验》。以系专门性质，毋庸评述。其(七)侯厚培君之《明代以前之金银货币》，则完全撮取日人加藤繁之唐代金银之研究，绝无增益，兹亦不论。

次为(八)李俨君之《李善兰(1810—1882)年谱》。于壬叔生年著译各书之经过、出处去就之细节、交游过从之人物及并世中算家著述之大略，详考无遗。其精审实为本书诸文之冠。而所据壬叔高第席淦作之《壬叔事迹残稿》乃世间孤本，其他资料亦颇有得自直接调查与探访者，则尤可贵也。

最末为(九)杨树达君之《古书之句读》。仿《古书疑义举例》之体裁，归纳古书句读失误之例有十三：曰当读而失读，曰不当读而误读，曰当属上读而误属下，曰当属下读而误属上，曰因误读而误改字，曰因误读而误删，曰因误读而误补，曰因误读而误颠倒原文，曰因文省而误读，曰因不识古韵而误读，曰因字误而误读，曰因字衍而误读。引证皆极详明，具见作者搜罗之勤苦。惟最末两读皆可通一例，似不能成立。因两读之中，每有一读为较安，而原作断无故设疑阵以难人之理也。

原载《大公报·文学副刊》第30期，1928年7月30日

答朱希祖君(附来书)

本刊第三十期介绍《清华学报》(五卷一号)，于朱希祖君之《中国铁制兵器先行于南方考》一文曾加论列。顷承朱君贻书见教，良用感荷。朱君首谓前评“纯用感情，不任理智”，末谓作者出言“詈人”。吾人复检原文，深自省察，不胜惶惑。本刊前评，其他本刊一切文字亦皆然，就文论文，不涉文外一语。其中含有评价性质之三数语，亦皆就事论事，不涉事外一语。吾人实自苦不知其感情于何表现，致有朱君之印象。事之出人意外，有如是也。

兹于答复朱君之前，有当附言者。我国古代铁兵先行于南方之说，七年前章鸿钊君于其《中国铜铁器时代沿革考》中已发之，(其结论谓，“春秋战国即公元前五世纪，吴楚诸国始用铁兵”)而朱君文中所引证，除二三条外亦无出章君此文及其所著《石雅》之外者，然朱君文中绝未称及章君之著作。(后于章君而先于朱君者，日人松本文三郎有《古代支那の鐵器に就いて》，其中主要引证亦尽见于朱君文中。)吾人虽诧于契合之奇巧，亦不欲抹杀“闭门造车，出门合辙”之可能。今所欲申明者，吾人虽与朱君辨难，实即操戈而造章君之室耳。

以下照录朱君来书并逐条加以答复：

《大公报·文学副刊》编辑先生左右：

读贵刊《清华学报》第五卷第一期评论(十七年七月三十日，此评论不署名，故陈之编辑者)，首评拙著《中国古代铁制兵器先行于南方考》一文，历将拙著疑点举出，不胜感谢。惟观通篇评论，纯任主观，不任客观，纯任感情，不任理智，实非至当之评论。何以言之？既云中国古代铁制兵器先行于南方之说不能成立，完全推翻，理宜举出中国古代铁制兵器先行于北方之确据，作为一种反攻之铁证，然后可以折服吾心。空言古代南方之证据如何不可信，然古代北方，并如何不可信之证据亦不能举出，则先生亦可以休矣。此就其大体之评论，已觉其失当者也。

按朱君所举铁兵先行于南方之证据能否成立，此为一问题。吾人能否证明铁兵先行于北方，此又为一问题。不能谓在后一问题未解决之先，则前一种证据，无论其如何不充分，皆得成立，而不容置议，“亦可以休”也。此理至明也。而朱君云云，一若真理之探求，同于体育场上之球赛，苟甲方不出阵，则乙方天然胜利也者，此在逻辑上为误用“不容间律”，在历史方法上为误用“默证”。

铁兵先行北方(其定义详后)之证据，古籍中颇有之。本刊前评之兴趣，专在考察朱君证据之是否充分，故未举及。亦以此种证据，已为近代学者所熟道，初无待本刊拾取唾余，滥塞篇幅。今既承朱君下问(看第二节)，吾人亦何惮略举所知以告。

（一）《逸周书·克殷解》："帝辛自燔，武王斩之以黄钺。二女缢，武王斩之以玄钺。"盖黄钺以铜为之，而惟铁质乃能为玄钺。章炳麟君曰："自缢者骨肉如故，非铁钺不可斩。自燔者肉枯而骨销，其质浮疏，故仪仗之铜钺亦得斩焉。"其说是也。此周初岐镐间已用铁兵之证也。

（二）《中庸》记孔子曰："白刃可蹈也，中庸不可能也。"必精铁乃能为白刃，此春秋时鲁国已用铁兵之证也。

（三）《左传》文十二年，"晋襄公使莱驹以戈斩囚，囚呼，莱驹失戈，狼瞫取戈以斩囚，禽之以从公乘。"章炳麟曰："古者戈为钩兵，不任斫斩，晋乃用以斩人，则必已易铜为铁明矣。"章炳麟又曰："且左氏称虞叔有宝剑，虞公求之。谷梁氏称孟劳者鲁之宝刀。……是皆春秋时事也。夫唯铸以钢铁，或以锻工，万辟千灌成之，然后谓之宝。……若徒一铜剑也，上剑之制，其重九锊，为三斤十二两，不当半铢之钱千枚。"何得为宝耶？观此，则春秋时晋国当亦已用铁兵也。

（四）墨子为鲁人，楚之攻宋也，墨子方在鲁（此据《墨子·公输》篇，《吕氏春秋》谓在齐，无论齐鲁，皆为北方）。闻之星夜至楚，谓："臣（墨子）之弟子禽滑釐等三百人持臣守圉之器在宋城上而待楚寇矣。"《备城门》以下七篇乃墨子教禽滑釐守圉之术。按其中所用守圉之器若铁錍、铁矢之类，皆墨子之器，即鲁国之器也。此铁兵先行于北方之铁证。而朱君乃举以为铁兵先行于南方之证，是"盖未读《墨子》原文，望文生义，遂至错误"（看第三节）也。

由此四证断之，我国古代铁兵先行南方之说，实根本推翻，而朱君"亦可以休矣"乎。

再就其纲目观之：

(一)谓“所谓南方，绝无明确之定义”。按拙著第四节，明言“大江流域先行铁兵”(即指吴、越、楚)，次言“淮汉流域先行铁兵”(即指楚、宋)，又言“中国西有汉，东有淮，为南北之分界，所谓江汉江淮是”。其分界正确与否，又当别论。谓无明确之定义，则评者毋乃太忽略而轻率。拙著所谓古代南方，以时间言，乃以战国末为界；以空间言，乃以淮汉流域为界。何以故？因战国之末，南方以楚为代表故。荀子言：“居夏而夏，居楚而楚。”(《荀子·儒效》篇)夏为诸夏，即古代之中国，属北方，故与南方楚国对举。楚国疆域，西包今陕西之汉中，东包今山东之琅邪，中有今河南南部，如南阳之宛叶、陈州汝宁之陈蔡，皆其所属。此稍治历史者皆能知之。宋国虽非属楚，与楚地犬牙相接，且以地域而论，与陕西、山东之南部同其纬度，皆在今所谓北纬三十四五度之间，故亦以宋属之南方。言中国古代南北学术，亦大都以此为界，如陈、宋之学者，有老子、庄子，亦为南方学者之代表，与北方之学迥异。南北学术之不同，乃地理使然，似亦不可否认。尊论谓拙著：“举南方用铁兵主要之证据，屡及宋国，按宋地在今河南商丘县附近(当云宋都在河南商丘附近，言宋地者不词)，文中指为宋国产品者，绝未证明为宋国之何部分，(按墨子因楚欲攻宋，为宋守城，而作《备城门》以下数篇，则其城当然指宋都而言，或指宋都以南近楚诸城而言，读过《墨子》者皆知之，何必指出何部分)而遂颟顸其词曰，是产于淮水附近，何武断之甚耶？

商丘附近而可指为南方，则以同纬度推之，陕西、山东亦为南国矣。此吾人所不敢赞同者也。”夫赞同与否，当为别一问题。惟山东、陕西之南部，当然属于南国，其同纬度之河南南部，亦当然属于南国。所谓淮汉流域，在战国时代，谓为属于南方，自有种种根据，何颟顸武断之有？推尊论之意，必以今地理分南北，所为扬子江流域属南方，黄河流域属北方。然不观孟子论禹之治水乎？所谓“决汝、汉，排淮、泗而注之江”，宋在淮、泗之间，陈蔡、宛叶在汝、汉之间，则犹是扬子江流域也。(汉之支流，散布于河南之南阳旧府属，而其本流，则经陕西之南部，至湖北入江。淮之本流，合汝、泗诸流，散在河南汝州及汝宁、陈州、归德旧府属，及山东之南部、安徽之北部，至江苏北部入海，而其支流，则经安徽之中部入江。焦循《孟子正义》言之甚详。宋境内有三大水，南曰睢水，商丘即在其北；中曰丹水，有孟诸泽；北曰黄沟，宋蔡、丘、黄、郜诸邑在其南。此三水皆会泗而入淮。)则宋属南方无疑，然尊意必又以今地理之省界论古地理，谓今陕西、河南、山东，必归北方，余之立论，大抱野心，侵入此三省之南部，故遭驳斥乎？

不知《禹贡》九州，以今地理论，惟荆州纯属南方。梁州北至华阳，扬州北至淮水，已侵入北方范围，则南方毋乃太小乎？(当时五岭以南，必尚未入版图)依下文言，尊论必不染近人翻案立异之恶习，而信《禹贡》，则论南北分界，必准《禹贡》九州平分，乃为公平。荆河之豫州，在适中之地，必分而为二，以为南北之界。伊、洛、瀍、涧、泾、渭、济、漯入河，归北方。汝、汉、淮、泗入江，属南方，而华阳黑水之梁州(今陕西华山终南以南)、海岱及淮之徐州(今山东泰山琅邪以南)，亦属南方，则南方有荆、梁、扬、徐四州，北方有青、冀、兖、雍四州，而豫州中分南北，乃适得其均平。是则南方之疆界，与战国之楚、宋不相出入，则宋属于南方，又何疑乎？

按本刊前评谓朱君于南方无明确之定义者，正以其未说明以宋属于南方之故。今观朱君补说，谓宋之南部与楚北境相错，宜并属南方。按楚国之拓地汉阳，乃春秋中叶以后之事，不能因楚国本部属于南方，遂并其后来势力所及之宛叶、陈蔡亦属于南方，犹秦地本在西陲，不能因其后版图并有齐鲁，遂以齐鲁为西土。此理之至明也。《史记》老子楚人，或引作陈人。庄子蒙人，蒙或以为属梁，或以为属宋，至今尚非无定论。朱君遽以为陈、宋之学者实嫌武断，而近人以南北分先秦学术，亦未为笃论(看柳诒徵《近人论诸子学之失》)。朱君又以淮之支流入江，遂以淮河流域之全部属长江流域，故为南方，则当黄河夺淮入海之时，淮当为黄河流域，属北方矣。同一空间，随时而异其南北，有是理耶？墨子所言铁兵，虽为宋用，实赍自鲁。朱君未能证明其出自宋之何部分，而遽曰“是产于淮水附近”，读者思之，此种论断之评价，除“颟顸”与“武断”外，尚有何辞可用耶？至论南北之分界，吾人以为依现代地理学眼光，宜以淮水、汉水之北属于北方，其南属于南方。宋在淮北，自属北方。即如朱君之说以宋属南方，而墨子所言铁兵，不出于宋，则亦不能证明其古代铁兵先行于南方之说。

（二）谓："引《墨子·备城门》篇'毋以竹箭，楛、赵（桃）、搒（柘）、榆可。盖（益）求齐（赍）铁夫（孙云当为矢）。'谓：'此以铁夫为铁矢，若不致误，则宋亦有铁矢矣。'按《备城门》篇，乃墨子在宋之言，而劝人毋以竹箭……求赍铁矢，似正可证明宋人尚用竹箭，而不知用铁矢，无论退若干步言，亦不足以证明宋人之先用铁矢也。"此段议论，盖未读《墨子》原文，望文生义，遂致错误。《墨子》原文，作："及多为矢，节（即）毋（无）以竹箭，楛、赵（桃）、搒（柘）、榆可。盖（益）求齐（赍）铁夫（矢）。"孙诒让谓："当作及多为矢，即无竹箭，以楛、桃、柘、榆可，益求赍铁矢。"竹箭，犹言竹筱。《尔雅·释地》："东南之美者，有会稽之竹箭焉。"郭璞注云："竹箭，筱也。"古者矢杆用竹箭，矢镞用铜，及至墨子时，矢杆亦可用楛、桃、柘、榆诸木，而矢镞益求用铁。且宋当时既有铁錍，自可证明已用铁矢。尊论既不解竹箭之古谊，又误读《墨子》之句读，欲证明宋无铁矢，又忘却宋有铁錍矣。

（三）谓："其关于铁剑一项，所举证据，只能证明吴、楚精长于铁剑之制造，然不能据是即谓铁剑先行于吴、楚，犹今日欧洲虽精于制造火药，然不能据是遂谓火药先行于欧洲也。"按欧洲虽精于制造火药，然不能谓火药先行于欧洲者，以火药先行于中国，有历史事迹可证。吴、楚之铁剑以今日炼钢术之进步，似亦不可谓为精制，然欲否认铁剑非先行吴、楚，而先行于北方燕、赵等国，亦当有历史之事迹举出，乃可推翻吾之论据，而为史学上之一大发明，与火药先行于中国说，同其价值，此吾日夜求之而未得者。鄙人读书不精，在古书中，或有北方先行铁兵之论据，不过鄙人疏漏，尚未发见，正求通人指示，以破吾之迷惑。如尊论之空无证据，实不足以餍吾之心。(以上驳本论意)

按《说文》云：“箭，矢也。”又释名之：“矢又谓之箭。箭，进也。”此前评释箭为矢之所据，何望文生义之有？孙氏之诂，亦一种测度，何能据为天经地义？墨子教禽滑守宋，而语其“求赍铁矢”，赍者，移至异地，故曰可证宋之不知用铁矢也。

又观上文所举证，铁兵之先行于北方者已多。孔子之言白刃，虽不能断定其指刀抑剑，然春秋时晋、鲁既已有剑，而又有白刃，而谓其只有白刃之刀，而无白刃之剑，有是理乎？朱君所举证，只能证明南方制剑之精。(谓坚利也，此所云精乃就当时与北方比较而论，非以今日眼光观之也。朱君引秦昭王之“楚之铁剑利”，夫必有楚以外之剑不利，与之比较，故特举楚而言也，此实暗示北方亦出铁剑。)即无上述之证据，亦不能断定铁剑其先行于南方，又况其有耶？

又谓：“作者染近人翻案立异之恶习，力言古代南方文化之高。”按古代南方，若以余前立之定义而言，则文化之高下，尚未易下定评。推尊论之意，似必谓古代南方文化不高，方不是翻案，方不是立异。盖尊论之古代南方，其空间时间，均不知以何为界，恐真如尊论所谓“绝无明确之定义”矣。若以夏、商、周以前为古代，以《禹贡》所谓梁州、荆州、扬州为南方，或者尊意以为真是古代，真是南方乎？则试问《禹贡》扬、荆、梁三州有铁，皆属南方，独北方诸州不言铁，是当时采铁冶铁诸术，南方必先发达可知，非必北方无铁，特采冶之术未发明耳。否则，南方天产独精，人工自易独擅其美。但近人有不信《禹贡》者，以为唐虞之时，尚未知冶铁之术，故詈为伪书。尊意如不信《禹贡》，则亦为染翻案立异之恶习，如笃信《禹贡》，则又翻南方文化不高之定案。立言不慎，真古人所谓进退维谷者矣。

按吾人并不反对合理之怀疑，并不反对以充分之证据推翻旧说，惟无可靠之证据而谬创新论，斯为"翻案立异"而为吾人所极端反对，非有所爱恶于新旧也。此又已于本刊第八期《评广东中山大学语言历史研究所周刊》中详之。朱君（毋宁谓章鸿钊君）铁兵先行于南方之说，既根本不能成立，其所举以明南方文化"发达"之三证，亦同一辙。朱君不服，容俟下文申论。至其反讥吾人所谓古代及南方，绝无明确定义，夫吾人所评者为朱君之文，在纠驳其所举三证时，所谓古代，自指其三证所涉及之时代，此何待言者。关于南方，在纠驳朱君时，即是自申其定义，即谓宋及其同纬度之地不得认为南方，而其以南即为南方。此意凡曾平心一读前评者，自能喻之，何必为枝节之周纳。《禹贡》所载，吾人根本不信为唐虞时代之事。朱君谓吾人"如不信《禹贡》，则亦为染翻案立异之恶习"，此实不通逻辑之论。朱君之推论之历程，若以逻辑析之，当如下。

（一）翻案立异者不信《禹贡》。

（二）君反对翻案立异。

（三）故君不当不信《禹贡》。

此种三段论法，实犯 illicit process 之谬误，因“不信《禹贡》”一辞在大前提为 undistributed，而在结论则为 distributed 也。朱君既昧于逻辑，若但以逻辑上术语折之，恐难使其心服，则试再类喻以明之。使朱君之论，而可以成立者，则下列之结论亦当为正确矣。

(一)凡人皆有死。

(二)飞鸟不是人。

(三)故飞鸟不当有死。

然朱君试思之，果谁当“进退维谷”耶？要之所翻案立异者，不在于信某书、疑某书，而在于所信所疑之是否合理，故王静安先生固不同意近人过度之怀疑(看其《古史新证》)，然亦不信《禹贡》也。

次辩驳古代南方文化之高之证据。(余并无南方文化高于北方之论，不过言南方文化为北方文化所湮没，故表章之。)(一)则蚩尤作铜兵。“此说仅见于战国以后书，绝难置信。”按此说出《管子》《山海经》，谓为战国以后书尚无定论。(二)则苗民始作劓、刵、椓、黥之刑法。“夫肉刑而可为文明之征，则用凌迟形之旧日中国人，其文化宜高出于今日之欧洲万万矣。”按拙著原文，但言文化，未言文明。文化发生，自有次序，如先有石器，而后有铜器、铁器、电器，不能谓石器非一种文化。盖有器必胜于无器也，刑法亦然。古者刑法不分轻重，苗民始作肉刑，即所谓五刑，始分别罪之轻重，而施其刑。当时北方，盖并此法而无之，故自唐、虞、夏、商、周以及秦、汉，皆习用其法而稍改正。所谓墨(即黥)、劓、剕(代刵)、宫(即椓)、大辟(即杀)是也。至汉文帝，始去四种肉刑，乃为刑法之一进步。至于今日，并笞与杀而去之，乃更进化矣。然亦不能谓肉刑非一种文化，盖有法必胜于无法也。尊论既不知五刑之沿革与分别，漫然以凌迟刑比之，已觉浑而不析，而又不识文化与文明二词之分，而贸然以肉刑为文明之征相讥，根本既属误解，枝节更属非是。（三）则谓南方有《三坟》《五典》《八索》《九邱》。“按《左传》记楚左史倚相能读此诸书，然未尝言其为南方之书也。而观倚相所以讽楚王之诗（《祈招》之诗），乃北方之传说，则知《坟》《典》诸籍，当亦北方之书也。若其为南方之书，何致只有左史能读之，且以其能读传为美谈乎？”按《三坟》《五典》《八索》《九邱》，古代北方，不闻有其书。左氏传据楚史，始得闻其名。汉儒训《三坟》《五典》为三皇五帝之书，《八索》《九邱》为八卦九州之志，皆附会而无确证。余疑为南方古代之典籍，故倚相能读，楚王以为博学，今则与楚《梼杌》俱亡，故南方文化，湮没无传。此说之是否，姑且不论。尊论以倚相举《祈招》之诗讽楚王证明《三坟》等书为北方之典籍，则又误读《左传》。《左》昭十二年传，“子革语楚王，左史倚相趋过。王曰：是良史也，子善视之（子指子革），是能读《三坟》《五典》《八索》《九邱》。对曰：臣尝问焉（子革对王言臣尝问之于倚相。此对曰二字，尊论误以为倚相对，则下文皆不可通），昔穆王欲肆其心，周行天下，将必有车辙马迹焉。祭公谋父作《祈招》之诗，以止王心，王是以获没于祗宫。臣问其诗而不知也。若问远焉，其焉能知之？王曰：子能乎？对曰：能，其诗曰：祈招之愔愔……”（臣问其诗而不知，即子革问《祈招》之诗于倚相，而倚相不知。）准此，则倚相仅能知南方本国之古籍，而不能知北方之古籍，故子革讥其不能知远。《祈招》之诗若为北方之传说，则更足证明《三坟》等为南方之古籍矣。（以上驳附论完）

按朱君若据《管子》及《山海经》中言蚩尤事为信史，此种“路史”式之古史观，吾人无再与辩论之必要。文化、文明二词，乃近人以译英文之 civilization 及 culture 者。civilization 及 culture 二字在普通文字中常相代用，而不必有轩轾之分。近世人类学家，恒以culture（文明）一字代表国家形式未成立以前之文化成绩，则更不含有优胜之评价，前评之用文明二字正如是也。朱君不明近代术语，漫然相讥，是亦可以已乎？朱君云“古者刑法不分轻重”，是殆谓在未采用五虐之刑以前，无论大小罪皆一例惩罚耶？则曷不读《尧典》？“流共工于幽州，放驩兜于崇山，窜三苗于三危，殛鲧于羽山，四罪而天下咸服。”其间轻重之别显然，盖刑罚轻重之分初不系于肉刑之有无。今欧洲虽无肉刑，而法固有轻重也。朱君有何证据以明古代惩罚罪犯，其不分轻重，而五虐之刑为一种进步耶？《三坟》《五典》等书虽左氏传外无征，然先秦北方古籍亡佚者多，不能据是遂断定其书无闻于北地。左氏文中言及此诸书，乃出自楚王之口，朱君何从知左氏于此诸书之名以外，有无所闻耶？前评以讽《祈招》之诗者为倚相，乃作者记忆之误，承朱君指正，为感。然此更正，不能改变《三坟》等非南方古籍之说，且足助其说张目。何也？盖子革曾问左史以北方《祈招》之诗而左史不知，其对楚王因谓“若问远焉，安能知之”。是以《三坟》等书，视《祈招》之诗为更“远”。夫岂有本国之书，为本国人所应知者，反观外邦之传说为更

“远”？若《三坟》为楚书，则子革不当为是言明矣。

> 综尊论全文，对于拙著本论，以为问题不能成立；对于附论，以为染近人翻案立异之恶习，其所以不能成立者，盖亦以为翻案耳。夫翻案立异，只要证据确凿，亦何尝是恶习？现在科学进步，一新说出，即将旧说推倒，盖亦用证据使然。若不如此，而墨守旧说，不求学术之进步，则真是所谓“恶习”矣。

按朱君以证据确凿，为衡论其准绳，正与吾人同调。吾人之态度，于前评《广东中山大学语言历史研究所周刊》中已陈之，上文复已申述，兹不赘。吾人不苟同朱君之论者，正以其证据不确凿耳。

> 再者，贵附刊第二十七期（本年七月九日）《评论〈燕京学报〉第三期》，对于拙著《明季史籍五种跋文》：（一）《崇祯长编》，（二）《弘光实录钞》，（三）《狩缅纪事》，（四）《守尘纪略》，（五）《蕲黄四十八砦纪事》，仅评论一句曰“其书不重要”，以示不屑批判之意。夫人各有专门之学，在中国史学中，有专门研究明季史事者，则视此等书甚为重要。若以学文学之人视之，则自为不重要。所以评论专门之学，必须学此专门之学，方能评论。若未尝研究此学，而一笔抹杀之曰不重要，此种全任主观、任感情之评论，不但毫无价值，且太轻视学问。贵副刊既以文学标帜，理当谨守文学范围，不必将其他专门之学，一切包办而评论之。否则，“颟顸”“武断”之弊，贵副刊所持以詈人者，恐将不免自詈矣。

按本刊名“文学副刊”，实仿西方各著名报纸中 *Literary Supplement* 之例，凡一切自然科学以外之新著作，皆所批评，初未尝以狭义之文学自划，此意于第一期引言中已详之。其批评之能否尽皆确当，谁能自必？然求真之志，未敢或渝。读者及作者之论难，深所欢迎，毁誉之来，亦不暇顾。新著旧说，吾人以篇幅所限，不能一一详加论列，故必衡其轻重以为去取。轻重之标准，即以其贡献及关涉之大小。朱君所跋五种史籍，吾人认为不甚重要，即据此标准，原无涉不涉之意存乎其间也。若欲吾人放弃此标准，以适“专门家”之意，则殊不可能。

以上吾人答复朱君竟。吾人深谢朱君之诘驳，使前评之疑点，得以袪除，而本刊之态度及旨趣，得借此机会更详细表白于读者之前。

原载《大公报·文学副刊》第 32、33、34 期，1928 年 8 月 13、20、27 日

再答朱希祖君①

本副刊自三十九期起，至四十一期止，已转载朱希祖君致本刊书二通毕。朱君以学者之态度，殷然赐教，至再至三，其关心真理，为近日论坛上所罕觏。吾人曷敢靳其一得之微，而不以贡献耶？读朱君来教，觉其答辩尚多牵强之处，爰申论如左。

一、“袭用”问题

朱君古代铁器先行于南方之说，实同于七年前章鸿钊君所主张，其所举证据亦大半相同。吾人立论素宽，虽诧于契合之奇巧，亦不欲抹杀“闭门造车，出门合辙”之可能。今承朱君见示，盖已见章君（及松本文三郎）之文，惟（一）于其取证之相同，则谓“皆不举

---

① 朱希祖的答复和《文学副刊》的最后答复，参见其《关于古代铁制兵器先行于南方考之讨论》（再致《大公报·文学副刊》编辑书），载《大公报·文学副刊》，第 39 期，1928；《关于古代铁制兵器先行于南方考之讨论》（三致《大公报·文学副刊》编辑书），载《大公报·文学副刊》，第 40、41 期，1928；《关于中国古代铁制兵器先行于南方考之讨论》（四致《大公报·文学副刊》编辑书）、《本报对于此问题之结论》，载《大公报·文学副刊》，第 54 期，1929。

其名，以避繁冗”；（二）于其立论之同，则绝不承认。夫明著渊源，小注中一语已足，似无繁冗之虑；至其立论之同否，此非言语可争，惟有诉诸最雄辨之事实。

章君之立论：

春秋战国之间，吴越诸国，冶炼渐精，始制铁兵。（《石雅》卷下附录二十一页上）

朱君之立论：

春秋战国之际，既已渐入铁器时代，而杂器与兵器，既散见于诸子，而盛行于各国。然兵器以有刃为主，其铁须精炼，故其制造难于杂器，而创造此种兵器之地域，似南方先于北方。（《清华学报》第五卷第一期一四八〇页）

章君之证据：

（一）《吴越春秋》记欧冶造剑事。

（二）《越绝书》记欧冶造剑事。

（三）《荀子·议兵》篇：“楚人宛钜铁鉇，惨如蜂虿。”（以上见《石雅》卷下附录十七页上）

朱君之证据：

（一）《吴越春秋》记欧冶造剑事。

（二）《越绝书》记欧冶造剑事。

（三）《荀子·议兵》篇：“楚人宛钜铁鉇，惨如蜂虿。”（以上见《清华学报》第五卷第一期一四八一至八二页）

此外朱君所增引《史记·范雎传》之文，则已见松本文三郎君之作。（《支那文化ノ研究》二八七页）。其引《墨子·备城门》《杂守》二篇之文，则适足为铁器先行于北方之证（说详下），似出章君下矣。

由上观之，则朱君与章君之同异，无俟烦言。朱君谓："章君之主要目的在时间，拙著之主要目的在空间。"夫章君言"春秋战国之间"，朱君言"春秋战国之际"；章君言"吴楚诸国"，朱君言"南方"；章君言"始制"，朱君言"创造"、言"先"，吾人不知何所畸轻畸重于其间也。要之，事实具陈，读者可取而比较。关于此问题，吾人不欲再多耗篇幅也。

二、中国古代铁兵先行于北方之证据

《墨子》书中屡言铁器，而《备城门》以下数篇尤夥。日人松本文三郎《古代支那ノ鐵器ニ就イテ》一文征引至详，载《东洋文化之研究》二八九至二九〇页。然松本君未以为宋人之器，可见其矜慎。朱君前以"墨子因楚欲攻宋，为宋守城而作《备城门》以下数篇"，因断定其中所言之铁兵为宋国之器。吾人据《墨子·公输》篇，知楚攻宋时墨子方在鲁，闻之星夜至楚，谒楚王，谓："臣之弟子禽滑釐等三百人，已持臣守圉之器在宋城上而待楚寇矣。"夫既为墨子私人之器，则非宋人所有可知。使宋亦有其器，则何待墨子出其私人所有，何用墨子之弟子持而往待之耶？其非宋产，证据凿然，无可假借。欲推翻此说，必须有更坚强之反据。其他一切"莫须有"之主观揣测，皆无当也。不幸朱君所设六难皆属此类。墨子与宋国之关系，此为一问题，吾人不能以此遂断定其赍自鲁国之守器亦属宋产，犹吾人今日不能因某人与外国有关系，遂断定其身上之衣服必为洋货也。况诸守器之非宋产，已有确证耶！朱君又谓墨子之"自鲁附楚也，其弟子禽滑釐等三百人盖早在宋国，未必与谋。惟其守圉之学，早已在宋密授，预防大国之来攻”，因断定诸器“未必由鲁运宋，必为宋地制造可知”。按此实羌无证据之空想。持此方法以论古，则但闭门秉笔，便可造成古史一车，又何待吾人之孳孳探究耶？方云“盖”为“未必”，一转辄成“早已”“必”，此亦惊人之逻辑也。且朱君亦曾引《备梯》篇云：“子墨子其（甚）哀之，乃管酒垙（□）脯，寄于大（泰）山……以樵（谯）禽子。”则其守圉学之传授，乃在鲁而不在宋，已有明证。朱君又谓（一）“由鲁运宋，区区三百人，所持一切守圉之器，数日之内达到宋国必不能多，未必能当楚国数万之干戈”。按墨子但言“臣守圉之器”，未言“一切守圉之器”也，禽滑釐等但赍宋国之所无者足矣。朱君殆以为需他地之助，则必宋城中一切守圉之器皆无耶？朱君亦知其言之难成理也，故又曰（二）“即使三百人专持鲁地所产之铁兵与夫别种守圉之器……恐亦非数日所能输送”。朱君“恐”之，然何以证明禽滑釐等之不能耶？又曰（三）“且使墨向未仕宋，其弟子禽滑釐等与宋毫无关系，宋未必肯举国以从”。按墨子等曾否仕宋，与其赍自他国之守圉器之是否宋产毫无关系，前已言之，况诸器非宋所有已有明证耶！且宋国此时为何时耶？社稷存亡，系于一发。苟有拯之者，宁因关系之有无浅深而为迎拒乎？又曰（四）“墨子于鲁既不在官，鲁国所制兵器如何可使其弟子随便取携，输送出境?”按墨子明云“持臣守圉之器”，乃私人所有，与鲁国官府何涉？是时墨子已名重于世，时备鲁君咨询（见《鲁问》篇），岂如今日平民有“私藏军械”之惧哉？又曰（五）“墨子平日未必预积私财，自造兵器，以供毫无关系之各国所用”。按朱君未免小视墨子矣。“墨子兼爱，摩顶放踵而利天下者，为之”，何计及各国之有无关系？墨子固未必无私财；即尔，其弟子三百人可与共生共死者，岂皆穷措大哉？又谓（六）“楚惠王三十四年灭蔡，楚简王元年灭莒，《墨子·非攻中》篇均言及。蔡亡、莒亡与楚之将代宋之事，前后相去皆不过数年。墨子既以非攻，出死力代人守国御敌，何以不出鲁国所制守圉之器以救蔡莒，而听其灭亡？”按蔡莒之亡在墨子救宋之前，或此时墨子守圉之具尚未制备，或墨子闻知时，蔡莒已为楚据，虽救亦不及（墨家固善守不能攻，且非攻也），此皆可能之解释，不能执前说以断其所用守器为宋产，况其非宋所有，已有明证耶！朱君又引《孟子》记卫人庾公之斯“抽矢扣轮去其金”事，因“孟后于墨，卫近于鲁”，遂谓鲁国当不能有铁兵。按地既相隔，情形自殊。《史记·货殖列传》记战国以降之经济状况，于鲁则云：“鲁人俗俭啬，而曹邴氏尤甚，以铁冶起富至巨万。”则鲁国实饶于铁矿而精于锻冶。即舍其他证据不论，安见墨子时无用铁兵之可能耶？

朱君又发现《备梯》篇“寄于大（泰）山”之语，与其前此“墨子因楚欲攻宋为守城而作《备城》以下数篇”之假设（吾人前此亦沿用此假设）相冲突。此发现实吾人辨论中之最良结果。由《备梯》篇之证据观之，则《备城门》等篇实不作于宋而作于鲁可知，而吾人铁器先行于北方之说因得更坚强之旁证。然朱君仍欲回护其铁矢、铁錍为宋器之说，因假定“在宋墨者因禽滑釐为宋守城而有《备城》之传说与记载”。又谓“事隔数世，传述不免有所增益错误，不特与事实不符，即与本书《公输》篇所载其事亦不能相合，何可作为铁证哉？”由此以观，则朱君承认《备城门》等篇为墨子后数世之传说，而（二）不能作为确据。由后之说，则朱君用以证明铁器先行于南方，为自相矛盾。由前之说，则此数篇至早当作于战国中叶。若此而可为铁兵先行于宋之证，则是时“韩卒之剑戟皆出于冥山……当敌斩坚甲铁幕”(《史记·苏秦传》)，更可为铁兵先行于北方之铁证矣。

又朱君根据宋本《太平御览》引《墨子》佚文中一“作”字，以断定云梯为楚将伐时公输所创，因言《备梯》篇与事实不符。此理由亦极脆弱。无论类书转引，不无差误，更无论一本之异文，不可为据；且上文云“公输般为楚造云梯”不云创作，可为反证。

吾人前引《逸周书》及《中庸》，朱君指为伪书不可据，不知伪书与伪事不容混为一谈。书虽伪，而其所纪与真书(《墨子》)契协，自可引为旁证。吾人取之，正此意也。假设《中庸》果为汉人伪作，其所载孔子之言全不可据，则汉人所作之《吴越春秋》及《越绝书》，内中所记春秋时事，其可靠程度，视《中庸》又相差几何？吾人试进而考之，则知二书虽不伪，其所记事实伪。而朱君沿章鸿钊君引以为铁兵先行于南方之证据，实根本不能成立。何以言之？

欧冶之铸剑，汉人此二书中始言其用铁。据战国时人所记，实用铜锡。《荀子》云：“刑范正金锡美，工冶巧，火齐得，剖刑而莫邪已。”《韩非子》云：“夫视锻锡而察青黄，欧冶不能必以剑。”此二书之不可据一也。

又《周礼·考工记》云：“吴粤之剑迁乎其地不能为良，地气然也。……吴粤之金锡此材之美者也。”是吴越之特殊矿产乃铜锡而非铁，则“迁乎其地不能为良”者，宜为铜剑。此二书之不可据二也。

二书记欧冶铸剑历久不成，其夫妇二人乃断爪发投火中，并使童男童女数百人鼓橐送炭，而干将、莫邪立成。此种神话化之传说，稍有近代常识之史家决难置信。此二书之不可据三也。

郭璞(注)《山海经》，谓：“汲郡冢中得铜剑一枚，长三尺五寸，所谓干将也。”郭璞生当汲冢发现之时，其言可信，是则从实物证，可知二书之不可据四也。

章鸿钊君之引此二书，已致疑辞，今详考之而益信。惜乎朱君用章君之论证，而未暇注意其旁注也。

以上讨论铁器先行于北方之问题竟。此外枝叶问题，吾人为集中论点及节省篇幅起见，不能遍及。读者但取本刊第一次答书(三十二及三十三及三十四期)与朱君叠次来书比而观之，自能辨其得失矣。

原载《大公报·文学副刊》第46期，1928年11月19日

评杨鸿烈《大思想家袁枚评传》

一

往者新文化运动之口号之一曰“一切重新估价”，此口号应用于历史上则生两种效果：一则务唾辱旧日所尊崇之人物，美称之则曰“打倒偶像”；一则务推奉旧日所鄙夷之人物，美称之则曰“打抱不平”。此一抑一扬之间，饶有立异标新、震骇世俗之资料，而其事又极易也。何易乎？取一家之书，东抄一段，西撮一句，加上易卜生行为派、科学精神、实验方法等字眼，加上光芒万丈（不足则益以十万丈）、前无古人等考语，而“造时代”（epoch-making）之书成矣。岂不易乎！此“大某某家某某”之所以日多也，其中之一为袁枚。

素痴曰：予读杨鸿烈君《大思想家袁枚评传》（商务印书馆出版，列入《国学小丛书》，定价八角）之结论一章，而不知何以自处也。杨君之言曰：“说到（袁枚）先生的学识方面，除非是有神怪魄力的天字第一号的大学者，才敢说先生有些微小慧、无甚学识的话，其余最大多数如著者一样的人，早已经五体投地、钦佩无极的了。”呜呼，予将“五体投地钦佩(袁枚)无极”欤，抑将自命为“有神怪魄力的天字第一号的大学者”欤？二者俱不能，则将何以自处欤？虽然，此种私人之困难，非杨君所暇顾及矣。杨君精神之所注，已于其“开场白”中(原书第一页)说明矣，曰：“记得胡适之先生第一次给我的信有说，我是爱打抱不平的，生平最喜欢表彰那些埋没了的学者和文人。”杨君此书，首导言，次年谱，又次袁枚思想之根本，以下则述其“人生哲学”、文学、史学、“政治经济学和法律学”“教育学”“民俗学”、食物学，非袁氏不能为尔许“学”，亦非杨君不能述尔许“学”也。

二

不知学术史之大势，无充分之学术史常识者，不足与言一家之学。以不明一家在历史上之地位，则无从评判其价值，必致“见橐驼言马肿背”而动辄“五体投地”为过劳也。杨君推崇袁氏对于宋儒“去人欲存天理”说之攻击，以为戴震以前之惟一人，一若其发前人所未发者。不知宋儒窒欲之说在清初已成强弩之末，陈乾初、费燕峰辈已明揭反叛之旗，而代以适情瞰节之说(参看黄梨洲《南雷文定陈乾初墓志铭》及费燕峰《弘道书统典论》)。袁氏纵未必直挹其余流，亦不过时代精神之后来的展现，何足大惊小怪。且袁氏决非深澈自忠之思想家也。盖其人薄有聪明，少年得意，席丰履厚，放纵自恣，与俗同污，淫荡无耻，则借情欲神圣之说以自解自文。然犹未足也，则昌言曰：“妇人从一而男子有媵侍。何也？曰此先王所以扶阳而抑阴也。狗彘不可食人食，而人可食狗彘。何也？曰此先王所以贵清而贱浊。二者皆先王之深意也。”求其说之根据于良心、于理智而不可得，则归之于先王之深意。呜呼！先王，先王，天下古今几多罪恶假汝之名以行。然今之所谓大思想家，所谓“解放思想界的束缚，尊重思想的自由”者（原书一四九页），固如是也。然此犹未足也。先王之深意不过抑阴扶阳而已，何以解于“两雄相悦，数典殊稀”“若从内助论勋伐，合使夫人让诰封”之说欤？毋宁曰：先王之深意，扶我袁枚，而抑其余人类也。尤有妙绝言说者，杨君于原书第一四九页称颂袁枚“解放思想界的束缚，尊重思想的自由”，第一五一页却引袁枚诘难友人之言曰：“先生来书尊皇上为尧舜。尧舜之言，先生又不以为然，何也？”吾亦为复一声曰“何也？”

三

杨君曰：“袁先生所有对于文学的各种见解，在中国可谓独具只眼、光芒万丈的了。”读者请拭目一观万丈之光芒：

> 且从古文章，皆自言所得，未有为优孟衣冠，代人作语者。惟时文与戏曲则皆以描写口吻为工。……犹之优人，忽而胡妲，忽而忠臣孝子，忽而淫妇奸臣，皆其体之所以卑也。……此处不暇论纲常名教而先论文章体裁。

杨君之引此文（原书第六五页）旁加密圈，具见其五体投地。依袁氏光芒万丈之见，一切文学体裁皆当为主观的、抒情诗的；一切客观的文学，如戏曲（推而至于小说之不带自传性质者及史诗）之类，皆当拉杂摧烧，而莎士比亚及莫里哀及歌德等辈首当请出文学领域外矣。懿哉！曰然则袁氏反对八股文非欤，曰袁氏之反对八股文是，其所以反对之者则非。夫八股文之所以卑者，非由其代人立言，乃因其题材之限制、格式之限制及目的之贱耳。试读《桃花扇》中柳敬亭为左良玉讲《大师挚适齐》一章，何尝非代人立言，何尝不与八股同类？然却慷慨动人，为书中精彩之一段。语其实，一切纯粹文学大半为代人立言（即自传体亦非例外），而有赖于"描写口吻为工"。充袁枚之说，则文学只能限于写景与自白，古今论文之荒谬未有甚于袁枚者也。

杨君述袁枚论诗，极力推崇其以"爱情为诗的生命"（第一七八页），实则袁枚只知有淫欲，乌知所谓爱情！其所口笔不离者，赠妓弄妾之秽作，"桑间濮上之变风"而已（变谓变女为男也）。夫中外情诗之伟大者，在其能净化，能理想化耳。至若袁枚所作，不过下等之眩惑，而章实斋所谓"导欲宣淫之具"而已，何足以言文学！

袁氏虽卑鄙，然犹不敢尽背健康之正论，故其说诗教曰："即如温柔敦厚四字，亦不过诗教之一端，不必篇篇如是。"虽曰"不过"，犹不能不承认其为"一端"也。而杨君之述此论，则谓袁枚"论诗的功用，只在心里的愉快"（第一七七页），不亦厚诬袁枚欤？

杨君谓袁枚"最反对那个在中国史学界如天之经、地之义的垂训主义"。按袁枚并非反对历史可垂训戒者，故曰："史者，衡也、鉴也，狭曲蒙匡也。国家人物政事则受衡受鉴，而盛载于蒙匡者也。"袁氏所反对者，叙述外之"褒贬抑扬"耳，此则四百年前郑渔仲已摈斥之，而早已不成"天之经、地之义"。袁枚不过仍袭成说，而杨君盛称之，此又“见橐驼言马肿背”之一端也。

其附会可笑者，举两例如下。

(一)杨君于袁氏论“今之经，昔之史也”一段下，附言曰(第二〇二页)：

这“六经皆史”一句话，胡适之先生诠释得最好。“我们必须先晓得‘盈天地间一切著作皆史也’这一句总纲，然后可以晓得‘六经皆史也’这一条子目”。这里也可借来说，“既然一切著作都是史料，而古经都是先王所传的言，故皆有史料的价值”。

不知盈天地著作皆史，章实斋曾有是言，故胡适之诠释是也。袁枚则但言六经皆史，而未言一切著作皆史，安得以部分该全体，而断定袁枚之前提亦与章氏相同。

(二)袁氏云：“孩提之童无不知爱其亲者。非爱其亲也，爱其乳也。……今将致其索乳之良知而扩充之，则徒近乎告子食色为性之说，而与圣道愈远。”杨君释之曰：“以告子食色为性之说当做与圣道愈远，这样说教育能力之大，其植机颇得近日最时髦的行为派心理学的根据。”(第二六八页)按袁枚否认爱亲为良知，而未尝否能爱乳为本能也。其反对告子之说者，盖误认告子之所谓性有善的评价之意义，非以求乳为后天教育的成绩也。此又可见作者比附阿谀之殷，急不暇择也。

署名“素痴”，原载《大公报·文学副刊》第43期，1928年10月29日

评胡适《白话文学史》上卷

去年北京文化学社曾刊行胡适君《白话文学史》讲义稿。该稿近经胡君根本改编，遂为此书，仅成上卷，凡四百七十八页，每册定价一元七角，上海新月书店印行。内容起汉迄中唐，为十六章，都二十余万言，其中诗文选录约占三分之一以上。胡君自言，“这书虽名为《白话文学史》，其实是中国文学史”，盖以白话文学为主体，而传统文学为背景云。此书之主要贡献，盖有三焉。

（一）方法上，于我国文学史之著作中，辟一新谿径。旧有文学通史，大抵纵的方面按朝代而平铺，横的方面为人名辞典及作品辞典之糅合；若夫趋势之变迁、贯络之线索、时代之精神、作家之特性，所未遑多及。而胡君特于此诸方面加意。

（二）新方面之增拓。如《佛教的翻译文学》两章，其材料皆前此文学史上作家所未尝注意，而胡君始取之而加以整理组织，以便于一般读者之领会也。

（三）新考证、新见解。如《自序》十四及十五页所举王梵志与寒山之考证、白话文学之来源及天宝乱后文学之特别色彩等，有极坚确不易者。至其白话文之简洁流畅，犹余事也。

然吾人读胡君之书，认为有可商榷者数端。

(一)本书名“白话文学史”，吾人一顾其名，便不禁追问白话之定义。胡君曰：

> 我把白话文学的范围放得很大，故包括旧文学中那些明白清楚、近于说话的作品。我从前曾说过：“白话”有三个意思。(一)是戏台上说白的白，就是说得出、听得懂的话。(二)是清白的白，就是不加粉饰的话。(三)是明白的白，就是明白晓畅的话。依这三个标准，我认定《史记》《汉书》里有许多白话，古乐府歌辞大部分是白话的，佛书译本的文字也是当时的白话或近乎白话，唐人的诗歌，尤其是乐府绝句也有很多的白话作品。那样宽大的范围之下还有不及格而被摈斥的，那真是僵死的文字了。(《自序》一三页)

吾人观此定义，其最大缺点即将语言学上之标准与一派文学评价之标准混乱为一。夫朴素之与华饰，浅显之与蕴深，其间是否可有轩轾之分，兹且不论。用文言之文法及 vocabulary 为主而浅白朴素之文字，吾人可包括之于白话，然用语体亦可为蕴深或有粉饰之文笔，吾人将不认其为白话文乎？胡君之所谓白话，非与文言之对待，而为 wordsworthian 之与 non-wordsworthian 之对待。审如是，则直名其书为中国之 wordsworthian 文学史可耳，何必用白话之名以淆视听哉？吾人以为白话之定义当如下：

以**语体之文法及“词笥”**(vocabulary)**为主之文字**(当然可采用文言之文法及词笥)**为白话文**。

反之，以古书中之文法及词筒为主之文字，为文言文。文言文亦可吸用语体之文法及词筒，故一时代有一时代之文言，非固定僵死，然与白话却不能混而为一。准此以观，则《史记》《汉书》、古乐府歌辞之大部分、佛书译本及唐人诗歌皆非白话，而宋词亦非白话也。且如胡君之标准，何以翻译佛书可入白话文学，而《世说新语》却不及格，而当为“僵死文学”。又如：

归来宴平乐，美酒斗十千。脍鲤臇胎虾，炮鳖炙熊蹯。鸣俦啸匹侣，列坐竟长筵。连翩击鞠壤，巧捷惟万端。（曹植《名都篇》，见六五页所引）

可为白话文学，而同一作者之：

其形也翩若惊鸿，婉若游龙。荣曜秋菊，华茂春松。髣髴兮若轻云之蔽月，飘飖兮若流风之回雪。远而望之，皎若太阳升朝霞；迫而察之，灼若芙蕖之出绿波。（《洛神赋》）

其晓畅及可解之程度未逊于前，何以却不合格，而当为“僵死文学”？以上不过略举一二例，亦可以见胡君去取之多由主观也。

（二）由上节之说，则文言文（别于语体之文或称古文）随时吸收新材料、新生力，而未尝僵死。（注意文言文与语体文之优劣不在此处讨论范围。）然胡君谓其在汉武帝时已作古矣，则请闻其说。胡君曰：

> 汉武帝时，公孙宏〔弘〕做丞相，奏曰："臣谨案诏书律令下者，明天人分际，通古今之谊。文章尔雅，训辞深厚，恩施甚美，小吏浅闻，弗能究宣，无以明布谕下。"这可见当时不但小百姓看不懂那"文章尔雅"的诏书律令，就是那班小官也不懂得。这可见古文在那个时候已成了一种死文字了。(四页)

然胡君在隔三章后，却又曰：

> 试举汉代的应用散文作例。汉初的诏令都是很朴实的，例如那有名的汉文帝遗诏……这是很近于白话的。直到昭宣之间，诏令还是这样的，如昭帝始元二年诏……又如元凤二年诏……这竟是说话了。(四六至四七页)

夫前言汉武帝时之诏令已文笔艰深，以证明古文之已死；后却言直至昭、宣之间，诏令尚是明白如话。夫上文所引昭、宣诸诏，犹是古文也。胡君之说，岂非自相矛盾哉？实则公孙宏〔弘〕之所谓"尔雅艰深"，似指内容而不指形式，故直至昭、宣之时，虽有"文学掌故"而诏令仍明白如话也。察胡君致误之由，盖以凡小吏百姓"看不懂"者皆为"死文字"，凡古文(文言)皆是小吏百姓"看不懂"者。不知《盘庚》《周颂》固为古文，《论语》《左》《国》《史》《汉》亦为古文(别于当时语体)。古文为之而简洁，固可使明白如话，如上所举三诏是也。此固一派文言文作者之所追求，而虚浮之词藻、矫揉之雕琢，固亦彼等之所极力攻击也。

(三)论及我国故事诗之兴起，胡君谓："建安、泰始之间，有蔡琰的长篇自纪诗(《悲愤诗》)，有左延年与傅玄记秦女休故事的诗，此外定有不少的故事诗流传于民间。……故事诗之趋势已传染到少数文人了。故事诗的时期已到了，故事诗的杰作要出来了。”而此杰作即为《孔雀东南飞》云。按蔡琰《悲愤诗》实后人依托之作，苏轼《仇池笔记》及阎若璩《古文尚书疏证》中已先后疑之矣。考《后汉书·列女传》，献帝“兴平中，天下丧乱，文姬为虏所获”。兴平元年距董卓之诛已二年，是蔡琰之被虏乃在董卓诛后，然自愤诗乃云：“汉季失权柄，董卓乱天常。……卓众来东下，金甲耀日光。平土人脆弱，来兵皆胡羌。猎野围城邑，所向悉破亡。……马边悬男头，马后载妇女。长驱西入关……岂复惜性命，不堪其詈骂。……彼苍者何辜，乃遭此戹祸。”是谓琰乃当董卓强迫迁都时，为其手下胡兵所虏，显与事实不符。吾人固或当疑《后汉书》所记有误，然吾人知董卓一生极推崇蔡邕，辟之高位，岂有其爱女反为董卓手下兵所虏之理？即或误被虏，亦何难立赎之返，而任其羁留？可知琰之被虏必在父死之后，而蔡邕之见杀于王允乃在董卓伏诛之后，故知蔡琰必不致当迁都时为董卓兵所虏，而《悲愤诗》为伪作也。大抵文姬以名父之女，陷没胡虏，曹操以盖世之雄，挥金营赎，其事颇喧动一时。流传既久，真迹略晦，好事文人竞托其辞为诗歌，故有五言《悲愤诗》、七言《悲愤诗》及《胡笳十八拍》诸作，此外或尚有之。而前二种出现于刘宋之前，故范晔《后汉书》得采之入传。

魏晋之际，叙事诗最长者，如左延年及傅玄之《秦女休行》，不过三四十句、二三百字。更长者如《悲愤诗》，一百零八句、五百四十字，已非其时之产物。就长篇之叙事而论，《悲愤诗》差可与《孔雀东南飞》比，而《秦女休行》两篇则非其伦也。故《秦女休行》而后有《悲愤诗》(大约晋宋之交),《悲愤诗》之后有《孔雀东南飞》(大约宋齐之交),诗体进化之渐则然也。胡君误认《悲愤诗》作于建安,遂断定建安、泰始间长篇叙事诗出现之时机已到,又信《孔雀东南飞》为此时之产物,以为恰与前说谐协,然《孔雀东南飞》之为晋宋以后、梁陈以前之作,今殆可断定。

胡君书中关于《孔雀东南飞》时代之考证,曾提前在《现代评论》第六卷第一、第四、第九期发表。在今书出版之前,张为骐君曾为《〈孔雀东南飞〉祛疑》一文(见去年十一月《国学月报》二卷十一期)反驳之。张君(1)以诗中"交广"之分,证明其不能作于吴孙休永安七年以前。(2)以下官之称,证明其作于刘宋以前。(3)以青庐之名,证明其作于北胡侵入以后。吾人认为皆极确当,惟张君举诗中仪作玄〔支〕韵,又云魏文帝诗已如此,此点与胡君主张《孔雀东南飞》作于三世纪中(去曹丕之死不远)之说并非不相立,故此证可不用。此外如初七、下九、六合、四角、龙子幡、织素、丝履之注意,及诗中大家子、郎君、府君之用法,虽不见于现存汉人记载,然不能断定三世纪中叶不能有之,因此处未具适用"默证"(argument from silence)之条件,不能应用默证,史法所应尔,非"过于审慎"也。又张君断定诗中"华山"二字决非地名,而用宋少帝时《华山畿》之典故,惟未举出理由。吾人窃以为本诗中有同类之例,可为佐证。其叙焦母语仲卿云"东家有贤女,自名秦罗敷",此处用汉乐府《日出东南隅》中之典故,而作为此时实有之事,与"两家求合葬,合葬华山傍"之用《华山畿》典故,正为同类。然胡君尚没法躲避考证上之攻击,故曰:

> 但我深信这篇故事诗流传在民间，经过三百多年之久(二三〇—五五〇)，方才收在《玉台新咏》里，方才有最后的写定。其间自然经过了无数民众的减增修削，添上了不少的本地风光……(一〇〇至一〇一页)

往者黄节君答陆侃如，亦曾为与此略同之说(原函见《国学月报》)。然但就此假说本身而论，实极含糊，而使其“《孔雀东南飞》的创作大概去那个故事本身的年代不远”一语之意义亦因之飘摇不定。胡君所谓“增减修削添”，其程度上果何如耶？或原作不过二三十句，如《秦女休行》之类，至齐梁而增成现今之形式，此亦胡君之假说所容许也。审如是，则毋宁谓其作于齐梁间乎？且就诗体之进化而论，此假说实不如谓其作于齐梁间之为优也。

胡君又反问曰：

> 若这故事产生于三世纪之初，而此诗作于五六世纪，那么，当那个没有刻板印书的时代，当那个长期纷乱割据的时代，这个故事怎样流传到二三百年后的诗人手里呢？(一〇二页)

此实极无理之反问。吾人请同样反问曰：“当那个没有刻板印书的时候，当那个长期纷乱割据的时代，曹子建之诗又怎样流传到二三百年后的诗人手里呢?”夫彼故事，若著于琐记，吾人不解其何以不能传至二三百年后；不然，播为民间传说(不取诗歌形式)，吾人亦不解何以不能传至二三百年以后。胡君受主观影响之深，有如此也。

（四）胡君以诗与人间生活相距之远近，而定“李杜优劣”，此标准未免偏于写实的与实用的，然见仁见智，随观点而殊，吾人不必多论。惟胡君论李白之人格，则未窥其真，胡君谓：

> 李白虽作乐府歌词，他似乎不曾用此作求功名的门路。（二八三页）
>
> 他似乎不屑单靠文词进身，故他的态度很放肆，很倨傲，天子还呼唤不到他，高力士自然只配替他脱靴了。（二八四页）
>
> 他始终保持他的高傲狂放的意气……他这种藐视天子而奴使高力士的气魄，在那一群抱着乐府新诗奔走公主中贵之门的诗人之中，真是黄庭坚所谓“太白豪放，人中凤凰麒麟”了。（二八五页）

是未免将李白理想化矣。

其实李白未尝不“弹铗作歌奏苦声，曳裾王门不称情”。虽不称情，亦既为之矣。王门之与公主中贵之门果何异耶？其上贵官安州李长史书：“敢以近所为《春游救苦寺》诗一首十韵、《石岩寺》诗一首八韵、《上杨都尉》诗一首三十韵……幸乞详览。”（本集卷二十六）其上韩荆州自荐，亦言：“至于制作，积成卷轴，则欲尘秽视听……若赐观刍荛……退归闲轩缮写呈上。”其以诗词为“求功名之门路”明矣。然犹未考其《上安州裴长史书》之自卑也。白于裴氏：“承颜接辞八九度矣，常欲一雪心迹，崎岖未便，何图谤言忽生，众口攒毁，将恐投杼下客。”因上此书，历言已学如何博、才如何高、品格如何优、声名如何大，末言：“愿君侯惠以大遇，洞开心颜，终乎前恩，再辱英眄。……若赫然作威，加以大怒，不许门下，遂之长途，白即膝行于前，再拜而去”。吾人亦认此种词语带有几分 conventinality，然岂亦豪放之“人中凤凰麒麟”所肯出耶?

然则遂以李白为无耻之猥人耶?曰又不然。盖以诗文为进阶，趋权贵以求用，乃当时普遍之风习，李白亦无例外，亦犹其醉后“天子呼来不上船”，命“高力士脱靴”为盛唐“解放之时代”(参看胡书二六四至二六五页)所不为骇怪。等是不能用以判断其人格之全体。李白之所以比较高上者，在其“曳裾王门”而“不称情”耳。此种内心之冲突，乃天才者(包括道德的天才)之所以异乎流俗人，而亦其痛苦之源也(注：吾非谓有此种冲突，则其行为之高下可不论)。且李白内心之冲突，实不止高傲之与卑抑，出世之与入世亦其一端也。胡君谓：

> 李白究竟是一个山林隐士，他是个出世之士，贺知章所谓“天上谪仙人”。(二九二页)

并引“我本楚狂人”一诗为证，并谓“这才是真正的李白”。诚然，彼有时实持此种态度，然有时却与此相反。当彼谓：

> 苟无济代(世)心，独善亦何益?

或谓：

> 余亦草间人，颇怀拯物情。

时，其中心之诚恳，正如其谓“我本楚狂人……”时，胡君以其为应酬赠答诗中之套语，盖未知李白也。试观李白假其友人之口自述曰：

近者逸人李白自峨眉而来，尔其天为容，道为貌，不屈己，不干人。巢、由以来，一人而已。乃蚪蟠龟息，遁乎此山。仆尝弄之以绿绮，卧之以碧云，漱之以琼液，饵之以金砂。既而童颜益春，真气愈茂。将欲倚剑天外，持弓扶桑。浮四海，横八荒。出宇宙之寥廓，登云天之渺茫。俄而李公仰天长吁，谓其友曰：吾未可去也。吾与尔，达则兼济天下，穷则独善一身。安能餐君紫霞，荫君青松，乘君鸾鹤，驾君虬龙，一朝飞腾，为方丈、蓬莱之人耳，此则未可也。乃相与卷其丹书，匣其瑶瑟，申管、晏之谈，谋帝王之术。奋其制能，愿为辅弼，使寰区大定，海县清一。(《代寿山答孟少府移文书》，本集卷二十六)

其与杜甫“致君尧舜上，再使风俗淳”之志何尝多让？不然，彼何为汲汲然献诗大吏，曳裾王门，何为而附助永王璘？毋亦不奈一点入世之情耳。盖李白一生实为无穷之冲突，欲遁世而心不甘，欲入世而时不遇，彷徨飘摇，莫适所可。杜甫赠李白诗所谓：

痛饮狂歌空度日，飞扬跋扈为谁雄。

此十四字，写尽李白之心境矣。冲静闲逸之隐士生活，李白盖无福消受也。质之胡君，以为何如?

署名“素痴”，原载《大公报·文学副刊》第48期，1928年12月3日

评雪林女士《李义山恋爱事迹考》

李义山诗，有一部分素称隐僻。旧日笺注，大都以寓言遭际，或隐讽时事解之，虽间有微中，而类多牵强。近有雪林女士，著《李义山恋爱事迹考》，上海北新书局出版，定价三角半。谓李义山与一女道士及两宫嫔，曾有旧日所谓“偷香窃玉”，而雪林女士用今语称为“恋爱”之关系，其隐僻之作，即“夫子自道”之诗谜云。作者悬断之“事迹”，多从诗中推出，什九缺乏历史的根据。虽其《自序》中谓此不过为一种假设，而正文中处处用肯定口气，动谓已得证明，盖其想像之敏活，远超过其判断之谨严也。

夫历史的批评，只能以作者生平之事迹解释其作品，不能据作品中之细节以推断作者生平之事迹。盖文学作品（除明言为记实者外）与历史记录殊科，其中所表现之情感、所陈叙之事实，不必为作者所亲历。即所谓“自传的”作品，亦仅能予人以作者之生活或性格之“普通印象”，盖真事与幻境已经作者融和织合，非有直接之史证，无从知其中何部分为作者之自传。此理之至明也。设有人据《红楼梦》中“魇魔法叔嫂逢五鬼”一回或“诉肺腑心迷活宝玉”一回，而作曹雪芹传，读者当无不失笑。而雪林女士仅据义山《无题》《明日》《曲池》《如有》诸诗，乃能知义山“与宫嫔聚首以至分手的情形，层次井井。(1)夜间至窗下用琴瑟玉珂为暗号。(2)因隔院尚有文宗、杨妃等，不敢惊动，故上下时蹑足屏声。(3)进由斜门，幽会则在小阁中；为防人冲进起见，有时下锁……”云云。此书最大之功用，盖在使人解颐矣。虽然，雪林女士此书，不无一二独得之见解，又当分别论之。

(一)作者谓义山曾与华阳观女道士宋某有交游(甚或有恋慕之情)，此事实之可成立者，集中有《月夜重寄宋华阳姊妹》诗云：“偷桃窃药事难兼，十二城中锁彩蟾。应共三英同夜赏，玉楼仍是水精帘。”又《赠华阳宋真人兼寄清都刘先生》诗，有“沦谪千年别帝宸，至今犹谢蕊珠人”之句，可为确证。然作者据“沦谪千年别帝宸”一语，断定宋氏为宫女出身(又引《圣女祠》诗别论)，则未免神经过敏。“沦谪千年”，谓宋女乃谪降人间之仙子，“帝宸”指天上之帝宸，故下句云“至今犹谢蕊珠人”。蕊珠宫，天宫之名也，此赞颂女道士之词也。若谓指其出身后宫，则何得有千年之别？出宫入道，乃由“沦谪”而趋于解脱，与“沦谪”恰恰相反。

又《圣女祠》三诗，作者谓与女道士之恋爱事有关，而圣女祠即隐指女道士所居之华阳观云。按此说极为牵强，其不能成立之故有二：(1)义山集中屡举女道士之姓及华阳之名，原无所忌讳，何为忽隐藏其名，而以圣女祠代之？(2)华阳观在长安城永崇里，而《圣女祠》(五律)诗云：“杳霭逢仙迹，苍茫滞客途。何年归碧落，此路向皇都。”此可见义山之游圣女祠乃在其赴长安之途中，则其祠不在长安可知也。吾意《圣女祠》三诗，皆过其地而志一时之感兴与想像，与集中《华山题王母祠》一类之作品性质相同。作者谓：“只是全诗艳丽芬芳，似写儿女情怀。义山既特绕数百里的道路专诚叩谒圣女祠，不应这样轻佻。”不知圣女祠之所在地，既无可确考，义山是否“特绕数百里道路专诚叩谒”，吾人实无从得知。若夫游楚泽而思梦神女，渡洛水而期遇宓妃，在旧日文人之想像中，原非过分悖理之事，又何讶于义山之轻佻哉？

《碧城》三首，惟第一首描写仙界景象，语意尚可了然，余二首则实“不知所谓，不敢强解”。雪林女士谓乃言女道士与义山失和而别有所爱，此解“莫见洪崖又拍肩”一句可矣，然“《武皇内传》分明在，莫道人间总不知”两句，则又何说？女士乃曰：“女道士之厌弃义山，或因他言语不慎，所以义山有‘《武皇内传》分明在，莫道人间总不知’的辩护。”其想像之巧敏实足惊人。无论按上下文，此二句绝无辩护之口气，且义山又何得以武皇之事自比？与其牵强，无宁阙疑也。

(二)作者谓(1)敬宗纳浙东二舞女，名飞鸾、轻凤。(2)二人乃姊妹，姓卢。(3)敬宗崩，鸾、凤复为文宗(敬宗弟)所纳。姊妹中之一人生子，即蒋王俭。(4)其后开成四年太子被谗死，上意追悔，“即取坊工刘楚才等数人付京兆榜杀之，及禁中女倡十人毙永巷，皆短毁太子者”。(《新唐书·庄恪太子传》)鸾、凤即在十人之列，义山所恋之宫嫔即鸾、凤二人，并举义山诗以实之。

按持此论时，雪林女士所处之地位，视旧日《红楼梦》索隐家更为困难。盖旧日索隐家谓《红楼梦》中某人影某历史的人物，某事影某历史的事实，虽为幻想，惟彼等认为《红楼梦》所影之人物及事实，如高士奇及汤斌毁坏五通祠之类，皆于史可征者也。而雪林女士认为义山诗所指之事，其本身即成问题。关于第一点，作者取证于《杜阳杂编》。其书本不可据，至若敬宗之纳鸾、凤，蒋王俭之为鸾或凤所生，开成四年所杀女倡十人中有鸾、凤在内，皆无历史的证据。不过作者由义山诗中推想而得。盖作者非根据历史以解释义山诗，乃据义山诗以建造史事也。此种建造，实以下列一大前提为基础，谓其所引证之义山诗，皆直叙历史事实，此实无法证明者也。

夫岂惟未得证明，且有反证。(1)《旧唐书·文宗纪》载，文宗即位曾两次放还以前所进舞女，则文宗之纳鸾、凤，其事之或然性极少。(2)雪林女士见义山诗有“新得佳人字莫愁”之句，遂谓鸾、凤姓卢，又见梁武帝《河之水》歌言莫愁，“十六生儿字阿侯”，遂谓义山诗中言“阿侯”乃指鸾或凤之子。又以文宗除庄恪太子外只有蒋王俭，因断定蒋王俭为鸾或凤所生。不知义山诗中之言“阿侯”，并不指其为莫愁之儿子。《无题》一首云：“近知名阿侯，住在小江流。腰细不胜舞，眉长惟是愁。黄金堪作屋，何不作重楼?”则“阿侯”实一女子之名。试问蒋王俭何得“家在小江流”，何得“腰细”(眉长)而“黄金堪作屋”耶？然作者谓义山《无愁果有愁曲》中“十番红桐一齐死”之句，乃指开成四年杀禁中女倡十人之事，则极有可能性；若“十番红桐”指此十人，则谓《景阳宫井双桐》为指此十人中之二人，亦颇有理由。惟二人不必为敬宗所幸之飞鸾、轻凤耳。又《燕台》诗中之“桃叶桃根双姊妹”，其与“双桐”亦不无蛛丝马迹可寻。此数点之阐明，实雪林女士书中之主要贡献，惟其余则未免穿凿附会耳。

署名“素痴”，原载《大公报·文学副刊》第50期，1928年12月17日

评卫聚贤《古史研究》

（上海山东路新月书店出版，定价八角）

据冯沅君“因为胡适之先生事忙而且病了，不能履行为《古史研究》作序的前言。……承受卫先生的嘱托”而作之序中所云：“卫先生考定古籍的方法是很精审的。例如，关于《左传》作者的考定，则就书中所表现著者的学识环境加以推断，而尤其特异的，便是多用统计图表”“而卫先生自信为最精彩的部分当推《国语》作期及《左传》作者两段的考证”。吾人紧记冯君之指引，爰进而游历全书。

当吾人旅程开始之最初，即发现一奇境。《自序》劈头第一句曰：“人类的进化，不外历史的、环境的、本能的三种。”吾人安能不吃惊者，盖自达尔文、斯宾塞以来无此新妙之进化论也。然且看紧接之下文，“就过去的历史，考察他进化的程序；就周围的环境，观察他进化的需要；就自己的本能，计划他进化的工作”。原来关于人类进步之三种观察，竟能一变而成三种“人类的进化”。此是何等笔法！记曩塾师评文，有“一起惊人”之语，惟卫君其足以当之。然此路侧之吸引，吾人且莫流连，前途正迢迢也。［内容共分三部分：(一)《春秋》的研究；(二)《左传》的研究；(三)《国语》的研究。]

吾人探胜之目的，自然趋向“最精彩”之部分。将到此部分时，又有一奇境。作者将《春秋》全书字数统计一编〔遍〕，求得记事用字最多之年，是为《春秋》之“最高点”。又以同样方法求得《左传》之“最高点”，固定为一数学公例：“按《春秋》的最高点后九十余年为《春秋》的著者孔子卒，今由《左传》的最高点亦向后数九十年，当能知《左传》著者的年代。这是用数学中比例法由已知数求未知数。”换言之，凡近世史，记事用字最多之年后九十年，定去作史者之死期不远。作者至此，不禁自危。实告读者诸君，作者亦妄尝有志于近世史，私意若作此书，定以一八四〇年前后用字最多。依照卫君所用“数字中比例法由已知数求未知数”，则作者当于一九三〇年毕命。呜呼！天假余生，不及十日，吾宁不惊惶而失措哉？或慰予曰：“子但将此年提至一六四四年，则九十年后，距君之生尚一百七十余年，自可逍遥于大限之外矣。”予乃爽然若失。

卫君断定《左传》为子夏所作，其中心理由，即《左传》著者之“本能(按当云特长)和环境”与子夏之“本能和环境”相合。吾人于此有两问题：(一)卫君所断定《左传》作者之特长与环境能否成立；(二)卫君所断定子夏之特长与环境能否成立。此两问题一解决，则《左传》为子夏作之说之信否，不言而判矣。

一、关于《左传》作者之特长与环境者

(甲)卫君以(1)《武经七书》引用书目的有《左氏兵法测要》一

书；(2)三国时关羽、吕蒙素称善战，常观《左氏》，得于其书不少，谓为《左氏》作者为一军事学家之证据。此不能成立者，后人之推测不能断定作者本相。旧时陋儒曾“测”得先秦已知电学，六朝已发明汽船矣。今之学者，且有谓墨子已明微积学矣。吾人将取以为“证据”乎？旧有“读史兵略”之书矣，吾人将断定一切史书之作者皆军事家乎？至关羽、吕蒙之军事学识，其得力于《左传》者何在？卫君亦未能指出，而徒为笼统之言。若此，彼等所读之书当不止《左传》，因此断定其一切所读之书作者皆为军事学家可乎？按旧日学人多喜从《左传》谈兵者，特因其多记战争之事。而多记战争不足为作者乃军事学家之证，因所记事既非作者所经验，必采自他书或得自传闻。若以此谓《左氏》作者为军事学家，则《史记》及《左传纪事本末》亦同记其事，然则司马迁及高士奇皆军事学家乎？

(乙)作者因《左传》记楚人谓乳“毂”，谓虎“於菟”，遂断定作者曾游楚国，谓作者若未到楚，何以知之。按审如是，则作《方言》之杨雄必曾环游全国乎？

(丙)卫君谓“《左传》记晋(字数)占第一，是《左传》为晋国作品”，又谓“按《国语》虽记晋为第一……《晋语》系取材于《左传》的，是从《左传》抄录来的，不是自己搜集来的史料，故《国语》不适用此例”。然则卫君何以知《左传》所据必为“自己搜来的史料”，而非从他书抄录而来？即为自己搜来之史料，亦何以知其不“抄录”他书，而独能“适用此例”耶？既不能证明《左传》不袭用他书之文，则不能据其中一二方言，以断定作者之所在地。

(丁)卫君在一二六页断定作者所在地为晋，在一二九页则谓“今《左传》于获麟后卫为最详，可知著者所在地在(仍原文)卫了。

前既证明著者的所在地在(仍原文)晋，既在晋当不能又在卫，二者必有一为所在地，一为籍贯”。卫君自以为可以解释其矛盾，而不知实愈弄愈混沌。前证明二者皆为所在地，后忽言二者有一非“所在地”，其自相矛盾一也。既以全部记载之详略为标准，断定所在地为晋，又以获麟以后记载之详略为标准，断定所在地为卫，其自相矛盾二也。以吾人观之，记载之详略，原因甚众，资料留存之多寡一也，重大情事之多寡二也，作者之兴趣三也，偶然之机会(作者出于无心)四也。所在地虽亦为其原因之一，然不能执详略之差以断定其所在地，理极明也。就所在地影响于记载之详细而论，则当时代愈近而愈甚，因愈近则文籍及闻见愈多也。穷卫君理论之逻辑的限度，则所在地当在卫而不在晋，而卫君后来考定所在地乃在卫而不在晋，是自相矛盾三也。

此三处自相矛盾所指示者，为(1)吾人不能以《左传》全部叙述最详之国为著者所在地；(2)吾人更不能谓获麟以后叙述最详之国为著者所在之本籍。换言之，即卫君统计之结果，不能证作者本籍为卫，所在国为晋而已。

又卫君以《左传》有两处称卫故君为先君，因断定作者为卫人，此实预断一未曾证明之前提，即作者此等处非沿袭旧史，未经修改也。况卫君以此两处称先君为作者口气，皆由误解。其一，隐四年云：“卫州吁立，将修先君之怨于郑，而求宠于诸侯。”此“先君”从州吁之观点而言，指州吁之父，“先君之怨”指隐三年郑伐卫也。若从《左传》作者之观点而作此言，则作者当是与卫州吁同时人，即隐公初年人。此岂可能之事乎？其二，僖公三十年，“周、冶杀元咺及子适、子仪，公入祀先君，周、冶既服将命”。此“先君”乃就周歂及冶廑之观点而言。若为《左传》作者之先君，则作者当与周、冶同时而为僖公末年人。此又岂可能之事耶？

二、关于子夏之特长与环境者

(甲)卫君因《孟子》言北宫黝似子夏，而北宫黝善养勇，因断定子夏为军事学家。按有勇不必即为精通兵法之军事学家。

(乙)其言子夏长于《易》，凡所引据皆出汉以后书，不宜置信。

(丙)谓“季氏在鲁专权很久，子夏为莒父宰，与季氏当然有关，故在《左传》中袒于季氏有五六处之多”。此尤荒妄不通之极。孔子为鲁司寇，正当季氏专权之时，亦与季氏有关，然则遂可断定孔子袒季氏乎？

从此上两方面观察之结果，卫君之论已根本动摇。以下证子夏传授《春秋》及撰《春秋传》，其所据资料无一出司马迁以前者。夫使子夏果传《春秋》而撰传，此何等大事，何司马迁以前悠悠数百年之载籍凡言及《春秋》者，竟无片言及之？致司马迁传稽群籍终不能得其丝毫消息耶？即此反证而论，卫君之说已不易成立矣。

今进而观本书之第二“最精彩部分”，即《国语》作期之考定。卫君考定《国语》作期，其用七种方法，其中有五种方法皆不适用，至若适用之当否，更无足论矣。

(甲)比较明显法。卫君仿珂罗倔论《左传真伪考》之方法，将《国语》与《左传》比较，其记事文语略同，而《国语》视《左传》为详明者，则为《国语》采《左传》之证。按卫君之地位与珂罗倔论不同。《史记》明言采《左氏春秋》及《国语》，故其文语与《左》《国》同而比较明显者，可断定为采自《左》《国》。而《国语》则未尝言采《左传》，其契合或由于与《左传》同采一书也。

（乙）记载异同法。以《国语》各国记事与《左传》比较，其有与《左传》相违者，断定其不采《左传》。此证极是，惟其中与《左传》相同者，不能为采《左传》之证。

（丙）布局异同法。卫君所谓布局有二：(1)据事之结果以论行为之得失；(2)引名人评论，或以“君子曰”评论作结。卫君统计《国语》诸篇用此等方法次数之百分比例不同，因断定诸篇之作者各为一人。此法绝不适用。因上述种种布局之应用与否，不全系于作者之嗜好（不尽有 personal equation），如事之结果不如理想所期，则不能据以论得失。某事无名人评论之言，则无当征引。某事无特别意义，则不必赘以“君子曰”之尾。无论如何，即一作者之书内，其用一种“布局”法，在各部分之“次数”(frequency)亦无必同之理。盖必假定作者为极笨拙，其文笔本来极单调而且通统计学，然后能为此论也。

（丁）文体异同法。卫君所谓文体，包对偶、排韵、散文，卫君因《国语》各篇中用此诸体之“次数”不同，断定其各出一手。此论之谬，不必远征，即如卫君之任师，在新文化运动以前之文，一篇之中，时而排，时而散，时而骈，时而骚，时而歌，卫君将执此断定其不出一手乎？又况一书中之各篇乎？要之，(1)作者之书中，其各篇不必全用一种文体；(2)各篇用各种“文体”之“次数”，不必且不能相同。

（戊）逞显本能（按当云特长）法。卫君所谓“本能”，指礼（制）及军事。因各篇记此等事之次数之百分之比例不同，断定其“必非一人作品”。此法之谬误，亦由于忽视客观的成分。因某事与礼制无关，则无从扯上礼制；某事与军旅无关，则无从扯上军事。例如，卫君虽长于统计，使卫君作情书，亦将用统计乎？吾能因其中无统计表，遂断定其与《古史研究》必不出一手乎？

至此，本书中之最精彩部分，吾人涉历已尽。谨书所见，以告来者。此外路旁亦有一二惹人注目之处，如以特长为“本能”（屡见上引），以归纳法为“提纲挈领，摘要录出”，而谓孔子作《春秋》用此法（四一页）之类，未易悉数。不禁令作者联想冯君序中，非如“一般世家子弟自幼便熏陶在学术空气中”之语。从此观点而论，“世家子弟”之“自幼便熏陶在学术空气中”或不无少补欤！

署名“素痴”，原载《大公报·文学副刊》第52期，1928年12月31日

所谓“中国女作家”

新年游市场，于新书摊上得见《孽海花》作者东亚病夫(曾孟朴)父子所主办《真美善》杂志之“女作家专号”。购归读之，乃知今日中国有如许女作家，盛矣！

言作家而特标女子，而必冠以作者之照像(本书如此)，岂其以“一样的眼眉腰，在万千形质中，偏她生得那般软美”(用本书第一页冰心女士语)欤？(然亦有不甚软美者。)抑以女子与著作罕生关系，其或生关系焉，则为难能可贵，而值得特别注意欤？此非作者所能测矣。在昔中国所谓“名士”，每好捧场一二“才女”，或收罗若干“女弟子”以为娱。清之袁枚，其最著之榜样。其流风之被及于后者颇广且远。虽然，在今日正宜提倡严肃之生活以救弊之时代，似不宜扬其颓波也。

自来女作家盖可分为二类。其一，立于著作家之地位而著作，阒然自修，有所见而不得不言，不结纳“名士”以博其揄扬，不假性别以助其作品之吸引力。此类可称为“女子的著作家”。其二，可称为“有著作的女子”。彼等立于女子之传统的地位而著作，以著作为装饰，以性别为其作品之商标，若告人曰“子无轻此，是女子之所作也”。读者但观现今女作家于其作品署名(无论真名或笔名)之下必缀以“女士”二字，便知吾言之不谬。(其用笔名而仍缀“女士”者，是不啻曰“作者之名可隐而作者之为女子亟欲人知”也。昔 Mary Aun Evans 用男名 George Eliot 发表其作品，时人初读之，疑为狄更斯所作，以视今日中国之“女士”辈为何如耶?)不然，何以男子之作品，不闻其署名下缀以“先生”或“男士”二字耶?今日翩翩飞舞于中国“文坛”上之“女作家”，大悉皆“有著作的女子”而已。至若“女子的著作家”乎?盖有之矣，我未之见也。其或闻“女子为此，亦可谓难能”之评语而颦蹙而诉怨者，自身即以女士为其作品之商标者也。

自女学重而女子喜以文自炫，自白话行而操翰不复如前之艰难(此自是良好现象)，自副刊及小杂志多而出版之机会广，女学校中学生，其国文成绩略优者，积数月便可成册。副刊之类，得之如获异珍，且罗索之以为篇幅之光。如本专号中某女士之《一个同性爱的失恋者》及某女士之《不知为你洒了多少眼泪》等等，皆毫无艺术意味之 sentimental rubbish，以充中学国文课卷，至多不过值七十分左右，而乃以厕于“作家”之林，则我国之“女作家”安得不多于长江之鲫乎?

本专号首冠以冰心女士之《赞美所见》一诗，末附女士覆该专号编者书有云:

……这“老前辈”已是壮士暮年，不思驰骋。从前戏集龚有“风云材略已消磨，其奈尊前百感何。吟别恩仇心事涌，侧身天地我蹉跎!”其可为今日之我咏也!……我将来若有作品，不必人家，我自己会四散发表的。

余自愧留意现代文坛也晚，未得知女士当年之“风云材略”为何如，幸读本专号中编者所为《中国现代的女作家》一文，始略闻一二。据编者此文中所引：

> ……作者(冰心女士)在《繁星》中早唱着：“常人的批评和断定，如像一群瞎子，在云外推测月明。”在《春水》《假如我是个作家》中也说过：“我只愿我的作品……不值得赞扬，更不屑得评驳。(素痴按，屑字如非手民之讹，则此句文法上不通。)……没有人批评，更没有人注意。……没个人听闻，没个人念诵，只我自己忧愁、悦乐，或是独对无限的自然能以自由抒写。当我积压的思想发落到纸上，这时，我便要流下快乐之泪了。”(原引不分行，不知是散文抑新诗。)

余窃疑此必非冰心女士之言，而作者误引他人之言也。何也？女士“若有作品……自己会四散发表的”，世人因以得见女士之“风云材略”，何致反愿其作品“没有人批评，更没有人注意，没个人听闻，没个人念诵”乎？此可疑者一。“常人”既如“一群瞎子”，然则读女士之著作者只能有两种人：“常人”与“非常人”，“瞎子”与“非瞎子”。依作者所自许，则凡不能认识女士之“风云材略”者皆“瞎子”，凡能认识女士之“风云材略”者皆为“非常人”。女子之自许，竟为判别“常人”与“非常人”、“瞎子”与“非瞎子”之标准，然则女士非超人不可矣。世鲜有以超人自示于众者，此可疑二也。不然，则前所引及之书札，当不出冰心女士之手矣。二者必有一于此焉。谨志吾疑以谂世之考证者。在此疑未决之前吾岂唯吾，凡天下执批评之笔者皆宜然，于女士之著作不敢有所论列，不然，恐贻“瞎子”之讥也。

《中国现代的女作家》一文中，专段论列之作家凡二十四人，而以雪林女士为殿，所占篇幅特多。作者言：“最后，我们还剩留下一位非常的女作家。伊是如东亚病夫所‘最钦服的于新旧文学都有成功的女作家雪林女士’。（东亚病夫题女士诗集云：‘若向诗坛论王霸，一生低首女青莲。’）我恨这枝枯燥拙劣的文笔，不写出像娄圣德向乔治桑夫人或圣德伴物向莱加米儿夫人那样的讴歌赞颂。”云云，则本专号之所畸重可知矣。据此文所述，知雪林女士即“五六年前……北京高等女子师范……最著名，号称‘四大金刚’之一之苏梅女士，亦即常以小品文字见于《语丝》及《北新半月刊》之绿漪女士”云。平心论之，绿漪女士之小品文确为近今女作家中之翘楚，惟编者之对雪林女士之“讴歌赞颂”未免过于热烈。如女士之《李义山的恋爱事迹考》完全缺乏史法上及文学批评上之常识，本副刊前已评之矣。而编者乃谓：“其实，《李义山的恋爱事迹考》的价值，不但是在国故学方面或考据方面的一大发现，在文学方面也的确是一件大创作。”云云，则亦异矣。

署名“素痴”，原载天津《大公报·文学副刊》第59期，1929年2月25日

论作史之艺术(译)

(美国)甲斯丁·斯密士撰

甲斯丁·斯密士(Justin U. Smith)文学士兼法学博士。旧为美国达脱茂斯(Dartmouth)大学近世史教授，著作颇富。尝以所著《美墨战史》受宝列爵历史奖金(The Pulitzer Historical Prize美金二千圆)及第一次鲁伯脱奖金(Roubat Prize美金一千圆)。前者为每岁美国史著作中之最优者而颁。后者五年一赉，以酬最优著作之关于史地、考古、训话〔诂〕、方言及北美古泉学者。兹所译文原名*On the Art of Writing History*，曾于美国史学会大会宣读，而刊载于《史窥杂志》(*The Historical Outlook*)第十七卷第八号。

文中大意谓历史之目的自在求真。然所谓真者非枯瘪无味之谓也。史家叙述其研究结果，当利用文笔之妙。文笔之妙，不独可以增加读者之兴趣，且有助于真象之状出。史迹固有本身原无兴趣非文笔所能为力者，然不尽如是也。又近日史著，每引证考异脚注连篇，使普通读者望而生畏，一展首页，便不敢再翻。此弊亦宜匡救。凡其所言皆平平无奇，然实深中今日中西史家之通病。盖自近世科学方法应用于史学，质朴无饰，为史家美谈。文学与史于焉析产，夫亦谁得而否之？然矫枉每流于过正，驯至多数史著，味同嚼蜡，无人过问，徒饱鱓〔蠹〕鱼。(历史本为最与人类有关切之学也。)夫损真象以成美观，诚不可为，然有益于真之美，何容摒弃。专门之著作固不因显晦而异其价值，然显矣又何损于其价值耶？无损于已而有利于世，怀铅握椠之士又何惮而不为哉？

再观我国，近十年来"国学"焰张。所谓国学，"其领域什九隶于史"。关于此门，至今固尚乏体大精深之作。然论定期刊物之多，此门实当首选。其他普通定期刊物中，大都此门之论文充斥焉，然可读之文我见鲜矣。大多数或类书目单，或类人名录，或类年代表，或类集句文，或类格言集，或类备忘杂录。然其本题又非此举种种也。论其文或则饾饤陈语堆砌古字，或则文法上、修辞上之错误且不免。吾非谓此类论文毫无用处，更非谓为之者不愈于饱食终日无所用心也。特此类著作而充斥于史学刊物，而操一刊物之笔政者，又以缺乏此类著作为患焉，斯则我国史学界之奇羞矣。西方史家，于作史艺，固多不讲，然上述现象，则所绝无。试任举一西方史学杂志与任一我国史学杂志比观之，便知吾之所言，非无的放矢，窃尝思之，此类著作之病源，与其谓在于求朴，毋宁谓在于苟且。我国载籍最富而多未经治理，稍施涉猎之劳，东挦西扯，便可积稿匡箧。所难者每不在于搜集若干资料，而在于资料之整理与组织。如碎碗于地，不难于拾取若干片，所难者合碎片而复原碗之形耳。今之“国学”家，每只做第一步而亦不全，第二步则鲜或为之，即为之亦草率敷衍，而固可以得著作家之名矣。著述者高贵之事业，欲速者吾人之恒情。国学中乃有如是之捷途，谁不趋焉，谁不止焉？此近十年来国学之所以一倡百和也。此国学定期刊物之所以多也。此上述种种奇文之所以出现也。此其弊犹在浅薄苟且，尚不遑言艺术也。昔万季野之论作史也，曰：“譬如入人之室。始而周其堂寝匽湢。继知见其蓄产礼俗。久之其男女少长性质刚柔轻重贤愚，然后可制其家之事。”（本文多与万氏此言相发明之处，读下便知。）“可制其家之事”，然后可与言作史之艺术。又如写生，必须熟审原物之部位形相，然后可与言渲染丹青也。今日我国史界于讲求“艺术”以前，尚须讲求“功力”。故吾执笔译斯密士此文之际，感触所及，有不能已于言者如上，读者或不病其疣赘乎！

大抵凡人对于历史皆感真切之兴趣，第自觉与不自觉殊耳。亦犹其于地理学然，平时或以枯涩死板诋之，及其裹粮远游，则异致矣。无论于地理或历史，兴趣之轩轾，大率视乎所以表述之之道如何。是故作史之最良方法，所关綦重也。且也此艺之近状足使闳大而保守之史学会社（指演讲所在之会），犹为之扰扰不宁，则凡学习而从事于此艺者，谁不当贡其千虑之一得欤？

历史者何？无乎不是而无乎是。凡曾读此间之众答者，当无不作此感也。然无论众说何云，历史者，其职任固在以曾经实现之事告人也，以真事告人也。惟然则为之者，当尽力所能至以求其正确、忠实、圆满。夫历史者固表现之艺术也(representative art)。表现之事非他，即是表现。故史家当使实在者成其为实在，使其显立于前，使其形存体具，使其圆满，使其真而一如其昔日所为所现之原状焉。凡有生命之物，表现之者，不容剥夺其生命。然世有尽反此原则者，其主张上纵不尔，实施则然也。夫使出诸化工之手者，而为榨干之紫罗兰，或茅絮充塞之羚羊标本，则吾复奚言。若不尔者，则上述原则，实与数学上公理有同等之价值，且当纳之于公理之类也。

粗略言之，历史可分为二类：二者相重叠而不易分判。其(一)可称为专深之作，其所涉范围比较狭小。而经极彻底之研究，大部分或全部分根据作者自力之探索。其(二)为通博之作，其所涉者广，而作者大率凭藉其他学者探索之功。

第一类具历史素质特富。依其定义，即以澈底为鹄。责任全由作者自负，全书有一贯之方法。其可为希世求利之具者绝鲜。此其研究结果，实具根本之价值。盖由专深之历史，可产生通博之历史，而反是则不能也。故本文专就第一类立论。至若有第一类进于第二类，则神而明者存乎其人矣。

既具善意(good sense)与忠实，而从事撰作专史。其所切需者，厥为澈底之探讨。关于此着，例如资料之考证与比较之类，其必当遵循谨严之科学方法，自不待言。如此探讨，则不独可得完备正确之智识，且可消除偏见，盖智识者成见之死敌也。以上所言之原理，尽人皆无异议者也。

然若论原理之实施，则龋龁立起焉。有一等史家其所以宝贵历史者，似全在历史能予彼等以探讨之机会。在彼等观之，探索者乃目的而非手段。其以为手段者，则获得学术界地位之手段而已。此固自然之势。大凡心有所专之人，眼中只有其所专之对象。是故在热心之教士观之，人者盖为礼拜而造。昔者罗斯福大佐驻军古巴，力请陆军部颁发轻便之军衣，以代通常厚毛之制服。部中经管之官吏昌言曰："异哉，吾措置诸事，方稍顺利，今吾子以此次战事乃尽推翻之哉?"以彼之意，一若师旅乃为彼之工作而存在，而非彼之工作为师旅而存在者。夫世所需要所缺乏者，自为研究之结果而非研究之历程，乃广厦，而非预备建筑之棚架。棚架与考证之文，自有其地位，亦极重要。然史家巨子，为世界而撰作，其撰作所以供诵读也。而史著苟无人读，则失败而已耳，废物而已耳。澈底之研究之结果，或致搜集无数之琐文小节，或病此东扯西凑之举，不值史家之劳。然吾人试取小说名家，若迭更司辈之袖珍册而观之，则知彼辈虽于极琐屑之事，苟似有可能之价值者，莫不细为记录。夫文学家犹能忍受此种苦工而食其赐，史家又何靳何惮焉？夫琐文细节，每能予史文以光彩，以衬托，以饱满，以生气，以人格，是在史家之善为选择耳。然亦有与此意见背驰者，若曰："使史家所述而仅限于有征可信者，则其为史也必破碎朦胧矣。"此固视乎其所垦辟之境域为何如。负耒耜于荒凉硗瘠之区，自必食其当然之果报。若凭空自造而谬为史迹，则是作伪，而痛苦与惩罚随之矣。然大多数境域，固不如上所云。苟以适当之忍耐力赴之，自能寻得若干函牍、日记、铭刻可信之报纸记载之属，可于其中求所需之细节。

或尤有进者，苟于某一情状或事故，备得力所能求之智识，则每能藉逻辑之判论，推求所不知，以补苴罅漏。使吾人确知纽约某年七月之中午烈日高悬，则吾人可以安然大书曰：此时此地，众人不御长大之外套。此不过一显例。实则史家演绎之结果，恒有更复杂于是，其价值更大于是者。

然世有于一切足使叙述饱满、活动，而有人性之方法，原则上皆反对之者。数年前某著名大学中某古典学会开会，吾躬预焉。有某会员者，和悦而有魄力之人也。于会中宣读论文，其文枯涩至极。会散，某宾诧之，以语介绍彼来之人。其人曰："此会惯例，以有兴趣为不雅。"夫使聚一群死文字学专家，人人公允屏绝生趣，则谁得而怨之者。然以言历史，以言吾人本国之历史，则另一事矣。

虽不正确而有魄力之著作，如最优之历史小说者，以视正确而拒人千里外之著作，其对人世之价值，为尤大。盖此类小说能引起人对于历史之爱好，能予人以无限宝贵之智识，深铭于其记忆中而不可磨灭也。(此《三国演义》之所以胜于《通鉴纲目》也。)至于良史，藉其对事实体认之亲切，处处引人入胜，其著作饶兴趣而不背真理，无需谐言轶事及文笔之狡狯，而使读者不忍释卷者，是则视历史小说为更优矣。

历史可使正确而兼饶兴趣，此绝非新义，且勿远征广引。勃莱士(Bryee)不尝谓"最饶兴趣者莫如重要之事迹而经切磋磨琢者"乎?一九一二年，罗斯福在本会议席上曾言："真正之史家，使过去活现于吾人目前，如当时之事。"又曰："其所述苟非栩栩活现，则不足言真。"而尤塞兰(Jusserand)并以同样之重言，发表同样之意见。

此诸警语，自须加以补充。兴趣之问题并不如是之单简。许多重要事实，本来绝不活跃，亦不能加以磨琢，例如海潮之在泥岸，缓缓洄退是也，且也使历史必须饶有兴趣，勒为铁则。则一问题起焉。感兴趣者当属谁耶？凡历史对于作者及其他一二同好之人，未有不饶兴趣也，而真正之史家罔有能使任何能读之人皆悦其书者也，亦罔有能发此愿者也。

虽然，有一不拔之原则焉。多数史学智识，寻常明敏之人，苟能了解之，则必感其兴趣。凡史著之属此范围者，作者当用适当之方法，求达此种效果。用此观之，则勃赖德、罗斯福及尤塞兰诸氏所主张，谓史家能娱读者而同时于真实无损，且反有益者，信不诬矣。

复次，寻常为普通人读之书。其印刷之形式大抵每页下方附以脚注说明材料之来源。以此施于澈底之研究，辄多凿枘，而每须违弃常例。

恒人展一新编见其有征引之脚注，辄叹曰“来历清楚”，再观其一二处所引而足助其说张目，则心满意足矣。不幸一燕不能成春，一书之征引不能成证据。大抵一重要之史迹，恒有众多之史源。在历史亦犹在日常生活焉。某甲之言，必待与某乙之言比较，而后能决其信否。一作者之文，语语有来历，而语语皆讹谬者，盖有之矣。是故史家必须使所有史源，尽罗其前。忽略一证据，其罪浮于滋衍一谬误。盖断言之谬误，可藉前文所已知者而察出之。惟要据之忽略，最易瞒人于不觉。

是故史家于其力所能觅之一切资料，必须一一加意，而于其中穷力搜索，如披沙炼金，无使闪闪者一粒有遗。其采用之资料又必须尽皆注明来历。此无可逃之责也。如不然者，他人一取其书与所注之史源相核对，便发觉其根据之缺乏矣。虽然此完全之脚注，必致充塞篇幅，使读者望而生畏矣。

然使略去此注，又何以示信耶？曰有两存之道焉。将资料之来历及考证移置卷末，则可以多占篇幅而无害，而作者之智识丰欤俭欤，轻易置信欤，眼光锐敏欤，皆可于此见之矣。

离引注于本文，尚有一利焉。夫使全量而大于其分，则辜较论之，最重要者孰逾于使读者得一明晰之大概印象。然使每一步骤皆有脚注间断之，读者为好奇心与责任心所驱，势不能置之不顾。于是思路为之打断，批判较量之心生，而反不能得全书之大意焉。尤有进者，使探索而澈底，则其所采用之资料，每非寻常读者所习闻习见。仅注出处于页之下方，而不加解释，读者莫名其妙，徒滋心中之疑难与纷扰。是故为普通人读之书，说明资料来源之注释，例须移于卷末。

今可进而论探索结果之如何表述矣。清晰可诵之文笔，文学名著之熟习（无论史著普通文学书）自为必具之条件，兹不必论，惟论不如是之明显之事云。吾人皆曾读所谓“历史文笔”（historical style）者，然实无是物也，至少就专史而论则然。使有历史文笔则亦当有“戏曲之文笔”，盖戏曲亦表现之艺术也。吾人通常用语，固可称如此如此之表述为戏曲式，如彼如彼之表述为“非戏曲式”，然初未尝有“戏曲文笔”也。例如《哈孟雷特》（莎士比亚戏曲，有田汉君译本，中华书局出版），第一流之戏曲也，然其中掘墓人谐谈普伦尼渥斯之名言，及哈孟雷特教伶人之语，皆不能称为戏曲之文笔。盖每一节一段，莫不与其人物及地位相称。若千篇一律，如范自模型，则是依样画葫芦之为，乌足以言艺术也。

世有恒言“文笔如其人”（The style is the man. 按此乃法人 Buffon 之名言），此于论辨之文则然，于专史则不然。其然者亦限于极少数耳。盖专史之职，在将过去之情象以活跃实现之方法表述之，而文笔非以为缘饰，乃其实质之一部分也。欲显此义，请举诗歌一章为例。盖诗者，文章技术之极轨也(原引丁尼生诗，兹改用陶诗。以下例证，亦悉代以中国资料，取其与读者较为亲切也)：

方宅十余亩，草屋八九间。榆柳荫后园，桃李罗堂前。
暧暧远人村，依依墟里烟。犬吠深巷中，鸡鸣桑树巅。

试不变诗中之意义而变其文笔如下："其住宅占土地十余亩，共有草屋八九间。后园种榆柳树，堂前种桃李树。离草屋远处有乡村隐然在望，每当炊饭之时，可见家家灶突之烟上浮。时闻深巷中之犬吠声，及桑树巅之鸡鸣声。"如此则悠远宁静之趣，烟消云散矣。然则文笔之中，岂非有实在之质素，如其缺乏此质，则所描写者，不得不黯然失色矣。

如曰渊明之诗，不过极端之例，而诗又与散文异致，则请以旧日衙门之"虎头牌"为证。牌上书曰"□□重地，闲人免进"。使改此语曰"此乃重要之地，闲人不得入来"。其意一也，然凛凛之威风何在矣。如曰此小吏自作威福，不可为例。则请读正史，《史记·匈奴列传》："匈奴远遁，漠南无王庭。"试以另一种文笔出之曰："此强悍之匈奴，寇掠中国已千余年，高、惠、文、景四朝其子女玉帛不足餍其欲者，至是率众远遁，幕南之地一空矣。"又可以另一种文笔出之曰："匈奴为卫青、霍去病之雄兵夹击，抵抗力全失。扶幼弱，引牲畜，弃其幕南之王庭，而仓皇远走矣。"

以上同一故事，而有三种叙述，文笔各殊。其在读者心中所生之影响亦异。故其所示读者之意义，无相同者。

凡奏提琴(violin)，每一音皆有余响与之偕。此余响不见于乐谱中者也。然无此余响，则提琴不成其为提琴，音乐不成其为音乐矣。是故言词之聚以宣意者，每不独具理智之内容，且兼具感情之价值，而此价值即其所宣之意义之一部分也。其或缺之，则反面之表示，亦极重要，亦犹无色即色，黑是也。是故意想与表现意想之形式，须使共逞其用，如音声之与余响焉。而专史作者，欲其表现之忠实尽度，当使文笔与题目相称。换言之，即使文笔与真象相称也。夫自古造成历史之人物，其思想行为，几尽为感情所渲染。而谓板滞枯燥，如几何学式之心智，能了解之，能阐释之乎？

述清乾嘉间汉学之发展，自宜于静穆。若述晚清新学之兴起及维新变法之事业，则当以活跃震烁之笔出之矣。清末法律改良及立宪筹备等事，自无足动人。至若辛亥革命之爆发，若其时热血沸腾，舍身赴义之青年之言行，操史笔者至此而漠然无动于中焉，则其所研究，所描写，能有当者鲜矣。凡遇战事，无论作者如何无偏无蔽，其感情未有不为之掀起者也。要之，史家之文，因事制宜，无有常格。谓有“历史文笔”者，是不啻谓夏云有定形也。“粉饰之文”一辞，亦须重加考虑。吾人之厌恶此类文字者，大都由于自视过重，凡不如己意者则反动生焉。夫粉饰之真正罪状，在其虚伪与造作，在其使小者大，使常者奇。若夫带色彩之叙述，无虚伪与造作，而反具真确与自然，则其罪状乌在乎？

昔有一重要之事，发生于一浪漫之地。某史家以化学家谨严之态度注察之，归而据实直笔之于书。有某批评家读之而喟然叹曰“遏矣”。然此批评家初未尝亲临其地也。其后燕居与友朋辩论，有以实告者。彼答曰："虽然，历史终不当如此作也。"此史家与批评家二人者，谁之方法为合于科学欤？为不谬于专史欤？尤塞兰曰："仅因一事实之诡异动人而弃之，其违反科学方法，与无征而信同。"

更有一事当加考虑者。图避免粉饰之诮而为之过力，则反流于虚假与造作。有女子焉，见嫣红之玫瑰不为时尚，则撷茅苇而簪之。有富人焉，厌辉煌之广厦，则建石室如谷仓者而居之。吾侪史家，幸无学此。过与不及，当两免之。文笔与题目务使相称，且也，使事实而带某色彩，则叙述中亦当暗示此色彩。要之，作史之正当方法，大略如下。一切与某题目有关之事实，悉令其寂然栖止于作者之心中，直待其相互间逻辑之关系，自然凑合。于是真象自显，瞻瞩自恢，而事实之神髓摄取于不觉。最后举凡有意义之资料，皆从其心中攫得生命(假设作者之心非如槁木死灰者)而要求笔墨之宣泄。如是则其产品为实在而活跃之物矣。再将此产品逐步与既经考信之资料核对，而加以冷酷无情之修改，则历史成矣。(参看篇首按语所引万季野之言。)

使历史而依此原理撰作，则读者无须旁皇于两种史籍之间。其一，真实而乏兴味，朝读夕忘；其一，则饶兴味而不真实，读之无益于智慧者矣。

使历史而依上述原理撰作，则无须每代(generation)改造，如时人所云矣。盖澈底探索，则史证毕罗。文笔与事实相称，则史文与史迹同传于不朽。

使历史之而依上述之原理撰作，则能与人群发生关系，而不致如今日名为"科学式"而实则"学究式"之史著，徒饱鳣〔蠹〕鱼矣。

夫史家幸而得成专门之业，对于人群实负重责。能尽此责，报亦不爽，如书籍之销行，声名之雀起，影响之广远，皆是也。（译者按，于此处亦可见美国人功利之主义。）凡兹盛酬，昔之史家咸优受之。今则锡赉日吝，据美国史学会某委员会之调查，则知其然矣。或诘予曰："除若干罕例外，庸讵知子之所言，非'不切实用'之理想乎?"应之曰，在不劳而获之人观之，何一非"不切实用"？然吾之理想其实现之难，当不加于今日史证标准之在百年前也。然原理之应用自需常识为佐。然完善之原理，苟存之于心，自有所以应用之之道。

最后试一审量，吾所陈果有新奇之论否耶？吾之献议，其大旨不外如下。作有生命有兴趣之史。其法，（一）澈底研究；（二）文笔与题材相称；（三）表现史象本来之颜色与气味。鄙意非欲人择于浮夸与枯瘪二者之间，惟欲人逃于此二极端之外而已。

原载《国闻周报》第6卷第42期，1929年10月27日

评容庚《宝蕴楼彝器图录》

（定价六十元，经售处北平古物陈列所及燕京大学图书馆）

□北平古物陈列所□，选其宝蕴楼所藏清盛京故宫古铜器九十二品（皆著录于《西清续鉴乙编》者）影拓印行，由该所鉴定委员、燕京大学教授容庚君考释编次，本刊（第五十一期）已志其事。其书至今始出版，影拓摹勒之工，视上虞罗氏所印古器诸书犹或过之。使该所藏器能尽依此例影印流布，其有裨于艺术史及名物训诂学者，当不少也。本书之主要贡献，略举如下。

（甲）关于古史者

（一）谥。《周书·谥法解》云："惟周公旦、太公望开嗣王业，攻于牧野之中。终葬，乃制谥叙法。"惟据王国维氏所考，谥法之作，在宗周共、懿诸王以后。今周献侯鼎铭文云："唯成王大□才（在）宗周，商（赏）献侯□贝，用作丁侯尊彝。"（九页）可见此鼎作于成王生时。据其所称，则成王乃生时之美称而非谥号，可助证王国维之说，此一事也。

又(二)陈侯午簋铭文有“唯十又四年，陈侯午以群诸侯金作大祀祭器”之语，容君云：

>《史记·田敬仲世家》：“齐侯太公和卒，子桓公午立，六年卒。”《索隐》曰：“《纪年》，梁惠王十三年当齐桓公十八年，后威王始见。则桓公十九年而卒，与此不同。”此铭云“十又四年”，则《纪年》是也。(七十五页)

按容君之论断诚是。惟其所引《史记》原文云：“桓公午五年，秦侯攻韩……齐因起兵袭燕国，取桑丘，六年救卫。桓公卒，子威王因齐立。”则但就文义而论，此处之“六年”不能断定其指桓公卒年。惟检《六国表》，齐康公泰〔贷〕二十一年桓公午立，二十六年康公卒，次年为齐威王因齐元年，则《史记》实以桓公在位六年而卒，显与陈侯午簋铭文抵触，而《竹书纪年》之所载为可信。若然，《纪年》以梁惠王十三年当齐桓公十八年，则梁惠王十四年乃当桓公十九年，而威王之即位，《纪年》当在此年或次年。惟据《史记·六国表》，齐威王即位距梁惠王十四年前二十四年，则《六国表》中魏与齐之年纪(chronology)根本发生问题，而其他各部分之可靠程度因之亦不能无疑。容君所考，虽根据不过全文中两三字，而实掀起古史上一大问题，深值我国史家之注意也。

又(三)《春秋》襄十三年夏取邿，《说文》“邿附庸国”，其姓不详。今书中有一鼎铭云：“邿白(伯)肈乍(作)孟妊(任)譱(膳)鼎。”则邿实姓任爵伯而非附庸也。

（乙）关于名物训诂者

（一）观叔单鼎（二十三页）及师窦文簋铭文，知弔即古叔字，像人执弓矢形，为男子之美称。容君引申吴大澂之说曰：“弔，善也，引申而为有凶丧而问其善否曰弔。《说文》而作弔，形体少讹。魏三字石经‘君奭不弔’，古文作[illegible]，篆文作[illegible]，尚不误。”近之妄人，不知古义，竟有据弔字以推想古代丧礼者，足见其浅陋可笑。

（二）《尔雅》《说文》皆谓鼎之圜弇上者为鼒，今据叔单鼎及其铭文，可知鼒乃鼎之别名，实无形制上之差异。

（三）自宋以来，皆以为彝与敦之分，在前者侈口圈足，后者敛口三足；今观䟫簋（六十页）侈口圆足，而与《两罍轩彝器图释》所著录敛口三足之周兄光敦，其铭文相同，皆云“作尊簋”，可见彝与敦是一而非二。

（四）此外，各铭文中有历来字书所无之字若干。其中有𠟭字（十页），惟甲骨文有之，可以互证。关于器铭文字方面，于此联想及一问题，愿附带一质容君：商周之文字画，是否仅用于彝器之铭，又是否别有其音？此问题固知答案不易寻也。

（丙）关于艺术史方面

吾人所知甚少，不敢妄言。以其蠡测，似可见商器之装饰花纹母题（motif）极单调，胥不出饕餮形，其同一母题之变异亦少。惟周器则异，异母题则饕餮以外有他种几何图案，有鸟兽人物，其同一母题亦间有变异，于此可见装饰技术之进化。最可注意者，其中周猎壶一器之装饰图案，画法上、题材上皆与汉代之孝山堂石刻及武梁祠石刻绝相类，可见此种图画渊源之古也。

署名“素痴”，原载《大公报·文学副刊》第69期，1929年5月6日

与容庚论学书[①]

一

希白兄：

离沪前及离神户前均曾奉书，想均收到。海行忽忽〔匆匆〕已十五日，尚未十分感觉风浪之苦。此时船距美洲只有三百余英里，后早即可上陆。趁今多暇，预作此书。俟居址定后，即便付邮。因初抵异国，入学手续及布置居室等事当甚冗忙，一时或无暇作书也。拙译交陈援庵先生后结果如何？稿纸如印，就盼速寄来。然弟至早须圣诞节前后方有暇作文耳。自离北平后，即不获见《文学副刊》，不审其内容近顷如何？“国学”界有足述之新闻否？足下近作何研究？盼赐示知。寄身异国，性又孤兀，寂寥可知，望国内故人音书奚啻饥渴！幸毋见吝也。曩托与浦君商量之事，离沪前接浦君书，云家中不赞成，不能如愿。弟意兄于所萦心之事亦不必操之过急

① 原件藏广东省立中山图书馆善本室容庚档案，承蒙容璞女士惠允使用。

耳。匆此即请

撰安

弟　荫麟

十八、九、七晚于太平洋舟中

阖府统此问好

见陈援庵先生烦为致候

附一函请由校邮寄清华，为省邮费也。

二

己巳中秋时，寓北美洲斯丹福大学，集陆放翁句寄祖国故友，当书：

小楼明月宿青村，听尽空廊络纬声。

秋野烟云横惨淡，远游无处不消魂。

读此诗可想见我所居四周景象。斯丹福大学在乡间，离旧金山有一小时火车程。予居校区中一小楼，书案当窗，树荫掩护，昼夜静甚。在此百无萦虑，日惟展卷与古今贤哲对晤，盖十余年来无此清福也。此校十月二日始开课(予于九月十二日已抵校)，长途旅行后得长期休息，正是相宜。惟时觉寂寥难耐耳。近况如何，盼见示。此候

希白兄起居并祝阖府佳胜

荫麟

十八年九月廿夜

三

希白兄：

今早接九月廿五日书，无任喜慰。过日本神户时曾寄一函，今未见提及，想为倭人投之东海矣。斯丹福大学开课已月余，功课比在清华忙得多。弟生性多虑，初来不知教师标准如何，惧贻祖国羞，时用兢兢。上星期“半季考”卷发还，始大放心，从此可如在清华一般逍遥自在矣。近拟撰一长文，题为“史法新论”，至少有四五万字，大约寒假末可脱稿。稿纸如印就可寄来。弟行箧携中国书极少，只《放翁诗选》二册、诗韵二册而已。日前新购得已故清华同学某君遗书，计《红楼梦》一部、唐诗一部、《陶渊明年谱》一部、《中国寓言初编》一部。末一书弟前此未闻。记足下曩曾有言辑录古籍中寓言之愿，弟云此事似已有人为之，今观此书可信。编者为桐乡沈德鸿君（商务版，定价两角），于汉以前子史之书采辑殆遍，每条注明出处，并有引用书目。弟劝兄购一册与阿琬等看之。据本书序例，知明万历间宣城徐太元有《喻林》百二十卷，乃寓言之汇编，疑即其蓝本。不知此书北平诸大图书馆中有之否？如未有，可为燕大图书馆访购。书至此又忆及一事。伦敦博物院近刊有《图书集成索引》一种，极有用，可告图书馆购之。

老虎报绝笔后，久不闻秋桐声息，原来近居欧洲。顷在《东方杂志》见其一文，题为“五常解”。此公思想变得骇人，竟肯采用佛洛德一派心理学说，以性欲解释文字起源。大意谓初造之文字皆含性欲意味，后来始引申为他义。秋桐特取中国仁、义、礼、智、信五字之本谊证成此说，并云尚有类此之撰作多篇。弟于文字学无根柢，并且无暇细阅其文，无以判其然否。兄试取观有批评之价值否？（此文见今年第廿六卷十三号六七月左右之《东方杂志》）

上季《美国史学评论杂志》有一文述中国史界近状，于顾颉刚之《古史辨》颇加称道。惟此文不过报告消息于外国人，无翻译之价值。

近来仍常巡旧书摊否？有异获否？如见有最近世史料价值在一二等左右者，不妨顺手购下，将来用处很大。弟主要兴趣虽转向哲学，回国后断不能忘情于国史。近读英国大史家吉朋自传，其有名之《罗马衰亡史》属始于三十岁，成于五十一岁。弟回国时犹未三十，始天假以吉朋之年，未必不容抱吉朋之愿也。《燕京学报》增刊出成否？以后每有新刊可寄一册来。阅完不用，当代送校图书馆以广流传。浦江清如尚未将拙稿交上，见斐云兄尚望一询。

雨公离婚事原不出弟意外，弟料其昔日心目中之“新者”必不来。即别有“新者”来，亦难得好结果。雨公之误不在现在之离婚，而在当初一念之左。

清华兼课不过留声机多开一遍，谅无所苦，原不必固拒不为也。顾君在燕大任何课？如有讲义，请代丐一份寄来。国学界如有重要消息，便中望略为见告，免致回国时从无头绪，变成落伍者。

此间华报言胡适之近撰《知难行亦不易》一文，颇触党人之怒，此文若易得，望觅一份寄来。

弟亦才前日移居，房舍新经修饰，视旧居远胜，独处一室，四周林木，松鼠窥人，比清华尤为幽静。弟异域索居，非惟无同好，

并且无可与共学者，不免寂寥之感耳。有暇盼时通书，匆复敦请
撰安
并祝阖府佳胜

弟 荫
十一月四晚

四

希白兄：

得十月廿二日书，至为欣感。兄何自苦乃尔？如此为人忙碌终不可为久计。清华离燕大近，兼课一两时固无碍。若师大则未免奔走太劳，废时太多，苟可卸去，弟意卸去为佳。颉刚君所为最宜效法。尝见国内学者当其未得意，佳作层出，希望无限；及声闻既著，东延西聘，不能摆脱或不欲摆脱，因循下去，竟成教书机器，无复探索撰著之暇，斯亦不足畏也已。兄现在正当此关头，不可不慎思而善自处。愚直之言，倘不见怪。

拙译不必急催援庵，但使此稿保存勿失便妥。年假内弟定可撰一长文以偿垫款。然以此累兄，感愧奚已。至今未得浦君讯，不知《纳兰传》稿在沪售去否？如兄尚未接得此稿或此稿之消息，望再一询浦君，或晤斐云时托代询。此稿若在浦君手，但请其饬校役送兄处便妥。原无需延之必要。

兄近有何撰作？金石书目成，当有一长序。若然，请即出版时寄一册来，不然则不必寄。尝念慧珠不胜恻恻。弟自决自振拔后，即未与伊通信息。最后接伊一书，犹云必去齐鲁，不作虚言。纵不

去齐鲁，亦可续入民大，何致辍学，殊所不解。殆伊欲去齐鲁，家中不充，遂愤而辍学耶？无论如何，弟终不免有“荃蕙化而为芽”之惧，然一切惟伊自择，弟虽惋惜亦无可为助，惟有力求忘却旧梦而已。然此亦非易易，去国以来，心中何日不为此萦回，乃知“情条恨叶”之不可轻惹也。匆复并问

阖府安好

弟　荫麟

十一月十五晚

五

希白兄：

十二月一日函悉，至慰。学报稿日内可寄上，此为弟所自定期限，何致多心？近拟留美期内课余编两部不甚费力的书。

其一为“美国访书志”（仿杨惺吾《日本访书志》之例）。此间各大图书馆几于每岁委托书家来华搜购异籍，善本罕见或未刊之书外溢不少，而国会图书所收尤富。近来浏览各大图书馆之报告，已得异闻不少，皆为随笔记录。他日有机会亲到其地，当一一借读，择其尤者为作提要，汇成一书。

其二为“清史外征”。清代许多重大事变，外人曾有观察记录之机会，其书留存于今。第一类为明末清初来华耶稣会教士之通讯及见闻记；第二类为西国来华使臣之行记；第三类为对中国各次战争之纪事；第四类为洪杨变乱之记载（西人之参预两军内幕者，其记录尤有价值）。此等史料多半在外国已不易购买，在中国真无从得

见。弟拟此后每至一地图书馆，辄搜寻此等书籍，摘其有用之资料，随阅随译。现已得有罕见者四五种。不久寄与学报之文题为“十七世纪中国史料外征”，即采此等资料而成(“史法新编”暂缓脱稿，因前一题目于学报较为适合也)。

《庚子海外纪事》未见，此类书望见即购下，将来可转卖或赠送与图书馆也。

拙作论《尚书》一文舛误诚或不免(其实弟所撰各文几于无一篇完全无误)，来示所引文中两“尚书纂言”必有一为误，不知何以疏忽至此也。哲公指出良可感谢，然此与文中持论大体无关，似不宜以一眚赅全体。

近阅华报有两事，使弟深慨中国文化程度之低与肉食者之鄙不可言。其一为广州市政厅禁演哥德《浮士德》之电影，谓其提倡迷信。其二为河南省教育厅阻挠中央研究〔院〕发掘殷虚〔墟〕遗物。后一事不知现在结果如何?

兄出外调查计划大佳，必如是乃有新发展。弟近来亦兼习若干西史学科，因为哲学系所必修也。惟不拟改行，因于哲学颇感兴味且比较有把握也。哲学滞销岂惟中国，此间亦复尔尔。然吾人治学当从性之所好，不能计较社会之需求也。即兄之治小学，在十数年前亦何尝非无人过问者。

去国前蒙兄揭露真相，醒弟迷梦，于弟于珠都是有益，复何所悔恨?珠不知如何?若弟之苦痛，迟早终不免，愈迟则痛愈深，而振拔愈难。今若此已是万幸。近来反思静念，萦系渐除，乃知两年来之苦痛皆由太与社会隔绝，不知处世对人之道，使当初遇珠即存一临深履薄之戒，何致失望?弟今不怨珠，且幸已得一良好教训，

独惜伊竟已为流俗之氛捲去而已。匆此，并请
撰安

弟　荫

一月二晚

六

希白兄：

去岁十二月十二日函悉。学报文现正属草，至迟月底可蒇事，应第七期用不误。师大摆脱为慰。令弟已北来未？在何校任职？望代问好。弟因赶早毕业，下半年选课特多，比上半年忙得多。珠事已无暇置念。燕大学报想已出版，望寄一册来。闻清华新学报亦将出版，不审内容能如前否耳？兄整理所购甲骨，有创获否？燕大国学研究所译书事有何成绩？果有进行之可能否？近瑞典人高本汉（或译为珂罗崛伦）近著《语言学与古代中国》一书，举其历年来研究结果作一概括简明之论述，弟读之深感兴趣。此书与兄本行大有关系，不妨找人译出印行，其研究之方法具见书中，深值我国学者之仿效。浦江清君译此书最宜，不知彼乐为此否耳。见彼时不妨谈及。匆此即请
撰安

弟　荫

十九、一、九

七

希白兄：

得元旦书，喜慰何极！前函询慧珠事，今虽未得复，然珠之无真诚，弟殆可断言。近又接伊数函，伊言爱我，但又言不愿结婚。使伊果为高洁超尘、孤芳自赏、为弟曩昔所想像者，弟方以得与友好为荣，纵为之独身亦所甘愿。惜乎往日对伊此种幻想今已无法维持，聆伊此言，只有笑其手段太滑而已。

弟思之，爱情有两种方式，皆可得美满结果。其一彼此事业志趣略同，互相了解，互相尊重，此上式也。次则女子绝无远大志尚，然对男子敬服感激，一心维护，百般依从(或反之)，则亦可称佳耦〔偶〕。珠之于予二者无一可能，若因循敷衍下去，如何能得好结果？故弟今再不愿流连，亦知一旦割断，彼此都感痛苦。然不此，他日痛苦当更大耳。弟自揆无论如何总不能说有负于珠。弟三年前即以为感示伊，使伊早知珍重此意，与弟共学，受弟指点，则至今纵不能有何成就，亦当远胜寻常女子。乃无识力，甘自暴弃，今当已晚之时始言后悔，然又不能彻底，试问弟对伊有何责任可言？然弟思之终不免黯然自伤。始欲“滋兰之九畹”“今竟为此萧艾也！”月来为此事辗转于怀，不得宁贻，又兼冬季选习“中世纪哲学”及“宗教改革史”(为本校哲学系必修)，素不喜此，格格不入，而又不能不应付，每一展卷如饮黄连(幸尚有两星期便完事)。事倍功半，以此等故，心罕闲时，学报之稿竟不能如约，今才写得二十许叶，当于春假内赶完。三月中寄上，四月初可收到，或题不上第七期矣。

又有一事当非兄所料及者，前为学报撰伪古文尚书一文，顷友人函告，英文《中国科学美术杂志》上近有人撰《最近中学之考据学》一篇，于拙作有所介绍，并锡以“高冠”。所谓不虞之誉者，非耶？

承教关于“美国访书志”及“清史外征”二书事，极是。“书志”弟但随作笔记，其稿有用与否，当然须待回国与专家商订。“史征”弟才一下手，便知决非一人之力所能成，暇当以可以买得之书开单，由兄属图书馆购之。其已绝版无从购买者，仍须由弟随时撮译耳。

浦君处久无信，不知《纳兰传集》如何？弟不虑其延迟，但虑其已将稿交书店，而书店束之高阁，以致遗失耳。因《传》稿视初刊曾大加增改，而弟处未存副本也。见浦君时望为婉询之。

今年旧历元旦，弟在不知不觉中度去。惟此洲华侨守旧历节候甚谨，国内若不能得旧历月份牌(但弟不信中国政府有此本领)，弟可代致若干份也。

元胎兄得迁乔木，贺〔可〕贺；兄聚珍鉴古，胜事日多，为之健羡。想弟归时，兄家当可成一小博物馆矣。外国人之中国学书目，法人哥狄亚已有成书，凡三巨册，惟其书出版在若干年(一时不确)前，今诚宜续编。惟此决非一人以留学余力所能成者。专力为之一两年，犹恐未必能蒇事也。然此事自以在外国为之最便，最好由中央研究院之类资助一已打算回国之留学生，托其为之，然此亦属梦想耳。匆复即请

撰安

阖府均此问好

弟　荫麟

二月廿八晚

八

希白兄：

学报及二月五日函妥收。顾君《周易》一文精绝，甚佩。惟封面题目英译不大亨(?)。第一题译得大糟，译者竟不知“卦爻辞”是指“卦辞、爻辞”，殆以卦属上读，译题若反，译成中文则作“《易经》‘爻辞’之补充的故事”。“补充”亦不妥，应作“称引”也。以后译题当加意，恐为异国通人笑也。弟现在仍忙到不可开交，再过一星期便是季终大考。四天考完，以后为春假一星期。在此期内必当将学报文债清还。顷得江清君函，知《纳兰传集》已卖与商务，稿费一百元，传文初稿在《文副》已得百余金，可云利市两倍也。此请

撰安

弟　荫书

十九、三、六

九

希白兄：

前二书想达览，闻因母病回粤，因于致浦君函中附此书，托其待兄回时转致。

学报文已脱稿，并托浦君与此函并交。惟此文未足抵前耶稣会一文字数，应退还款若干，请兄定之，并告浦君。弟有款存浦君所，已嘱其代付。此文缪䯖，累兄实深，属在相知，亦不多告罪，

惟深愧歉耳。南行经历有可告者否？弟春假甫终，本季选习功课颇感兴趣，身心亦较适，此可告慰者。珠近来到底如何？盼见示。伊近言愿以终身相托，使弟真有进退两难之慨，然无论如何，弟之理想终不可夺也。匆此即问

近祺

阖府均此问好

弟　荫麟

四月六日

前附寄慧珠一书，阅毕如未寄，请寄还，弟所使兄知关于慧珠各事，切勿语珠或他人，恐珠若知道不好过也。

荫　又及

十

希白兄：

得七月十三日书，悉兄近遭亲丧，可胜悼念。令堂克享遐龄，贤昆仲亦皆卓然有所树立，料应无遗憾耳。

学报不登《中日海战》一文，殊出意外（今乃知贫士卖文之苦），然亦无害。兹汇上美金三十元，大约可得国币百一十元左右，较前预支之款，大约绌廿元左右。无论短绌多少，若在四十元以内者，可请浦江清兄拨付。弟有一笔款存彼处，已将拨付之事告之矣。若短绌超过四十金，则请速示知，俾弟补寄。弟亟欲早清此帐也。此事延宕几及一年之久，对兄乌得无累（至少就道义上说）？对兄护助之意，惟有铭感而已。此款固区区，然当时无此，真不知何以成行

也。《中日海战》一文若不能单印，可暂存兄处。《清初基督教在华纠纷》一文学报自决无刊登之可能，如该稿尚在援庵先生处，望代索回并存兄处。此二稿暂不必谋发表，以后有闲当陆续移译同类之文，合成《清史外征》一书，兄以为如何？

前与兄语及章孤桐《论中国文字原始》一文，近见《东方》(廿七卷三号)又有其《也毋考》一篇，更多新义。“性忠”说在人类学及心理学上颇关重要。章氏欲为其说在中国文字学上寻证据，并为中国文字学辟一新方法，此殊非索隐行怪之游戏。兄治中国文字学有年，应试一估其(章)说之价值。弟读其文，似有一部分真理，惟其解“东门之池，可以沤麻”之类，则未免牵强。盖西周以降，我国文字未必尚尽存其原始意义也。章氏叙述其考证结果，文笔可谓尽佳妙之能事。彼云有同类之作多篇，合成一书。弟意章氏身后传世最久远之书当推此种耳。

关于慧珠事，你既不欲多言，我亦无用多问，此沉默中固已寓有无限雄辨〔辩〕矣。我已有两个多月未与她通信。昨日她的信与你的信同时寄到，今早又接到她一信。她说曾到你家，你以婚事问她，她不好意思直言，未置可否；但她说：“不过，倘若你乐意早些解决，亦无不可……我一切□□也属于你，随便吩咐罢。”但她作此信时，绝不会料到以后两个多月不接我信的。以我过去的经验测之，我现在若回心去就她，她马上会改变态度的。她的心理我看得清清楚楚：失了我吗？恐怕将来找不到比我更好的人，以致后悔。得到我吗？又觉得不十分满意。所以彷徨反复，飘摇不定。这根本的原因是她与我没有共同的志尚，对于我的工作不感到什么价值！她所期望的是丰富的物资生活，而我以一穷书生，现时又不能有这样的保证。我现在对她已没有多大留恋。从道义上言，我现在即使决绝，亦无负于她。我现在决意暂不给她回信，看她自然的变化。她若真能觉悟，诚意爱我，我亦不忍使她抱憾，但我已不信她的真正觉悟是可能的。我以后决不再向你探问她的事，但你可留心观察她。隔了很久的时候，如她仍不忘情于我，你可以(把)我的意思转告她。这事听凭你乐意与否，我毫不勉强。匆匆并问

孝履

弟　荫麟

八月九日

《文学副刊》复于君函[1]

承见教，深为欢迎。惜本副刊限于篇幅，又非史学专刊，不能备录尊函，仅摘其要于右(愿于此附告读者，凡与本刊有所讨论文字，愈简要愈佳)。

所质各点，具答如次：

前评中所举各证据，其要旨在推翻顾君九州观念起源于战国之说。来示中论证据效力之强弱一节，似于作者之意犹未深瞭。作者非据《商颂》、齐钟辄信汤时已奄有九州，谓至迟春秋中叶已有九州之观念耳。就此点而论，则《商颂》、齐钟可“完全依以作证”。譬如今谓某有力者已奄有二十二省，此言或属虚妄，然使今时无二十二省之观念，则决不能作此语。有时虽小说中言亦可为坚强之史证，即此理也。

来示所谓“实际的划分”与“假设的划分”未有定义，不知其差

① 本函和于鹤年原函首刊《大公报·文学副刊》，第 11 期，1928 年 3 月 19 日；后以“关于‘九州’之讨论”为题，转载于《中山大学语言历史研究所周刊》，第 3 卷，第 28 期，1928 年 5 月 9 日，并附有顾颉刚之按语。今据后者录入，于鹤年函和顾氏按语列于附录。

别何在，岂所谓实际的划分即某州为某处，有地可指，而假设的划分即泛指天下而言耶？若然，则后一假设实不当取，其故如下。

第一，三九虚数之说并非普遍之原则。若然，则历史上不许有三九之真数，有是理乎？且三九之用为虚数，只限于不可明定之数目或不可确知数目之事。若国境之划分，人所共悉，何取虚设？例如孟子言“海内之国方千里者九”，岂得以其数为九，遂虚之乎？

第二，战国时之九州，即如顾君所示者，亦并非泛言天下之虚数，乃有地可指者。作者非谓执战国时之情形便可断定春秋时之情形，然吾人须知：(1)《禹贡》中明示九州之名称与疆域；《禹贡》所记虽非实事，然吾人不能证明其必为战国以后人伪作。(2)即假定《禹贡》为战国人伪作，谓九州之名称与疆域始见于现存战国之书籍，然吾人不能遂断定战国以前无九州之名称与疆域也。(3)吾人更须注意史事之连续；谓九州在春秋时犹为泛指天下之虚数，至战国而忽变为有所指之地名，与谓其始终一贯，二者之可能性孰大，不待智者而后知也。

至前评中所指《左传》哀公四年之文，原为旁佐，非据为典要，来示所言极当。

以上答复尊说竟。承附询二刊物出售之处，兹录于后。

(一)第一中山大学《语言历史研究所周刊》。发行处广州第一中山大学出版部。

(二)《英国皇家亚洲学会年报》即 *Journal of North China Branch of Royal Asiatic Society* 发行处上海黄浦滩别发洋行，英名 Kelly and Walsh，Lty.

附：

关于“九州”之讨论

颉刚按，自本刊将《秦汉统一之由来及战国时对于世界的想像》一文登出以后，承张荫麟先生在天津《大公报·文学副刊》中驳诘。苦于事冗，无法作答。嗣承友人陈彬龢先生来函，将本年三月十九日《大公报》剪寄，悉有于鹤年先生读张先生文后，讨论九州问题，《文学副刊》又答复之，讨论加密，至为欣快。因将此两文转载于此。关于此问题，颉刚有无数话要说，只是时间不许我，非常怅恨。一俟有暇，当即草长文也。十七年四月廿七日记。

颉刚又案，于先生一文为《文学副刊》所删节，甚为可惜。希望于先生把原稿寄给我们，再在本刊上登一次。《文学副刊》非史学专刊，希望以后张先生和于先生的讨论文字，统统寄给我们发表。

于鹤年君致《大公报·文学副刊》函（节录）

大报《文学副刊》第八期《广东中山大学语言历史研究所周刊第一集》一文，对于顾颉刚君之三代国境不出黄河两岸之说有所批评，殊为史学研究上有兴趣之事。文中之所驳议，间有鄙意未敢十分赞同者。

顾君谓，“九州乃是战国的时势引起的区划土地的一种假设”，驳议以为，“九州之划分远在战国之前”，并举齐侯镈钟及《商颂》《左传》《国语》之文六项以为之证。吾人所应注意者，顾君主张九州乃“一种假设”，而驳议中所谓“九州之划分”为实际的划分，抑为假设的划分，未曾显言。如为后者，以下不佞所言自成辞费；如为前者，则不得惮烦而不讨论之也。

立说贵有证据，而证据之本身亦应考查其效力之强弱。齐侯镈钟及《商颂》皆所谓歌功颂德之文字，以夸张为其特色者也。使其所述尽属事实，则“在帝所”“受天命”“古帝命武汤”云云，岂非不可思议之奇迹欤？其表面所示不能完全依以作证，不待言矣。至于文中所举六证，充其量亦仅能证明战国时代以前曾有九州之传说而已，绝不足以积极的证明战国时代以前确有划分明白（所谓明白，不必如今日地图之所示）之九州之存在也。盖果有划分明白之九州，则必有其名称与疆域。若能如此证明（虽不必完全，即仅有一部分亦可），吾人亦何尝不欲欣然接受。奈所能知者只为纪功之钟铭与“美盛德”之乐歌中之“九州”与“九有”二空洞名辞（《左传》与《国语》之文，因原作者不坚持，故不论），别无更为详明之证据。纵愿为积极的承认，岂不畏武断之讥乎？

“咸有九州”“奄有九有”“九有有截”之九州、九有，与“肇域彼四海”“四海来假”之四海，依文辞的解释，有相似的意义。四海乃古人对于世界界限之虚拟，假设四方皆有大海，为世界之界限；因此假设，遂称四海所围绕之土地为四海之内，或即曰四海：此理之或然者也。至于九州、九有之意义，不佞以为或亦如是。古人对于数量之表示极不明确。古书言三、言九、言百、言千、言万之处甚多，而实际不必恰如所言，汪容甫《释三九》之文可参观也。吾人若就四海之例以解说九州、九有，谓九州、九有与四海之意无殊，皆泛指天下而言（其所以为九者乃因四方四隅加中央共成为九之故），谓“咸有九州”“奄有九有”即为“肇域彼四海”，在文义上亦不为费解。(“九有有截”，虽朱熹集传释为“天下截然归商矣”，与“四海未假”之意相似，然不十分符合。)凡此，皆不佞个人妄见臆测，不敢以为必然，应俟他日详考之。

原文曾引《左传》哀公四年“士蔑乃召(按应作致)九州之戎”一条，实不能称为证据。盖九州之戎乃戎之一种，九州乃其别称，与所欲证之九州毫无关系。必欲强释此九州即彼九州，惟有假设九州之戎彼时虽居阴地，而其前固曾散处九州，因此以所居故地为其称号，名曰九州之戎。是或亦事实上所能有者，然如何以证其必如此哉?

原载《中山大学语言历史研究所周刊》第3卷第28期，1928年5月9日

戴闻达英译《商君书》

The Book of Lord Shang(页数 XIV + 346，出版处 Arthur Probsthain，41 Great Russell Street，London，W. C. 定价二十四先令。)

今年伦敦 Arthur Probsthain 书店新刊东方丛书数册，中有一种为《商君书》。译者为荷兰莱登大学教授戴闻达(J. J. L. Duyvendak)君。戴君以研究《荀子》著，曾译《正名》一篇为英文，又曾游华，接交当代中国学者。兹译之重要参考书《商君书斠诠》，即得自顾颉刚君所者〔著〕也。译本以浙江书局重刊严万里校本为根据，而参考上举王时润氏之《斠诠》及尹桐阳氏之《商君书新释》。至俞樾《诸子平议》及孙诒让之《札迻》中涉及《商君书》之部分，则王氏书已尽采之矣。惟译者盖尚未知有朱师辙之《商君书解诂》(民国十年上海广益书局出版，定价四角)。朱氏书除参综严、俞、孙三氏之所校释外，“复取明吴勉学、程荣……诸家及《意林》《群书治要》《太平御览》等书所引，稽其同异，正其谬误。……训诂多折衷于先大父(朱骏声)《说文通训定声》。《垦令》一篇家君旧有诠释，谨载于篇。又复缀辑二文，厘为附录二卷，刊诸编末”。盖用力颇勤，采摭亦博。戴氏译本再版时，若取以参校，当有所补益也。

译文之前，有戴氏所撰导言，篇幅差与译文埒。内容分四章。(一)第一章为历史上之商鞅。乃摘译《史记》《过秦论》《新序》及《战国策》中关于商鞅之记述而加以考订。其结论略谓：“商鞅一生之外表的事迹，如相秦孝公、胜魏、强秦、建设新都等等，皆无理由可以怀疑之。其他如全国行政上之改革、并土地及租税上之改革，或亦可信，惟非绝对可信。”至其余之商鞅故事，亦决非司马迁所任意构成，盖其中有一部分已见于《战国策》及《吕氏春秋》也。此种浪漫的故事所表现商鞅之性格，似不能完全否认。(二)第二章社会改革家之商鞅。(三)第三章《商君书》与法家，皆无甚创见。(四)第四章《商君书》之原本，内分二节：(1)《商君书》原本之流传；(2)原本之考证。前一节述《商君书》在诸史及群籍中之著录及称引，无创获可言。后一节《商君书》之考证为戴氏之独见，为后此国人研究《商君书》者所当参考。兹摘译如下。

宋黄震于其日钞中最初致疑《商君书》，谓：“或疑鞅亦法吏之有才者，其书不应繁乱若此，真伪殆未可知。”稍后《周氏涉笔》则谓：“《商鞅书》亦多附会后事，其精确切要处，《史记》列传包括已尽。今所存大抵泛滥淫辞，无足观者。……凡《史记》所不载，往往为书者所附合而未尝通行者也。秦方兴时，朝廷官爵岂有以货财取者。而卖权以求货，下官者以冀迁，岂孝公前事耶?”《四库全书总目提要》(一七八二年)则谓，《商鞅书》中有后人附益之说，无法证明。惟据《史记》所载，则孝公卒后，商鞅仓遽出逃，旋即被刑，何暇著书？若其书作于相孝公时，则首篇不应即称其谥。或商鞅之徒集其言成此书，如《管子》焉。近代学者对此书恒持批评态度。胡适氏于《中国哲学史大纲》（三六三页）中指出，《徕民》篇时代错误者数处，因断定其书作于商鞅死后而非真品。梁启超氏于《先秦政治思想史》（一一二页）中谓，《商君书》亦犹《管子》，非书名所代表之人所作，乃战国末年法家者流凑集而成。其书之价值如大小戴《礼记》。俄国伊凤阁（A. Jvanov）于论韩非子一文之导言中则以为《商君书》最为完整："吾人于其中并不能寻出重要之重复或窜乱羼入。"福克博士（A. Forke）不信其书为商鞅所作，谓盖鞅死后其徒集其遗言。其中有若干篇，或根据商鞅上孝公之官府的报告，因其中用臣字也。其他若干篇，文语凌乱者，或为后人羼入。马斯贝罗（H. Mapero）则以为，《商君书》乃纪元前三世纪时一不知名之人所撰。惟原本已佚，今本为六朝人伪托。古今中外学者对此书之意见大略如上。今进而考之，此书非商鞅作，其证有三。（一）如上所言，商鞅去职不久，旋即被杀，无著书立说之机会。（二）第一篇称孝公之谥，第十五篇对于所进言之人称王。按秦在商鞅死后十余年始称王。又称魏襄王之谥号，而襄王死于纪元前三一九年。又举及许多在商鞅后之事，其最晚者在纪元前二六〇年。（三）第二十篇之末，涉及三〇一年及二七八年之事，又有似指二四一年楚国被瓜分之事者。

是书不独非商鞅所作，且作者决不出一手。所存四十二篇中，文体有极大之差异，或简而朴，或繁而纡。又所用字眼亦有一部分不同。要之："其最古者（第四、第五、第十三篇、第二十篇除末节外、第十九篇，又第二、第三篇中有若干处除外）或为原本之残遗

（第十、第十一、第十二篇亦含有古本断片）。其后者大抵出于纪元前三世纪。其中如第二十六篇（第二十三、第二十四、第二十五篇同）似当属于此世纪之末二十五年。第十七篇就虚字之用法上论，虽表现三世纪之特色，惟因其文体繁冗为此期所罕见，或在其后。其他各篇，亦有相当价值，或因其示吾人以法家之原始思想，或因其示吾人以后来法家之发展。至此书之现在形式不知编定于何时，或如马斯贝罗之所提示，在六朝时代。马斯贝罗以其书为一种杂凑、而非原来之形式，此则吾人所安然承认者。然若以为毫无价值之赝鼎而弃掷之，则过矣。"（一五九页）

署名"素痴"，原载《大公报·文学副刊》第77期，1929年7月1日

评《中国哲学史》上卷[①]

冯友兰著，神州国光社（上海河南路六十号）出版，《清华大学丛书》之一，实价精装二元五角、平装一元八角，共458＋31面，二十年二月初版。

编者按：冯友兰之《中国哲学史》为最近出版界重要之书。冯君在清华大学教授哲学史多年，其讲稿一再修正，近始付印，列为《清华大学丛书》第一种。本刊于去年七月（百三十二期）曾转载陈寅恪君丛书审查之报告一篇，可当此书之一篇评文读也。素痴君远居美国，闻此书将出版，即据其年前所得之讲稿，草此评文，寄本刊。今分两期登载；下期登载完毕后，则续登胡适君致冯君讨论此书内容之书信，及冯君对于两君之答复。学术以讨论而益多发明，谅能引起读者之兴味也。

《哲学史》顾名而知其负有两种任务：一是哲学的，要有现代的语言把过去各家的学说，系统地、扼要地阐明；一是历史的，要考

① 原文名为“《中国哲学史》（上卷）”。

查各家学说起源、成立的时代，作者的生平，他的思想的发展，他的学说与别家学说的相互影响，他的学说与学术以外的环境的相互影响，等等。这两种工作，有同等重要。这部书的特长是在对于诸子，及大部分之经传，确曾各下过一番搜绎贯穿的苦功，而不为成见所囿。他的重述(restatement)比以前同类的著作精密得多，大体上是不易摇撼的。惟关于历史方面，则未能同样令人满意。所以我的评论，也大底从此方面着笔。

除了我下面提出讨论的细节外，觉得此书有两个普通的缺点。第一是直用原料的地方太多，其中有好些应当移到附注或附录里去(例如书中讲尹文、宋钘，讲彭蒙、田骈、慎到，皆首先把所有的材料尽量罗列起来，然后解说，这似乎是不很好的体例)，有好些若非用自己的话来替代或夹辅，则普通读者不容易得到要领的。(例如第七章讲五行之直用《洪范》；第八章讲老庄别异之直用《庄子・天下》篇中极飘忽之语而仅加以“此《老》学也”“此《庄》学也”便了；又如第十二章讲荀子心理学所引《解蔽》篇文，其下半自“虚壹而静”以下至今无人能解得透，而冯先生把它钞上便算了事。这类的例还不止此，恕不尽举了。)直用原料而没有消化的例，有一最坏的如下。第三章第二节开首说：“宇宙间事物既皆有神统治之，故人亦立术数之法，以探鬼神之意，察祸福之机。”以下便直用《汉书・艺文志》文来说明六种术数。依冯先生的话似乎此六种术数，都与鬼神之观念有关，都是用来“探鬼神之意”的。而所引《汉志》文有云：“形法(六种术数之一)，大举九州之势，以立城郭室舍。形人及六畜骨法之度数、器物之形容，以求其声气贵贱吉凶。犹律有长短，各征其声，非有鬼神，数自然也。”这岂不是与冯先生的话相矛盾吗？其实古代许多迷信，与人格化的鬼神观念无关。它们的根本假设，也与现代科学一样，为自然之有规则性；不过它们根据不完全的归纳，以偶然的遇合，为经常的因果关系罢了。

第二，书中既没有分时期的提纲挈领，而最可异者书中涉及诸人除孔子外，没有一个著明其生卒年代或约略年代（无论用西历或中国纪年），故此书的年历轮廓是模糊的。试拿此书与胡适的《中国哲学史大纲》和梁启超的《先秦政治思想史》或任一种西洋哲学史一比，便知道作者的“历史意识”之弱了。

以下便说到我要提出讨论的细节。

（一）冯先生以为晚周哲学特别发达的主因是社会组织的根本变迁，这是我们可以承认的。他推测周代的封建制度，在上者是世袭统治者而兼地主的贵族，在下的庶人只是附田的农奴，这也是我们可以承认的。但关于农奴制一点，他没有举出充分的证据。我们应当分别地主与佃者的关系和地主与农奴的关系。佃者对于地主，对于所赁耕的田有选择迁改的自由，农奴却没有，他是生在那里，便被禁锢在那里，老死在那里。因为这缘故，地主对于佃者的威权是有条件的，而地主对农奴的威权是绝对的。贵族可以同时为统治者而兼地主，而在他底下的“庶民”不一定就是农奴。冯先生所举的证据只能证明贵族是地主，而不能证明庶民是农奴。农奴制在中国的存在，古籍上有证据吗？我以为有，就在《左传》昭公二十六年。晏婴与齐景公言陈氏将为后患，齐景公问他有什么法子可以防范，他答道：

> 惟礼可以已之。在礼，家施不及国，民不迁，农不移，工贾不变，士不滥，官不滔，大夫不收公利。

后面他又说：

> （礼），先生所禀于天地以为其民也。

由此可见，在春秋时士大夫的记忆中的传统的制度，是农民没有移徙的自由的。上引的话固然不必在昭公二十六年出于晏子之口，然周初之曾有此制，则当可信。孟子所主张井田制度中的人民“死徙，无出乡，乡田同井”，老子所悬想的“邻国相望，鸡犬之声相闻，而民老死不相往来”，都是古代农奴制度的反映。以上是一点小小的补充，并不是什么纠正。但这一点与下节所讨论却很有关系。

（二）春秋时的旧制度，冯先生所承认的，即如上述。那么，在当时守旧的人，真正“从周”的人必须是上述制度的拥护者，这是冯先生的主张的不可免的结论。冯先生说：“在一旧制度日即崩坏的过程中，自然有倾向于守旧之人，目睹世风不古，人心日下，遂起而为旧制度之拥护者，孔子即此等人也。”（第二章第二节）这是他关于孔子的中心见解。于此，我们不禁要问，孔子是拥护贵族世官制度和农奴制度的吗？如其是的，则冯先生的见解不差。如若不然，则我们不能不说冯先生的见解是错误的了。我们讨论这个问题要注意的有两点：第（1），我们不能因为一人的社会理想与传统制度有多少相同的地方，便断定他是传统制度的拥护者，因为从没有一个人能够凭空制造出一种与传统制度完全相异的理想。是否守旧者的标准，只在乎他所拥护的是否旧制度的主要部分。春秋时传统制度的主要部分，自然如冯先生所指出的，是贵族政治和农奴经济了。第（2），我们不能因为一个人自称是遵守某某，继承某某，便断定他真正如此。这不必因为他会有意或无意的“托古改制”，因为一个人对于自己历史地位的判断，不必正确；他所遵守继承的也许是比较的小节，而他所要变革的也许是大体。因为我们对于“吾从周”“吾其为东周”一类孔子的话，是不能用它们的“票面价值”的。冯先生说得好，“中国人立言多喜托之古人……论者不察，见孔子讲尧舜；董仲舒、朱熹、王阳明讲孔子……遂觉古人有一切，今人一切无有。但实际上，董仲舒只是董仲舒，王阳明只是王阳明……”(第一章第八节)但我很奇怪，为什么冯先生不在“论者不察”之下改作“孔子讲周公”，并在“但实际上”之下加上“孔子只是孔子!”以上都是枝节的话，我们现在的问题是：孔子是拥护传统制度的主要部分——贵族世袭的政治制度，和农奴的经济制度的吗?

孔子的政治主张有两点，在现在看来是平平无奇，而在当时传统的政治经济背景下，却有重大的意义的。这两点是：“来远”和“尊贤”。这两点《论语》内屡屡讲及，《中庸》里更定为“口号”。我们且撇开《中庸》不谈，单引《论语》为证。(甲)关于“来远”者，《论语》里有下列的话：

叶公问政，子曰：“近者悦，远者来。”

上好礼，则民莫敢不敬；上好义，则民莫敢不服；上好信，则民莫敢不用情。——夫如是，则四方之民襁负其子而至矣。……

远不服，则修文德以来之。

“来远”的主张的大前提，便是农奴制度的否认。因为在“民不迁，农不移”的古礼之下，庶民一生被锢在特定的田舍里，一国或一方的统治者无论怎样“修文德”，谁能“襁负其子而至”呢？以我的推想，春秋时农奴制度已大大崩坏，耕者私有土地的事实这时已经存在否，我一时找不到很明确的证据(《诗经》上有“人有土田，汝反有之”之语，但我们不知是否指农民私有的土田)，但大多数有食邑的贵族，其与农民的关系，乃地主与佃户的关系而非地主与农奴的关系，这是我们可断言的，视晏婴之感觉有复古的需要而可证。孔子是承认这种新情形为合理而不主张复古的。他并想利用这种情势来鼓励统治者去修明政治。盖春秋时黄河流域可耕的土地还没有尽辟，几乎任何地方的统治者都感觉有增加人口的需要，因为增加人口即是增加租税。“邻国之民不减少，寡人之民不加多”，直至战国时依然是统治者的通患。儒家对当时的统治者说：“你们这种要求是合理的，不过想达你们的目的，非行仁政不可。”孔子是这样说，孟子也是这样说。(乙)关于“尊贤”，《论语》上有下列一段重要的话：

> 樊迟问知，子曰：“知人。”樊迟未达，子曰：“举直错诸枉，能使枉者直。”樊迟退，见子夏曰：“乡也吾见于夫子而问知，子曰举直错诸枉，能使枉者直，何谓也？”子夏曰：“富哉言乎！舜有天下选于众，举皋陶，不仁者远矣；汤有天下选于众，举伊尹，不仁者远矣。”

此外还有“举善而教不能则劝”“举贤才”一类的话不少。这些话现在看来，简直是不值称说的老生常谈。但拿来放在贵族世官的政治背景里，便知其“革命性”了。若承认贵族世官的制度，则何人当任何职位，早已如命运一般的注定，还用着“选”“举”吗？“尊贤”主张的极端的结论，也许孔子还没有看到(后来孟子却明明看到了)，但这个和贵族世官制的精神根本不相容的原则，是他所极力倡导的。从上面所说看来，冯先生以孔子为周朝传统制度拥护者的见解，似乎是一偏的。

(三)冯先生谓，“自孔子以前，尚无私人著述之事”(第二章第一节)，此说似不能成立。固然，《汉书·艺文志》所著录，名为孔子前人所著的书，无论存佚，吾人都不能信其非出依托。但《左传》记春秋时士大夫屡引及所谓“史佚之志”(僖十五年、文十五年、宣十二年、成十一年、襄十四年)，此似可为孔子以前有私人著书之证。此所谓“志”，不一定是史书。《左传》中屡引“军志”，从所引考之，乃兵法书也。又观《左传》所引史佚之文皆为“格言”性质，与《论语》内容极相类。《论语》盖非语录体之创始。我知道灵敏的读者一定会质问我：先生何从知道《左传》所引是出诸春秋时士大夫之口？即尔，又何从知道所谓“史佚之志”果出史佚之手呢？这里便涉及史法上一个重要问题。老实说吧，我们研究先秦史所根据的资料，十分之九是间接的孤证，若以直接见证之不谋的符合为衡，则先秦史根本不能下笔。就哲学史言，例如孔子一章便成问题，因为《论语》一书至早是孔子的再传弟子所编，而且到了汉代才有定本，其中有伪托和误羼的部分，崔东壁已经证明。我们又何从知道伪托和误羼的仅是崔氏所指出的部分呢？即其中原始的部分，我们又何以证实其为孔子的话呢？凡治先秦史的人大都遇着这个困难：于一大堆作者人格、时地很模糊的间接孤证，吾人既不能完全不信，又不能完全相信，到底拿什么做去取的标准呢？我以为只有用以下的标准：(甲)诉诸历史的绵续性。我们遇到一宗在问题中的叙述，可把它放在已知那时代的背景上，看其衬配得起否？把它与前后相类的事比较，看其“接榫”否？如其配得起，接得上，则可取。(乙)诉诸作伪的动机。在寻常情形之下，一个人不会无缘无故而说谎的。我们对于一宗在问题中的叙述，宜审察在这叙述背后有没有可能的作伪动机——(例如理想化古代以表现个人学说之类)若没有则比较可取。试拿这两个标准去绳《左传》所记春秋时人引“史佚之志”。作伪的动机，这里似乎没有。这一点并没有积极的证据力量，最重要的还是以下的问题：孔子以前史佚私人著书事，在历史上的或然性如何？我们从《左传》《国语》及诸子书里可考见史官在春秋时的“知识阶级”的主要分子，是君主所尊崇的顾问。这种情形决不是春秋时乃突然开始有的，我们从《尚书》及周金文(例如散氏盘铭)里都可以证明他们是掌司典策的阶级。因为这缘故，自然他们有特殊的闻见为君主所要咨询的了。这些对国家大事常常发言的人，其有意见及教训遗留于后，或有人记录其意见及教训，那是很自然的事。反之，若当这“郁郁乎文”的时代，操知识的秘钥的阶级，在四五百年之内(由周初至孔子)，却没有一人“立言”传世，那才是很可怪异的事哩！以我的推测，孔子以前，私人的著书恐不止“史佚之志”一种。《论语·季氏》篇引及周任的话，《左传》里也有引他的话，似乎他也有著作，如“史佚之志”之类。

(四)老子的年代问题，自从梁启超在《评胡适之中国哲学史大纲》一文中提出以后，在国内曾引起了不少的辩论，现在应当是结算的时候了。冯先生是主张老子书(以下称《道德经》)应在孟子书之后的。但依冯先生说，著《道德经》的李耳到底与孟子同时呢？抑或在孟子后呢？如在孟子后，到底后若干时呢？这些问题冯先生都没有注意到。他在孟子一章内引《史记》云：

> 孟轲……游事齐宣王，宣王不能用，适梁。梁惠王不果所言。

后来他在庄子一章内又引《史记》云：

> 庄子……与梁惠王、齐宣王同时。

是他承认庄子与孟子同时了。但著《道德经》的李耳到底在庄周之前抑在庄周之后，抑与庄周同时呢？冯先生也没有明白告诉我们。他书中把老子放在庄子之前，在庄子一章中又没有否认庄学受老学的影响。那么他似乎承认李耳在庄周之前。而庄周与孟子同时，则李耳当亦在孟子之前，这岂不与上引《道德经》应在孟子书后之说相矛盾吗？

依我看来，孟子书当是孟子晚年所作的（如若是孟子所作的话），《道德经》如出孟子书后，而又隔了一个著作体裁变迁所需的时间，则其作者必不能与孟子同时。换言之，即不能与庄子同时。而庄子书所称述老聃的学说及精神却与《道德经》相合，其所称引老聃之言几乎尽见于《道德经》。这事实又如何解释呢？依冯先生的立足点，只能有两种说法：(1)在庄子、孟子之前，已有一派“以本为精，以末为粗，以有积为不足，澹然独与神明居……以濡弱谦下为表，以空虚不毁万物为实”的学说，其创始者据说为老聃，其后李耳承其学而著《道德经》。(2)李耳是作者而非述者。庄子书或至少其中称及老聃学说诸篇皆不出与孟子同时的庄周手，而为李耳以后人所依托。但我们从学说演变的程次观之，庄学似当产生于老学之后，如果老学出孟子后，则《史记》所载与孟子同时的庄周，即非乌有先生，亦必非庄学的创始人。这两种说法，不知冯先生到底取那一种？如若取第(1)种的话，则有以下之问题：李耳以前，“老学”的创始者到底属何时代，传说中的老聃是否即是其人？《道德经》中，李耳述的与作的部分如何分别？

我对于老学的历史观却与冯先生不同，我以为：

(1)现存的《道德经》，其写定的时代，不惟在孟子之后，要在《淮南子》之后。此说并不自我发，二十多年前英人翟理斯(H. A. Giles)已主之。他考证的方法是把《淮南子》以前引老子的话搜集起来，与现存的《道德经》比对。发现有本来贯串之言，而《道德经》把它们割裂者；有本来不相属之文，而《道德经》把它们混合者；有《道德经》采他人引用之言，而误将引者之释语羼入者。他举出《道德经》由凑集而成的证据很多，具见于其所著 *Adversaries Sinica*(1914，Shanghai)第一册中，我这里恕不重述了。

(2)因此我们决不能据这部书的体裁，来推考其中所表现的学说的产生时代。

(3)我们没有理由可以推翻《史记》所说庄周与庄学的关系，和所记庄周的时代；我们也没有理由可以把老学放在庄学之后。故此我们应当承认老学的产生乃在庄子之前，亦即孟子之前。

(4)老学的创造者和其正确时代已不可知，但汉以前人称引此学者多归于老子或老聃。其言及老子或老聃之时代者，皆以为他是孔子的同时人。《礼记·曾子问》所记的老聃，孔子适周从之问礼者，或确有其人，或即《论语》里的“老彭”亦未可知(马叙伦说)。但这人是拘谨守礼，“信而好古”的，不像是《道德经》所表现的学说的倡始者。但大约他是富有“濡弱谦下”的精神，提倡像《论语》所举“以德报怨”一类的教训，这一点却与后来老学有一些近似，故此老学遂依托于他。对于老学的真正创始人，我们除了知道他的时代在庄子之前，他的书在庄子时已传于世外，其余一无所知。他大约是托老聃之名著书而把自己的真姓名隐了的。所以秦以前人引他的话时，但称老子或老聃，而没有用别的姓名。他的书经秦火以后，盖已亡逸或残阙。现存的《老子》，乃汉人凑集前人所引，并加上不相干的材料补缀而成。

以老学的创始者为李耳，始见于《史记》，那是老学显后二百多年的孤证。秦以前所不知者，至史迁始知之，那已足令人疑惑了。史迁与“李耳”的八代孙相去不远，所以《史记》载李耳后一长列的世系，若非出妄造或根据误传，当是直接或间接得诸其家。如若彼家知道李耳与老聃非一人，则《史记》不当有此误；如若彼家不知李耳与老聃非一人，则其“家谱”根本不可靠。以吾观之，“老学”的创始者，其真姓名殆已早佚，战国人疏于考核，即以所依托之老聃当之。汉初有一家姓李的人，把老聃攀作祖宗，加上姓名，著于家谱，史迁信以为真，采入《史记》。那就无怪乎梁启超把《史记》所载老子后裔世系和孔子后裔的世系一对比，便发现大大的冲突了。那姓李的人家何以要攀老聃作祖宗呢？我们看《史记》话便明白。《史记》载，“李耳”的七代孙“假，仕于汉孝文帝，而假之子解为胶西王印太傅”。那个时代，黄老之学得汉文帝和窦太后的推崇于上，盛极一世，无怪乎有人要攀老聃做祖宗了。说不定他们因为攀了老聃做祖宗而得做大官也未可知。以上关于老子时代的话，自然大部分是假说，但我相信这假说比较可以满意地解释一切关于“老子”的记载。

（五）旧日讲老庄者多着眼于其所同而忽略其所异。冯先生侧重其相异之处，是也，然于老庄之重要相同处却不免忽略，盖矫枉每流于过正也。上面已指出《老子》是一部杂凑成的书，以我观之，其中实包含有两系思想。其(1)系根据“物极必反”的原则，而建设出“出甚，去奢，去泰”的人生哲学。本书老子章中所详述者是也。就此系而论，其与庄子相同之处极少。然(2)老子书所包含的人生哲学另外尚有一系，大前提是人道与天道是合一的。人的行为若能仿效天道，则所得结果为幸福，为好。[故曰：“人法地，地法天，天法道”，又曰：“侯王若能守之(道)，万物将自化”。]其结论是：我们应当复归于婴儿。老子所谓“天道”的特质是什么？总言之是“自然”(道法自然)，用现在的话译出来，便是：任一切事物循其自己的途径，不加干涉(Let things take their own course without interference)。分析言之，老子所谓天道，至少包括下列三项。

(1)无欲。(“大道氾兮其可左右。……常无欲，可名于小。”)——并无什么欲求，待于满足。

(2)无为。(“道常无为而无不为”等)——不预存一计划去营谋造作，不立一标准去整齐划一。

(3)无私。(“大道氾兮其可左右，万物恃之而生不辞，功成不名有，衣养万物而不为主。”“道生之，德畜之，物形之，势成之……生而不有，为而不恃，长而不宰。”“天地所以能长且久者，以其不自生，故能长生；是以圣人后其身而身先，外其身而身存。”）没有人己物我的分辨，万物只是一体。

以上三者，同时就是行为的准则、人生的理想。因为法天道的无欲，所以圣人“常使民无知无欲”“镇之以无名之朴，无名之朴，夫亦将无欲”。因为法天道的无为，所以圣人“处无为之事，行不言之教”“致虚极，守静笃”。因为法天道的无私，所以圣人“生而不有，为而不恃，长而不宰”，所以圣人“后其身……外其身”“贵以身为天下，若可寄天下，爱以身为天下，若可托天下”。总之，人道与天道合一的结果，便是物我的界线，绝智识与欲望，任环境之变化，而不加丝毫干涉；便是“泊兮其未兆，如婴儿之未孩”“沌沌兮俗人昭昭，我独昏昏；俗人察察，我独闷闷；澹兮其若海，飂兮若无止；众皆有以，我独顽似鄙”的境界。就这一点而论，老子与庄子是极相近的。这种境界盖即是庄子的“心斋”，所谓“坐忘”，所谓“玄德”之所从出（“玄德”一辞亦见《道德经》第十章）。

冯先生没有看出《道德经》中两系不同的思想，故混之为一，遇着不能贯通的地方，竟武断地遮掩过去了。例如他说《道德经》：“三章及三十七章皆言无欲，然无欲实即寡欲。”（第八章第八节）夫无欲明明不是寡欲，强而一之，岂非“指鹿为马”吗？

（六）书中对于学说之解释，成问题最多的要算《庄子·天下》篇惠施十事及辩者学说二十一事的解释。我以为解释这些文句时，有一条原则应当遵守：凡一种解释，若将原文主要字眼改换而乃能适用者，则此等解释应当舍弃，若不能依此标准解释，毋宁阙疑。

讲到这些学说时，但取可解者述之，其不可解者附入小注可耳。冯先生之解释违反上述原则者有下列各条：

（1）“连环可解也。”冯先生解云：“‘其分也成也；其成也，毁也。’……连环方成方毁。现为连环，忽焉已非连环矣。故曰连环可解也。”照这样说来，则万物皆可为其反面，何必连环？愚意此条毋宁阙疑。（第九章第三节）

（2）同章第十一节所举辩者学说“合同异”组“卵有毛”等六条，冯先生统释之曰：“此皆就物之同以立论。因其所同而同之，则万物莫不同；故此物可谓为彼，彼物可谓为此也。”若理由是这样简单，则“万物毕同”，何必特举这六种呢？

（3）同节“飞鸟之影，未尝动也”及“镞矢之疾，而有不行不止之时”，冯先生采用司马彪的合解，“形分止，势分行。形分明者行迟，势分明者行疾”云云。老实说，我觉得这些话比原文还难解。我只好怪自己愚笨，但我很希望冯先生能把它们译成现代的话，使愚笨的人受益受益。后面冯先生说：“亦可谓动而有行有止者，事实上之个体的飞矢及飞鸟之影耳。若飞矢及飞鸟之影之共相，则不动而无止，与一切共相同。”这些话我却明白。但如果冯先生解得对，则这两条中有一条是无谓的重复，因为这种重复可演至无穷的。而且照冯先生的解法，说“飞鸟未尝动”便可，影字竟成了赘疣，既说共相“不动无行止”，又说有“飞矢及飞鸟之影之共相”，一句之内便自相矛盾。试问不动不行的共相怎样飞法呢？我觉得飞鸟一条，原文本来是很容易解的。飞鸟每刹那易一位置，即每刹那投一新影。我们看来好像有同一的影自由地移至乙地，实则无数的影继续生灭于甲乙之间而已。《墨经》中有“景不徙，说在改为”一条，意即如此。解释“镞矢”一条，我们应当着眼在“不行不止”四字。原不说“有不行之时”，可见意思是在疾飞的镞矢，有一个时候既不是行，又不是止。这怎么解呢？比如我们说镞矢当 t_1 时在 A 处，及 t_2 时则在 B 处。那么镞矢在什么时候开始移动了呢？说在 t_1 时吗？不，那时它正止在 A。说在 t_2 时吗？不，那时它已止在 B。如果动是事实，它必定在某刹那开始动。这个刹那必在 t_1t_2 之间。让我们说是 t_x。在这个刹那说矢是动吗，它却占一定的位置；说它是静止吗，那么它便是没有开始移动的时候。故此这镞矢必得有一个时候，既然不得说是动，又不能说是止。

此外冯先生的解释，我认为可以补充的有三事：

(1)惠施第五事：“大同而与小同异，此之谓小同异；万物毕同毕异，此之谓大同异。”冯先生解云：“天下之物若谓其同则皆有相同之处，谓万物毕同可也。若谓其异则皆有相异之处，谓万物毕异可也。”(第九章第三节)我以为此只解得原文下半。更正确地详细地应当说：“所谓同异有两种意义：从一观点言，若甲与丙大同，乙与丙小同，则甲与乙相异。这种同异，谓之小同异。从另一观点言，则万物皆相同(如同是东西，同时占时空)，皆相异(如不能占同一位置)，这种同异谓之大同异。

(2)惠施第九事：“我知天下之中央，燕之北、越之南是也。”冯先生释云：“……执中国为世界之中，以燕之南、越之北为中国之中央，复以中国之中央为天下之中央，此真《秋水》篇所谓井蛙之见也。”按惠施此则，似不在否认燕之北及越之南皆可为天下之中央，而在证明二处皆为天下之中央，以成其 paradox。因为当时人的想像中，相距最远的莫如燕之北与越之南——简直是世界的两端，断不能同时为天下的中央的了。但就惠施看来，宇宙是无穷大的。在无穷的空间里，任何一处其上下四方皆是无穷，故任何处皆可为宇宙之中央也。

(3)惠施第六事："南方无穷而有穷"。关于这一条冯先生的解释，并没有什么可批评的地方。但我要在此提出一个有趣的问题：惠施何不举东方、西方或北方，而偏举南方呢？而且不独惠施为然，似乎先秦人说及世界无穷时大抵仅举南方为言。例如《墨经》下："无穷不害兼，说在盈否。"《说》曰："无，南者有穷则可尽，无穷则不可尽。有穷无穷未可知，则可尽不可尽不可知。"此所引经说是重述对于兼爱说之诘驳，意思是说：若南方有穷则人可尽爱，若南方无穷则人不可尽爱。南方之有穷或无穷不可知，则人之可尽爱与否不可知。若事实上人不可尽爱，则兼爱(尽爱一切人)之主张不能成立。照理此处应作"天下有穷"云云，何以也如惠施一样，但举南方呢？我们更仔细一想，便将古代一个久已淹没的世界观钩掘起来。原来在惠施及《墨经》的时代，中国学者公认这世界在东西北三方是有穷的。惟对于南方之有穷与否，则尚怀疑，有些人却相信南方是无穷的。为什么不怀疑东、西、北三方是无穷，而只怀疑南方是无穷呢？这很容易明白，在当时所知的世界，东面有海为限，西、北两面有大山为限，人们的想像从没有超越过这界限，以为这界限就是世界的尽头了。惟在南方既没有碰到洋海或大山脉，但见无涯的林莽薮泽，为蛮夷所盘据，不能深入以探其究竟，故于南方之有穷与否，只能存疑。

以上把作者读冯先生的书时，偶然想到的拉杂写出，算不得系统的批评，而且行箧乏书，无从稽勘，有好些地方只得从略。此外冯先生书有许多好处，未及详细指出，也是作者所觉得抱歉的。

署名“素痴”，原载《大公报·文学副刊》第176、177期，1931年5月25日、6月1日

附：

冯友兰《中国哲学史》中几个问题

——答适之先生及素痴先生

适之先生于去年三月接到我的《哲学史》讲义后，即写了一封长信，讨论老子年代的问题。我因杂事很多，未及写回信，仅于去年夏适之先生到北平见面时，略辩了几句。现在素痴先生在美国看了我的《哲学史》讲义，不远万里，写了一个书评，对于我的书，有许多指教。二位认我的书有批评之价值，我很感谢。但二位先生的意见，我觉得还有可讨论的。

有历史家的哲学史，有哲学家的哲学史。历史家的哲学史注重“谁是谁”。哲学家的哲学史注重“什么是什么”。我是哲学家不是，尚是问题，不过我确不是历史家，所以我在我书的序文上先有声明。素痴先生说我的书的“特长是哲学方面，惟关于历史方面，则未能同样令人满意”，这句话前半段是素痴先生的过奖，后半段所说实在是事实。

虽然如此，一个“哲学史”所负之历史的任务，如素痴先生所说者，我的书也尽了不少。不然我尽可以叫他为《中国哲学》，不叫他

为《中国哲学史》。

素痴先生所说我的书之第一普通缺点，是直用原料的地方太多。关于这点我在我的绪论里写了一段，说明此书系兼用叙述式与选录式的两种体裁，原文见原书第一九页(神州国光社本)，现在不必钞他了。素痴先生只看见我的讲义，其中是没有增加这一段的。至于素痴先生所举我讲术数的一段，我实在是太疏忽，这是我应向读者道歉的(商务本已改正)。

素痴先生所说“分时期的提纲挈领”，我书中本来打算有个，但是下一半书还没有写出，先写好的分期的提纲挈领，恐怕不适用。所以第一篇里就把他省去了。每一个哲学家的生卒年代，我本来写的有，后来有许多哲学家，我只知道他的学说大概是在什么时候，却不知道他的生卒年代。所以我为一律起见，把我所知道的，也不写上。因为我所知道的也是大家所知道的，写上不写上没有关系。我觉得一个哲学家的时代对他的哲学是有关系的，至于他的确切生卒年月，对于他的哲学是没有大关系的。例如我是清末民初的人，这与我的思想是有大关系的，至于我是生在光绪二十四年或二十三年，是于我的思想没有大关系的。我不说这些问题不重要，不过我对于这些问题，没有兴趣。所以这些问题，我没有研究。不过我对某种学说大概在某时代发生之问题，却费了不少的工夫，书中各章排列之先后，亦很费斟酌。读者试注意书中各章之次序，当不难得一古代哲学发展之轮廓。我很希望有人能把古代各哲学家的生卒年月，都考出来，听说现在有人正作这种工作。

关于农奴制，素痴先生替我们补充了一条证据，我们很感谢。至于说孔子不是拥护周礼，我想还可有讨论的余地。我说孔子拥护周礼，不是只因为他说过“吾从周”等话，也不是只因为孔子的社会理想与传统制度有多少相同地方，诸读者看我的书第四章第二节、第五节便知。我承认贵族政治及农奴经济是周之文物制度的基础；但不承认贵族政治及农奴经济，是周之文物制度的要素。我们即承认素痴先生的意见，说孔子是反对贵族政治及农奴经济的，但是他一生所守的“礼”是周制呢？是孔子所自制的呢？我们诚然可以质问孔子说：你老先生所拥护之文物制度，没了贵族政治及农奴经济的基础，是不能实现的。但这是孔子自己的矛盾，并不能因此说我的见解错误。

孔子的言行，在当时是有革命性，我不但不否认，并且我的书中极力表明此点。孔子在中国历史中的地位，真像苏格拉底：一方面说，他是很有革命性的人物；一方面说，他又是守旧的。

孔子以前，无私人著述之事，我近来看，是个很明显的事实。素痴先生说：“《汉书・艺文志》所著录，名为孔子以前人所著的书，无论存佚，吾人都不能信其非出伪托。”这不是很可令人注意的一件事吗？私人著述，与私人讲学，可以说是一件事的两方面。私人著述，即因私人讲学而起。当然说孔子以前无私人著述，并不是说孔子以前的人对于任何事都没有知识，没有意见。若果如此，天上忽然掉下一个孔子，岂不怪哉？我的书特为孔子以前这些有知识的史官及贵族立了一章(原书第三章)，其中如史伯、叔向、子产等人长篇大论的“言”，我特意大钞而特钞。我说：“不过诸人或为世业之史官，或为从政之贵族，不能如希腊智者之聚徒讲学宣传主张，所以中国思想史上权威之地位，不得不让孔、墨等后起诸子占据也。”(原书神州国光社本六三页)史官贵族受国君的咨询，对于国家或君主的事情常常发“言”，这是事实。这如后来之奏议等的性质，不能谓为私人著述。适之先生所举臧文仲立言，孔子引周任之言等；他们当然可以有“言”，这与我的立论并不冲突。素痴先生所举《左传》所引《史佚之志》及《军志》；《史佚之志》，顾名思义，是史官名叫佚者所记，他若以史官的资格作“志”，其“志”仍是官书也。《左传》所引《史佚之志》多格言，则本有记言之史官也。《军志》亦可是当时的“陆军部”记军事讲兵法的官书，私人的“兵家”，起来是很晚的。适之先生承认现在传本之《邓析子》非邓析子所作，却又以为有个真本《邓析子》，是孔子以前的私人著述，我以为可以不必要这个假设。

关于《老子》这本书，适之先生说我书中举的三条，不能证明此书为晚出，本来我并不专靠这三条。但就这三条说，关于孔子以前无私人著述之事，上文已详。《老子》非问答体一点，我是引用傅孟真先生说，在原书第五章第二节里声明过。关于第二点我是引用顾颉刚先生说，也在第五章第二节里声明过。傅先生的原文，已在《中央研究院历史语言研究所集刊》里发表，顾先生的原文见《古史辨》第一册，此处无须再为称引。不过我的主要的意思，是要指明一点，就是现在所有的以为《老子》之书是晚出之诸证据，若只举其一，则皆不免有逻辑上所谓“丐辞”之嫌，但合而观之，则《老子》一书之文体、学说，及各方面之旁证，皆可以说《老子》是晚出，此则必非偶然也(原书神州国光社本一九五页)。

适之先生驳梁任公先生的几条，第一条我想适之先生的比喻，恐怕不能解除任公先生所指出的困难。因为一族间大房小房的辈差，不必是因为小房的人都寿长的结果。而孔、李二氏辈数之差，若要说明，则要假定孔氏的人都寿短而李氏的人都寿长。这个假定不一定是合情理的。关于第二条，即令孔子所说“以德报怨”，是指老子而言，但墨子、孟子何以未言及老子，仍是问题。因墨子、孟子未言及老子，所以孔子所说之“以德报怨”亦未必是指老子也。关于第三条，老子主张不争，主张柔道，虽可说他是拘谨的人，但主张绝圣智废仁义的人，却又不像是拘谨。况第五条中，适之先生也承认老子的主张是激烈呢。关于第五条，邓析的学说，我们不很清楚。“伐檀”“硕鼠”的激烈，与老子之激烈不同。一是就某种具体事实，表示不满，一是就当时社会组织之根本原理，表示不满，其间很有差别。关于第六条，孔子可以说“千乘之国”，老子不能说“万乘之君”，其理由是因为春秋时之国家多而小，战国时之国家少而大。所以孔子不说“万乘之君”，老子不说“千乘之国”也。道家之名，诚为后起，但不能因其后起，即据以推定汉人所谓道家即专指当时之道家。法家、名家之名亦是后起，岂司马谈所说法家、名家，亦是专指汉时之法家名家吗？

素痴先生说，孟子与庄子同时，庄子之书既多受老子的影响，则老子应在孟子之前。这种说法，是以为现在庄子之书，整个的是姓庄名周之庄子一人所写。我不是这种看法。这一点我在我的书第二章第五节中已声明过了。至于现在《庄子》书中，哪一部分是姓庄名周的庄子写的，哪一部分是后学所写，听说现在正有人考定。我们可以说姓庄名周的庄子不是庄学的完成者，但仍然可以说他是庄学的创始人。

素痴先生说，“我们决不能据这部书(《老子》)的体裁，来推考其中所表现的学说的时代”。所说体裁不知是否即指所谓《老子》用

“经”体而言？本来先秦的书，差不多全经过汉人的整理。《老子》之书，经过汉人整理，乃意中事。素痴先生说现存的《老子》，“乃汉人凑集前人所引，并加上不相干的材料，补缀而成”。即令如此，《老子》亦非只是口耳相传至汉始著于竹帛，为什么据其体裁不能以推考其时代呢？

素痴先生说我讲老庄多着眼于其所异而忽其所同。关于这一点，在有一个时期我讲《老子》，我也说他与庄学有共同点的。我说《老子》所谓“死而不亡者寿”就是就个体与宇宙合一的境界而言，个体若与宇宙合一，则即可与宇宙永存。后来我觉得这种万物一体一类的意思，在《老子》书中并无明文，如此解释，恐近附会，故写《哲学史》时，旧稿未用。素痴先生所谓“没有人已物我的分辨，万物只是一体”，这是庄学的意思，在《老子》书中，这些字面，及含有此意义的字面一概未见，我们怎敢附会，以这些意思去解释《老子》呢？人法天是一件事，人与天合一又是一件事，法天者不一定就与天合一。《老子》亦讲婴儿，我书中特意提出（原书第八章第九节），但“泯物我之界线等语”，《老子》书中，未见明文。

我还是说《老子》所说无欲，只是寡欲。我说“人苟非如佛家之根本绝断人生，即不能绝对无欲也”（原书神州国光本二一六页）。就此而言，即庄学亦未主张无欲也。

关于我的书中之惠施、公孙龙章，我的主要意思，在于指明此二家学说之大体倾向。至于《天下》篇所举每条之本来的意义，我早就声明是不能完全知道的（原书第九章第一节）。所以有些条下，我不止举一种解释，即表此意，并非不避无谓的重复。不过素痴先生所举的原则，“凡一种解释，若将原文主要字眼改换去而仍能适用者，则此种解释，应当舍弃”，则颇有讨论之余地。因为古人有些话不过是举例的性质：此例可，彼例亦未尝不可。公孙龙说白马非马可以说明他的意思，他说白牛非牛，或黑马非马，亦未尝不可说明他的意思。若用素痴先生的原则，则对于公孙龙所谓白马非马，无论若何解释，我们都可问：如果理由这样简单，他何不说白牛非牛，或黑马非马，而偏说白马非马呢？我们若果真知道公孙龙说这句话的时候的主观方面及客观方面各种情形，我们或者可以解答这个问题。但这就是研究公孙龙的心理，不是研究公孙龙的哲学了。

司马彪所谓“形分止，势分行”者，以素痴先生之例明之，譬如飞鸟之影，t_1时在 A 处，t_2时在 B 处，此专就其形而言也。就此方面言，则“飞鸟之影未尝动也”。但如动是个事实，我们须注意于此事实之另一方面，即飞鸟之影，在 t_1、t_2中间 t_x时动之倾向，即所谓势也。我不一定就用他这个说法。不过我因为这是一个比较讲得通的旧注，故钞之以备一说而已。所以须多备一说者，其理由上已声明。素痴先生说：“既说‘共相不动无行止’，又说有‘飞矢及飞鸟之影之共相’，一句之内便自相矛盾。试问不动不行的共相，怎样飞法呢？”素痴先生问这个问题的时候，我想他手下写的是“飞矢及飞鸟之影之共相”，心中想的还是飞矢及飞鸟之影之个体。飞矢等的共相，不在时空之内，当然还是不动无行止的。若问他怎样飞去，就与问“动”之共相怎样动法，“变”之共相怎样变法，同为无意义的问题。我们只可说他有一种性质，若果他实现于时空，他是要飞的。素痴先生说，若照我的讲法，影字便成赘疣，这点批评很好；不过我不以为《天下》篇飞鸟之影一条与《墨经》影不移一条同意，因为《墨经》与辩者是立于反对的地位的。我有 段特讲此意

（见原书神州国光社本三一五页），似乎素痴先生没有看见。此外素痴先生补充的三事都很好，容我向素痴先生致谢。《大公报·文学副刊》编者发表素痴先生的文章之前先让我拜读，这也是我所应感谢的。

四月二十九日，清华园

原载《大公报·文学副刊》第178期，1931年6月8日

评《中国哲学史》下卷[①]

冯先生的《中国哲学史》上册初出版的时候，我曾对它发表过一些意见(见廿年五月廿五日及六月一日的《大公报·文学副刊》)。最近，此书全部出世，学报编者以书评见属，不免对下册补说几句话，虽然可说的话并不多。下册出版之前我曾有预读的荣幸，当时读后的感想，曾和冯先生说过的现在不想再说，因此可说的更少。

冯先生的书分为两篇并不是偶然的，这根据于他对于中国哲学史的一种看法。他以为中国哲学史天然地可分为两个时代：子学时代和经学时代；换句话说，即大体上不以传统的权威为依傍的时代，和根本上以传统的权威为依傍的时代。他以为子学时代相当于西洋哲学中的上古期，经学时代相当于其中的中古期。“中国实只有上古与中古哲学，而尚无近古哲学也。”但这“非谓中国近古时代无哲学也”，只是说，在近古时代中国哲学上没有重大变化，没有新的东西出现，其“精神面目”可以与西洋近古哲学比论的。“直至最近，中国无论在何方面皆尚在中古时代，中国在许多方面不如西

① 原文名为“《中国哲学史》下卷”，题下标有“冯友兰著，上海商务印书馆印行，民国二十三年九月初版，全书(上下两册)五百五十面，定价四元八角(纸面)”。

洋，盖即中国历史缺一近古时代。哲学方面特其一端而已。近所谓东西文化之不同，在许多点上，实即中古文化与近古文化之差异。”这些见解虽平易而实深澈，虽若人人皆知，而实创说。

在搜集材料的方法上，冯先生从表面依傍成说的注疏中，榨出注疏者的新见，这种精细的工作，是以前讲中国哲学史的人没有做过的。这种工作最显著的成绩乃在第六章讲向秀与郭象的一长段。最有趣的，他从注文的勘核竟发现了一个覆沉千古的冤狱，郭象盗窃向秀《庄子注》的冤狱，而得到平反的证据。此外在这下册里，我国所谓象数之学和希腊毕达哥拉学派的类似第一次被指出，董仲舒的学说第一次得到从新观点的详细分析，杨雄、韩愈、李翱在我国思想史上的地位第一次得到正确的新估定，宋学中的理气说及其演变第一次得到正确的了解，朱陆的异同第一次得到较深澈的认识，这些都是读者所不容忽略的。佛学在本书中占了三章又半(第七、八、九及十章之半)，可惜我对中外的佛学及其历史完全是门外汉，除了下面一小点外，竟不能赞一辞。本书页八一二说：“及乎北宋，释氏之徒亦讲《中庸》，如智圆自号为中庸子，作《中庸子传》，契嵩作《中庸解》。盖此类之书，已为儒、佛二家所共同讲诵者矣。”释氏之徒讲《中庸》，似乎不自智圆始，也不自北宋始。那舍身同泰寺，并且屡次升法座为“四部众”说经的梁武帝就著过一部《中庸讲疏》(见《梁书·武帝本纪》及《隋书·经籍志》)。更可注意的，前乎梁武帝，晋、宋间曾“述庄周大旨作逍遥论”的有名“玄学”家戴颙亦“注《礼记·中庸》篇”(《宋书》本传)。似乎《中庸》可以说是中国民族的思想，释、道之徒均莫能自外的。这一小节的补充无关宏旨。我愿意拉杂提出和冯先生讨论的乃在以下各点：

(1)冯先生讲《太极图说》(以下省称《图说》)的时候，拿《通书》的话去互释，这个步骤的合当，很成问题。“《太极图说》与《通书》不类，疑非周子所为，不然则或是其学未成时作；不然则或是传他人之文，后人不辨也。”去濂溪不久的陆象山已有此说(《与朱元晦书》)。这应当使得想替《图说》和《通书》作合解的人预存戒心。假如我们能将二者互释得通，象山的话固可以不管。但冯先生的互释果无困难么？我觉得在《图说》中濂溪并没有，而且也不能把太极看作是“理”。冯先生在“《太极图说》与《通书》”一节中引《通书》“二气五行化生万物，五殊二实，二本则一，是万为一，一实万分”的话，以为“《通书》此节题理性命章，则所谓一者，即理也，亦即太极也。太极为理，阴阳五行为气。”(页八二五)这里所谓太极，至少应当包括《图说》里的太极。但《图说》里所谓太极若是理，则“太极动而生阳，动极而静，静而生阴，静极复动”等话，又怎讲呢？形而上的、超时空的、永久不变的理自身怎会动起来？又怎会生起东西来，生起形而下的“气”来？这个生究竟怎样生法？冯先生也知道这些问题是不能答的，所以后来他在九〇七页的小注里说：“周濂溪谓：‘太极动而生阳，动极而静，静而生阴。’此言在朱子系统中为不通之论。……濂溪其太极，依朱子之系统言，盖亦形而下者。”(我疑惑这小注是 after-thought。当冯先生写此时，已忘却“《太极图说》与《通书》”一节里的话了。)但如冯先生的解释，把《图说》中的太极认为是理，那几句话在《图说》的系统中就非“不通之论”了么？濂溪之太极，依其《图说》中之系统言，难道就不是形而下的而是形而上的么？我看不然。最奇的，朱子把《图说》中的太极解释作总天地万物之理，却不悟照这样解法，上引周濂溪的话是不可通的。朱子在《语类》中也说："太极之有动静是天命之流行也。"又说："静即太极之体也，动即太极之用也。"冯先生以为《图说》中的太极与《通书》中的"一"或"理"相通，恐怕不自觉地受了朱子的话的暗示。

更使我们糊涂的，冯先生释《图说》中言动静一段时，又引《通书》"动而无静，静而无动，物也；动而无动，静而无静，神也"的话，跟住冯先生说明道："凡特殊的事物于动时则只有动而无静，于静时则只有静而无动。……若太极则动而无动，即于动中有静也；静而无静，即于静中有动也。"下面一段，即说明"太极为理"。与特殊事物相对的理能够动，而且是动同时又非动，是静同时又非静，这在下愚观之，简直匪夷所思，除留待请教张天师外，再无别法。而且上引《通书》文中与"物"，冯先生解作特殊事物相对的是"神"。我们须知这个"神"的历史背景是《易传》里"阴阳不测之谓神"的神（观《通书》下文"神妙万物"的话可证，此语本《易传》"神也者妙万物而为言也"）。这样的神无论如何是不能被认为与"太极为理"的太极相同或相等的。这个神，添上周濂溪所附加"动而无动，静而无静"的属性，简直是不受逻辑统御的魔鬼。我们相信逻辑（谁能不？）的人除了指出它是胡说的结果以外，更不能替它作什么解说。

（2）关于朱陆的异同，冯先生的认识自然比过去任何讲宋学的人为深刻，但似乎还有未尽之处，我的问题如下：在修养方法上朱子注重"道学问"，象山却不注重此，而侧重内心的自知，这是一般人所知道朱陆表面的差别。冯先生指出朱陆哲学上的重要差异在：朱子言性即理，象山言心即理。但从这个差异如何推演出他们修养方法上的差异，这一点似乎在冯先生看来没有什么问题，其实颇有问题。象山以为心即理，这句话的涵义之一，是“心皆具是理”；这个理至少包括“行理”，人之所应然的理。晦庵以为性即理，但这个性就是心中之理，(依冯先生说)虽得于天却具于心的；这个理也包括“人之所应然”的理。那么，朱陆同以为“人之所应然的道理”是具于各人心中。那么，他们应当同以为：欲知道怎样做一个理想的人，欲明“心之全体大用”，反求诸其心就够了。何以朱子于此更注重“道学问”呢？更注重对外物“用力之久”呢？而且朱子还有理由比象山更不重“道学问”。朱子以为一切理之全体具于各人之心中，“人人有一太极”。(象山似不如此主张，他以为“道……在天曰阴阳，在地曰刚柔，在人曰仁义，故仁义者，人之本心也”。似乎他以为人心中之理只包括仁义。)那么，即使穷理为正心修身的必要条件，欲穷理，反求诸其心也就够了，何必对外物“用力之久”呢？若说心中之理原为气禀所蔽，欲去此蔽，有待于“格物”(指朱子之所谓格物)，(冯先生似如此说，看页九一七至九二〇)到底“格物”与去蔽有没有必然的关系？欲明心中本有之理，是否非穷究外物之理不可？我们知道，象山也承认，人心之理(或人之本心)通常是被蔽的：“愚不肖者不及焉，则蔽于物欲而失其本心；贤者智者过之，则蔽于竟见而失其本心。”但他却甚且不承认“格物”是去蔽的有效方法。我们不能说象山的主张是自相矛盾，也就不能说“格物”是“复性”的必要手段，也就不能说注重道学问的修养方法是朱子哲学上主张的必然结论，也就不能说朱陆在修养方法上之差异，是基于他们哲学上之差异。这是我要请益于冯先生的。

(3)理气说之阐发自然是宋儒在哲学上的一大贡献。关于理气说的起源，我近来在一部大家不甚注意的书里发现一段颇出人意外，却来历至今未明的记载，愿意附带提出来，供治〔给〕我国治哲学史的人考索。明末李日华(一个博学的画家)的《紫桃轩杂缀》卷三(页二四下二五上，有正书局影印本)里说：

太极之理人知本于《易》，而发明于周元公，以为元公之说与伏羲画卦同功。然考东汉张遐则已先之矣。遐字子远，余干人。常(尝?)侍其师徐稺，过陈蕃，时郭泰、吴炳在坐。稺曰：此张遐也，知《易》义。蕃问遐。遐对曰：《易》无定体，强名曰太极。太者至大之谓，极者至要之谓。盖言其理至大至要，在混沌之中，一动而生阴阳。阴阳者气也，所谓理生气，而气寓夫理者是也。蕃顾炳曰：若何？炳良久曰：遐得之矣。观遐之言甚精切，不曰动生阳，静生阴，而无一动而生阴阳，更自有理会处。

宋人好抹杀前古，而申其所宗。若此类者，不能不为拈出。

这一段的记载若可靠，的确是中国哲学史上很重要的新材料，可惜原不记出处。但我们有理由去相信这似非作者的杜撰。明人编的《尚友录》(卷八)里有这样的一条张遐小传(《图书集成》及《人名大词典》中的《张遐传》皆本此)也不注出处：

张遐，汉余干人，幼聪明，日记万言，举孝廉，补功曹，不就，十九从杨震。震语人曰：张遐当为天下后世儒宗。建宁

> 间，召为五经博士，寻以疾还教授，诸葛瞻、陆逊等皆其门人。卒赠族亭侯，所著有《五经通义》《易传》《筮原》《龟原》《吴越春秋》等事〔书〕。

《后汉书》无《张遐传》，遍检上记与张遐有关诸人在《后汉书》及《三国志》中的本传，也没有提及张遐的地方。再检汪文台所辑的《七家后汉书》和惠栋所辑的《汉事会最：人物志》(集两《汉书》以外关于两汉人物的记载)也不见张遐的影子(也许我有疏忽，值得覆检的)。因上面引文所记张遐著作的提示，我查《经义考》内中果有张遐《五经通义》一条，引据的是江西《饶州府志》，文曰：

> 张遐字子远，余干人，侍徐穉过陈蕃，穉指之曰，此张遐也，通《易》理。所著《太极说》《五经通义》。

又检现有三种补《后汉书·艺文志》，其提到张遐的地方，除转引《经义考》外，又引有江西《余干县志》。《余干县志》关于张遐的记载除了说他撰有《吴越春秋外纪》与《尚友录》所记不同外，没什么特别的地方。以上探索的结果是不能令我们满足的。我们至少要得到宋以前关于张遐尤其是他的理气和太极说的记载。因为我目前没有许多工夫花在这问题上，只好借这机会把这问题提出来，希望有人代为解决。

附：

著者答

张先生书评成，承先示读。关于其所提出三点，谨乘机略述意见如下。

（一）陆象山对于《太极图说》之真伪，虽有怀疑之辞；但吾人有证据确知《太极图说》为濂溪所作。《濂溪墓志铭》为其友人潘兴嗣所作，其中说濂溪“尤善谈名理，深于《易》学，作《太极图》《易说》《易通》数十篇”。祈宽《通书》后跋（题绍兴甲子春正月）云，所见为自程门传出之本，中亦附有《太极图说》。朱子所见延平本《通书》，亦附有《太极图说》。据此可知朱子以《太极图说》及《通书》合刻，实有根据也。伊川所作《颜子所好何学论》中，有一段纯用《太极图说》，可见伊川亦受其影响也。象山不赞成“无极而太极”之语，又不欲显然指斥当时所公认之权威，故为替濂溪开脱之辞。其辞非常游移，似未可认为有如何重要。

至于以太极为即理之困难，则系因以朱子之理，讲濂溪之故。吾人讲述古人之说，只能就其本人之一套讲其本人之一套。所谓形上形下之分，至伊川始确立，在濂溪时固不知有此分也。若以朱子之系统讲之，则濂溪之理，亦是形下的，如《理性命章》云：“二气五行，化生万物。五殊二实，二本则一。是万为一，一实万分。”标题中既有理字，则文中之“一”，自即是理。然万物即是此理（是万为一），而此理又分为万物（一实万分）。此理亦即形下的也。此章既言“二气五行，化生万物”，则其大意与《太极图说》相同可见。若合《太极图说》观之，则二气五行之上之“一”，非即太极乎？盖就濂溪思想中有理、气二观念言，可谓开朱子之先河；至其对于理气之见解，则远不如朱子之清楚。形上形下之分，乃中国哲学中至高至精之造诣。此自伊川发之，朱子成之，濂溪之时代尚未及此也。至于其他“魔鬼”，亦有须为解释者，因哲学史家有时固以代“鬼”立言为事也。

(二)朱子以为吾人心中具一切理之全体，而陆、王不必如此主张。就此方面言，朱子有理由比象山更不重“道问学”，此言诚是。但就另一方面言，则朱子之实在论，只能以为吾心中具有万物之理，而不能以为吾心中具有万物。而象山之唯心论，则正以为吾心中具有万物，所谓“宇宙便是吾心，吾心便是宇宙”。此点至阳明更为明显。吾心中既已具有理及万物，故一切反求诸心即可。至朱子则虽以为吾人心中已具有万物之理，而万物却不在吾人心中；故须“格”外界之“物”之理，以与吾心中所有者相印证。“用力之久”，而后确悟万物之理，实已具于吾心，此即所谓“而一旦豁然贯通”者也。由此言之，则自朱子言性即理，象山言心即理之不同，可推演出二人所说修养方法之差异。

(三)李日华所说张遐已先言理气之说，前人未注意及之。张先生首为指出，乃一发现。所可疑者，即李日华此言既不言所本，而张先生遍查有关之书，亦不得其所本。则李之所说，或即其臆造以坐实“宋人好抹杀前古，而伸其所宗”之罪名。此纯为一考据问题，尚待解决。

此外张先生指出《中庸》在六朝时即为人所注意，及其对于著者过分奖饰之辞，著者谨致谢意。

冯友兰

原载《清华学报》第10卷第3期，1935年7月

评郭沫若《中国古代社会研究》

（自美国寄稿）

《中国古代社会研究》，郭沫若著，上海四马路中二邮区联合书店出版，一九三〇年三月初版，精装实价一元八角，平装实价一元五角，外省酌加寄费。编者按，本刊第百九十六期，已有文甫君批评此书一文，读者可以参阅。

郭沫若先生的《中国古代社会研究》是一九三〇年我国史界最重要两种出版品之一（其余一种不用说是顾颉刚先生的《古史辨》第二册）。它的贡献不仅在若干重要的发现和有力量的假说（积极方面，例如西周的奴隶制度、传说上舜与殷先祖之关系；消极方面，例如“周金中无井田制度的痕迹”“周金中无五服五等之制”等等），尤在它例示研究古史的一条大道。那就是拿人类学上的结论作工具去爬梳古史的材料，替这些结论找寻中国记录上的佐证，同时也就建设中国古代社会演化的历程。

这条研究古史的路径有好几种优点。第一，生产事业的情形和社会的组织，无疑是历史中主要的部分之一，较之同时某特个的人物或事件之虚实，其意义自然重大得多。第二，在古代记录中，因为直接的独立的见证之缺乏，大多数特殊人物和故事的可靠性简直无从考定，惟传说中这些人物和故事的社会背景不能凭空捏造，至少当可以映出传说产生时的社会情形。我们若从古代记录中考察史象之静的方面，其所得结论往往较为可靠。第三，社会制度的变迁多少有点“理性”或“历史的逻辑”，例如铜器之先于铁器、农奴制之先于私人资本发达、神治思想之先于人治思想，其盖然性决比反面为大。许多时代成问题的古史料，我们可据其中所表现的制度而排列其产生的次序。

因为这些原故，郭先生所例示的路径是值得后来史家遵循的，但可惜郭先生研究的指针，乃是五十多年前穆尔刚的《古代社会》(Lewis H. Morgan：*Ancient Society*，1877)，那已经成了人类学史上的古董，其中的结论多半已被近今人类学者所摈弃。(看 R. H. Lowie：*Primitive Society*，P. V.，1925，New York)，即使如此，我并不是说穆尔刚的书绝对不能为研究中国古史的帮助。穆尔刚和他同时许多人类学先驱者的根本错误，在以为社会的演化有一定之程序与方式，为各个社会所必经。他所建造的社会演化历程固不能适合于一切社会，但倘若郭先生预存戒心，不把他看作放四海而皆准的道理，而只用作一种初步的假说(preliminary hypothesis)，拿中国古史去勘核它，而不拿它去附会中国古史，则结果或者对于穆尔刚的学说添一些反证或疑问，亦未可知。可惜郭先生不出此，竟无条件地承受了那久成陈迹的、十九世纪末年的“一条鞭式”(unilinear)社会进化论，并担任用中国史来证明它，结果弄出许多牵强穿凿的地方。本文拟将书中成问题的要点提出讨论。

殷周两代制度的差异，如故王静安先生及郭先生所指出的，大部分是无可疑的。差异的原因在什么地方？这是古史上一个很重要的问题。相信唯物史观的郭先生，很自然地会求这问题的答案于生产方法的变革。果然不差，他以为殷周社会组织递变的基本原因是“铁耕”的新发明。他说：

> 就因为有这铁器的发明，所以在周初的时候便急剧的把农业发达了起来，《诗经》上专门关于农业的诗便有《豳风》《豳雅》《豳颂》，从牧畜社会的经济组织一变而为农业的黄金时代。周室乃至中国的所谓“文明”“文物”也骤然的焕发起来了。(页一五)

铁耕在周初已发明，这话有证据吗？据郭先生看来，是有的：

(1)是《大雅·公刘》的“取厉取锻，止基乃理”两句。郭先生说，“段”字《说文》注曰“椎物也”。案此乃“锻”之省，“锻，小冶也。”“虽未明言冶铁，但铁以外之金属则无须乎椎炼”。

(2)《考工记》“段氏为镈器”，虽未明言用什么金属，但郭先生说，从那“段”字可以引申是“铁”的意义看来，“那所做的镈器一定是铁器”。(页一四至一五)

从“段”或“锻”字便可引申出铁的意义来吗？我看不见得。兵器用铁始于战国，前此悉以铜为之。此事经近人考证，确凿不移。(看章鸿钊《石器》附录《中国铜铁器时代考》，此点郭先生亦承认，见原书页二〇六)

而《书·费誓》却有“锻乃戈矛，砺乃锋刃”之语。《费誓》旧说以为作于周初，据友人余永梁先生所考亦作于春秋中叶。除非郭先生能证明《费誓》作于战国，或证明至迟春秋中叶已用铁兵，则“锻”字古义与铁有连之说，恐怕不易成立罢？且“锻”字古义不一。《庄子》有(手头无书，不能举篇名)“取石来锻之”之语，是“锻”本有椎击之义。铜器软而易挠，椎击以复其原状，奚为不可？即解作“小冶”(以金属入火淬而椎之)，则铜器或氧化而蚀损致钝，锻而利之，亦无不可。

要之，周初发明铁耕之说，尚无丝毫证据。我们不能遽认为事实，以解释殷周间的史象。铁耕之记录始见于《管子》及《孟子》。《管子》书决非管仲时代产物可以断言，则铁耕的历史，吾人现在所能迹溯者，尚不出战国时代。固然这并不能证明战国以前没有铁做的农器。但从另一方面看来，铁镈和铁兵的发明，即使不在同一时代，也当相距不远。因为用铁来做锄头和用铁来做刀斧所差的不过椎炼磨炼的工夫之程度而已。这一个程度的差异不应使两者隔了六七百年。我们从铁兵发明于战国的事实，可以推测铁耕的发明至早当在春秋中叶或末叶。

因此，我们似乎不能拿铁耕的新发明来解释殷周两代制度的更革。我的解释却平常得很，殷、周本来是两个对立的国家，它们的社会组织和文化程度原不一律。在一个时代，殷国特别强盛，东征西伐，占据了历史舞台的前景(初期的历史传说只是战争的追忆)，后来周国强盛起来，武王把殷灭了，并征服了旁的许多国家或部落，把它们分给自己的家室。(《荀子·儒效》，周初“兼制天下立七十一国，姬姓独占五十三人”。《左传》成鱄对魏献子作，“兄弟之国十有五人，姬姓之国四十人”。)

周人武力所及的地方，自然是周国制度所衣被的地方。更加以征服者与被征服者间的新关系所引起的重新适应（re-adjustment），故此黄河流域内的社会组织骤起重大的变化。

从上面看来，殷周两代社会的变更可以用民族的移徙（至于移徙的原因，我们却不知道）来解释，而无须诉诸生产方法的突然进步或圣人的制作。自然我这解释的大前提是：周在克殷以前文化程度和社会组织本与同时的殷国不同。我的证据如下。

（1）卜辞中所见殷代社会乃以牧畜为主要生产，而周国自其历史传说开始以来已是农业社会。

（2）武王以前，周室没有像殷国兄终弟及的习惯。周人传说，后稷生不窋，不窋生鞠陶，鞠陶生公刘，十世而太王迁岐，太王生王季，王季生文王，其间都是父子相承，毫无母系的痕迹。郭先生昧于殷周两国本来制度的差异，硬要把母系制度套上周人的社会。其取证之牵强，真有“出人意表之外”者。例如：

> 古公亶父，来朝走马，率西水浒，至于岐下。爰及姜女，聿来胥宇。

郭先生说，古公“骑着马儿，沿着河流走来。走到岐山之下，便找到一位姓姜的女酋长，便做了她的丈夫。这不明明是母系社会的铁证吗？”（页一一一）原文是“姜女”，却忽然变为“一位姓姜的女酋长”，已足使我们惊叹郭先生的魔术。一个男子从甲地迁到乙地，遇着一个女子，和她结了婚——这事实便足证明他们是在母系制度之下，那么，世界还有什么事不可以证明的呢？郭先生以为古公

“是一位游牧者，逐水草而居”，因而走到岐山。我们诚然佩(服)郭先生的诗人的想像，但依传说，古公之迁岐，乃因狄人侵迫。他并不是有闲情逸致，独自一人骑马儿，去找老婆的呀！又如《周易》爻辞中“乘马斑如，求婚媾”“乘马斑如，匪寇婚媾”等语，从前梁任公先生用作抢婚制的证据，现在郭先生却用作“男子出嫁的证据”(页四三)。同一的记录，可用以证明相反的两说，则此记录对于两说之价值可知。其实一个男子骑着马儿赳赳地到别人门上求婚，这件事至多只能证明当时有男子到女家求婚的习俗。过此以往，紧严的史家惟应“阙疑”。不然，所得的结果，只是幻想，是诗，不是历史。又如《晋》六二爻辞中有“王母”二字，郭先生据此便断定“女酋长”的存在。其实“王母”即使不是祖母，何尝不解作“国王之母”呢?

郭先生以为殷人社会有母系(Matrilineal Descent)甚至母权(Matriarchate)制的残遗，这是我们可以承认的。但关于原始共产制和亚血族群婚制在殷代之存在，他所举的证据离“充分”还很远很远，更说不上“确可成为断论”(页三一三)或“结论丝毫无可移易”(页二七〇)。

(一)关于原始共产制存在的证据，郭先生举的如下。

(1)卜辞中无攘盗窃夺等类文字，有寇字则限于族与族间的行为，这可见当时尚没有货财的私蓄(页二八〇)。

(2)卜辞及殷金中无土田之赐予，这是表明殷代土地尚未开始分割(页三一二)。

(3)卜辞及殷金中无赐臣仆的记录，这是说奴隶尚未成为个人私有(页二八六及三一二)。

观此可知郭先生立论全在默证(Argument from silence)——近人

治中国古史所最喜欢用的方法。他在殷代龟契及金文中找不出(或找得很多)私产制和阶级制的遗迹，因而推断私产制和阶级在殷代未曾发生(或方始萌芽)，这一类论证法的危险，我在别的地方也曾经指出。现在不妨更为申说。我们从现存的过去遗迹来推测过去的普遍情形，第一要注意这些遗迹所能代表过去的程度，违反了这个限度的推测只是幻想。研究古生物学和地质学的人莫不承认这种限制，人类史自然没有例外。达尔文在他的《种源论》里，于讨论地质学上的证据以前，特立一章，论"地质学的记录之不完全"(On the Incompleteness of the Geological Record)，他归结说道：

> 那些相信地质学上的记录是完全(无论完全到什么程度)的人，无疑地会立刻摈弃此说(物种渐变说)。但就鄙见论，则用赖尔氏之喻……此地质学的记录，若视为世界之历史，纪载殊不完备且所用方言时常改变。于此历史吾人仅得最后一册，此册复残缺不全，仅此处彼处留一短章，每页之中仅具数行。此慢慢地变迁的语言中之每一字，在以下各章中略异其形者，或者代表若干生物之形式，埋藏于连续积成之诸层中，而被误认为突然加入者。以此观之，则上说之困难大大减少，或且消灭。(《种源论》页二九一至二九二，一九〇四年纽约精印本。)

达尔文的大意是说，地质的记录虽然没有可以证明物种的变迁是积渐的，但这并不证明突变说，因为地质的记录并不完全。达氏的物种渐变说当否另是一问题，但他这里论证的方法是值得我们注意的。即如郭先生所说，在现存的殷代龟契及金文中找不出土地划分和货财及奴隶私有的证据，但这便足以证明殷人的社会是原始共产的社会吗？我们在这些遗迹中找不到证据的事情多着哩，若因此便断定当时没有，则殷代社会应当成个什么样子？我们可以套达尔文的话说，这些卜辞和铭文，若视为殷代历史，则记载殊不完全，而于此史书吾人仅得最末数页，且每页复多漫漶残缺，惟此处余数行、彼处剩数字而已。我们不能因此残缺的数页中记录的缺乏，便断定殷代实际上没有土地的划分和货财奴隶的私有。

即使置“默证”的限制不论，郭先生亦不易自固其说。第一层，甲骨文字，吾人所能认识者只有七百八十九字(或稍多于此)，其所不识者，略与此数相等。安知在那些“待问”的字中没有盗窃攘夺等字呢？第二层，即使在甲骨文及殷金所涉及的时期中确没有或极少有“锡臣仆”和“锡土田”的事例，这也不足以证明当时奴隶未曾私有和土地未曾割分。因为王公之以奴隶或土田赏赐其臣下者，必定他们原来占有或新近得了些多余的奴隶或土地。倘若他们本来占有的不多，或经过了长期的分赐，所余无几，便不能永久散播这种恩惠。即如周朝锡土田、臣仆的事，在初期是很寻常的，但自春秋中叶以后便不多见。安知殷代的情形不是如此？

(二)关于亚血族群婚制(即甲姓兄弟与乙姓姊妹群婚，甲姓兄弟中任何人为乙姓姊妹中任何人之夫)存在于殷代的推证，郭先生所用的方法全袭穆尔刚。穆尔刚间接推断亚血族群婚制的方法和结论，经 B. Malinowsky 氏(俄人侨寓英国者)等的纠摘，久已为人类学者所摈弃(参看 R. H. Lowie：*Primitive Society*，pp. 55-64)。穆尔刚方法可以说是“从名断实”的方法。例如他在某社会发现子于其父之兄弟皆称为父，于其母之姊妹皆称为母的事实，便断定这是亚血族群婚的残遗，这个推断的大前提自然是父母等名在原始社会的涵义和在现今社会的一样。这就是说，凡子称为父的人，一定与其母有夫妇的关系；凡子称为母的人，一定与其父有夫妇的关系。但依现今人类学的智识，这个假设是不能成立的。路威教授说得好：“袭嫂制”（Levirate，其制：兄娶而死，则弟或族弟承接其嫂为妻）和“继姊制”（Sororate，其制：姊嫁而死，则妹或族妹承接其姊夫为夫）便可以完全解释为什么父与父之兄弟、母与母之姊妹同归一类。这些现象指示：亲属的称谓并不必然地表现实际上性的关系。（在“袭嫂制”的社会里）一个人可以永远没有机会承袭他的嫂子，或者因为嫂子死在哥哥之前，或者因为她被别一个兄弟承袭了。但尽管如此，他哥哥的儿子仍然称他为父。相当的事实见于“继姊制”的社会里。原则上可能与一人之母发生夫妇关系者有诸多人，这件事实便足使他们受同一的称呼。我们没有理由去假设：每逢那些土人用同一的亲属名词时，其所指示者必定超过社会地位的类似。（同上，页六一至六二）

郭先生以为“商代末年实显然犹有亚血族群婚制的存在”，而他所举的证据不过如下。

（1）卜辞中一祖配数妣的记录（如祖乙之配曰妣己，又曰妣庚）。

（2）卜辞中有“多父”“三父”之语，又有连举二父三父之名者。

（3）商勾刀铭云：“大父日癸，大父日癸，仲父日癸。父日癸，父日辛，父日己。”

父与父之兄弟同称为父，这不必表示他们实际群婚，即共妻，上文已经表过。假如商代是实行亚血族群婚制的，则卜辞上只应有数祖合配数妣的记录，而不应有一祖独配数妣的记录，因为在这制度之下，没有一个男子独配若干女子，亦没有若干女子专配一个男子。但卜辞上却只有一祖配数妣的记录，而无一妣配数祖或数祖合配数妣的记录，这岂不是亚血族群婚制存在的反证吗？

我以为郭先生所举三项事实之最满意的解释应是：殷代实行一夫多妻制而兼“袭嫂制”。前者可以解释第(1)事，后者可以解释第(2)及第(3)事。而殷代兄终弟及的习惯尤其为“袭嫂制”存在的旁证。兄死了弟承袭其嫂为妻，承受其侄为子，自然同时承受其兄所遗留的一切产业或权利了。

我很失望地发现，郭书中关于中国古史之最新颖的论点竟是最不易成立的论点，但这并不掩了本书他方面的重大贡献(我抱歉在本文内没有机会去充分地指出)。一个批评者对一部书有所纠绳，这并不就表示他对于这书的鄙薄。反之，郭先生初非国学专家，近在逋亡中涉手尘篇，竟有如许成绩，是很不容易的。我愿意于此致一个同情的读者的敬礼。

署名“素痴”，原载《大公报·文学副刊》第208期，1932年1月4日

梁漱溟先生的乡治论

“一面知其确有必要，一面又深知其难，则不得想个好方法。我若无好方法，我断不敢下手去作。”

梁漱溟先生是现今国内很少有的一个肯思想、敢思想而且能思想的人。近来他的思想集中于一个问题：中国民族如何自救？结果的一部分，便是我现在所需要论及的一部书：《中国民族自救运动之最后觉悟》。在这部书里，他对于我国政治上的一个根本问题及其答案，想得透澈，看得清楚，说得有力。因此，凡对于我国政治，不拘有理论的或实行的兴趣的人，都应当细读这部书，而且读了一定会发深省。

这部书的内容可析为两部分。(甲)一个改革运动的方案，和(乙)一种历史的解释，用来作这方案的根据。梁先生把(乙)项放在前头，(甲)项放在后头。我现在却要颠倒其次序来讨论。因为，依我看来，这两者之间并没有密切的关系。他的改革方案的价值，绝不视乎他的历史解释的真确程度而定。几乎没有例外的，自来伟大的社会改革理论家总喜欢提出一种历史解释来把他的政治方案“合理化”(rationalized)，而亦同样没有例外的，他们的政治方案虽然适合于一时一地的需要，而他们的历史解释却是错误的。“国家的契约起源说”之于民治主义，黑格尔的历史哲学之于国家主义，唯物史观之于共产主义，都是很好的例子(关于黑格尔的历史哲学及唯物史观，予别有说，参看《国风》第三卷第一号拙作关于历史哲学之文)，所以我们不必把一个改革方案的“历史理由”看得很重。

(上)

梁先生在近三十年来我国的政治运动里，看出一件很可悲事实。我国本来是一个漫散的村落社会，而过去的改革家却置村落于不顾。他们的工作，大抵是要把种种西洋都市文明的产物，无益而有害于村乡生活的组织，加诸这村落社会之上，结果他们的组织固然失败，而这三十多万的村落，为中国的躯干的，已被蹂躏到体无完肤：

> 欧洲近代文明，一都市文明也。景仰都市文明，岂所以振拔乡村痛苦者？自教育、实业、警察、陆军之兴，法律、政治种种之改良，而乡村痛苦乃十倍于前！……自国民革命兴，而军阀益以强，捐税征发益以重。自共产革命兴，而土匪日以张，乡村墟里日以毁。纵将巍巍的中央政府成立起来，其如早已离开民众而至背叛民众何？(页一八九)

> 乍见其(欧洲人)强在武力，则摹取之；乍见其强在学校，则摹取之；乍见其强在政治制度，则摹取之。乃在余事，凡见为欧人之以致富强者罔不摹取之。举资本主义的经济组织之产物，以置办于此村落社会，而欲范之为近代国家。近代国家未之能似，而村落社会之毁其几矣。凡今日军阀、官僚、政客，一切寄生掠夺之众，百倍于曩昔。苛征暴取千百其途，而彼此相争杀，更番为聚散，以肆残虐创夷于村落者，何莫非三四十年来练新军、办学校、变法改制之所滋生、所酿造乎？(页二九〇)
>
> 现在中国社会，其显然有厚薄之分、舒惨之异者，唯都市与乡村耳。此厚薄之分，在旧日固已有然。自西洋式的经济、西洋式的政治传入中国，更加取之此而益于彼。近年军阀与土匪并盛，一切压迫掠夺所不敢施什一于都市者骈集于乡村，既饱则飏于都市。固然中国无所谓逃于封建领主的自由市民，然身体、生命、财产的自由，在都市居民还有点，乡村居民已绝对无可言者。乡村居民的痛苦，表现中国问题的焦点。(页一八八)

这些话说得何等沉痛而切当！总观这四十年来列强的侵略，和本国政治上一切改革设施的结果，无非直接地或间接地，消极地或积极地诱迫人民离开乡村，抛弃农业，而这些离开了乡村，抛弃了农业的人，大部分并不得到其他生产的工作。这便是国家贫困和扰乱的立〔来〕源。欧洲近二百年来的社会趋势，也是“都市化”和“反乡村化”(disruralization)同时并进。但是，在那里促进“反乡村化”

的原因，乃在工业和国外贸易的发达。故此，离开了乡村的人有工厂可入。他们诚然是被榨取者，又因为国际贸易的伸缩性，他们诚然有时会失业，但到底还有人肯去榨取他们，他们到底还有业可失。若在我国，则工业和国外贸易只有退而无进。日渐增加的离开了乡村的人除了自杀以外，只有四条路可走：当土匪、当流氓、当兵和做官，而土匪、流氓、兵和官终成为四位一体，国家安得不乱！

因乡村崩坏而无业的人增加，因无业的人增加而乡村愈崩坏。同时，守着乡村、无路可走的人，大多数离“饿死线”不远。简单地说，这便是中国的现状，这便是中国的问题。

在这种情形之下，谈改革的人(除了追随欧洲的覆辙以外)理论上有三条路可供选择：

(甲)用国家资本主义的方法，促进工商业的发达，使无业的人有业可归，把不能乐居于乡村里的人吸收到都市里。

(乙)改善乡村生活，一方面使现居乡村的人得以遂其生，乐其生，以防止更进一步的“反乡村化”，而同时使在乡村外无业的人可以回到乡村里来，以促进乡村的繁荣。

(丙)以上两条路(至少在理论上)并不是互相冲突的，因此可有一种折衷的办法将二者兼容并取。以我所知，南京《旁观》的编者何浩若君便是主张这种办法的。而现今俄国所走的，大致上亦正是这条路：一方面发展国家的实业，一方面鼓励并扶助私农合作。

梁先生是主张第二条路的，他的着眼点完全在乡村。就这方面而论，我认为梁先生是完全对的。我并不是说，要造成一个独立自足的国家，可以忽略了工业。但发展工业的方法，不外个人私营和(地方政府或中央政府)公管。现在若提倡私人资本主义，无论其不能实现，即能实现，直不啻为将来造恶因，而于目前大多数人的福利也无补。现在若提倡国家企业，还远非其时。看啊，一个招商局和几条国有铁路，已经闹成个什么样子！在廉洁政治未有保障以前而讲国家的企业，只是为贪官污吏制造发横财的机会而已！在目前，我们如若对于国民生活的改善，不愿意做些基本的工作则已，如若愿之，最有效的路，确是如梁先生所指示的，到乡村去！

但是，到乡村去做些什么？

让我们先问(一)要做成功些什么？次问(二)怎样做法？

对于第(一)个问题，梁先生的答案如下。

然则吾民族自救之道将如何？天下事固未之思耳，思则得之。夫我不为一散漫的村落社会乎？一言以蔽之曰，求其进于组织的社会而已。组织有二：一曰经济的组织，一曰政治的组织。欲使社会于其经济方面益进于组织的，是在其生产及分配的社会化……使旧日主于(各村落?)自给自足的经济而进为社会化，则散漫的村将化为一整组织的大社会，是曰社会主义的经济组织之社会。……欲使社会于其政治方面益进于组织，是在其政治的民治化。政治的民治化愈澈底，则社会于其政治方面益进于组织的。所谓政治的民治化者，含有个人自由权之等量，与公民权的普遍二义。(页二九一)

对于第(二)个问题，梁先生的答案如下：

> 窃尝计之，使吾人能一面萃力于农业改良试验，以新式农业介绍于农民，一面训练人才提倡合作，一面设为农民银行，吸收都市资金而转输于农村，则三者连环为用：新式农业非合作而贷款莫举；合作非新式农业之明效与银行贷款之利莫由促进；而银行之出贷也，非其新式农业之介绍，莫能必其用于生产之途，非其合作组织。苟所介绍于农民者其效不虚，则新式农业必由是促进，合作组织必由是而促进，银行之吸收而转输必畅遂成功。一转移间全局皆活，而农业社会化于焉可望。……迨农业兴，工业必伴之而起。或由合作社以经营之，或由地方自治体以经营之，及不虑其走入资本主义。……农村产业合作组织既立，自治组织乃缘之以立，是则我所谓村治也。盖政治意识之养成，及其习惯能力之训练，必有假于此；自治人才与经费等问题之解决，亦必有待于此。……乡村自治体既立，乃层累而上，循序以进，中国政治问题于焉解决。(页二九〇至二九一)

而实行这方法之先决条件，为智识分子回到乡间去。梁先生推想中国问题解决的步骤如下(页一九〇)：

> (一)必须有相当联络组织。
>
> (二)即从回乡的知识分子间之广大联络，逐渐有于散漫无统记的中国社会，形成一中心势力之望。

（三）……在乡间人一面（受了智识分子的影响），则渐得开化，不再盲动于反对的方向去，不为土豪劣绅所采弄，乐遇智识分子而不疑。双方各受变于对方，相接近而构生一种新动力，于是仿佛下层动力得了头脑耳目，又系上层动力得了基础根干。

（四）此广大联合而植基乡村的势力一形成，则形势顿即转移过来，彼破坏乡村的势力乃不得软化威胁克服于我……

以上所引都是很浑括、很抽象的。更具体的办法，我们似乎不能在书里找到。但梁先生对他人所采用的具体办法的批评却很值得注意。梁先生根本不赞成“慈善式”的乡村事业。看他对于职业教育社在昆山徐公桥所办的乡村事业的批评：

诸位先生这般用精神，用气力来作，效果安得无有？……但以全国之大，数十万农村之多（职业教育社出版之《农村教育丛辑》，有每县三四十村、全国七八万农村的算法，殊为笑话，大约加三倍算，差不多了），以这般人才、钱财倒贴进去的作法，其人其钱将求之于那里？若说作完一处，再作一处，并希望别人闻风兴起，却怕中国民族的命运等不得那许久呢！这都且在其次，最要紧的是照此作法不是解决问题而是避开问题了。因为我们要作农村改进运动时，所最感困难的问题：一就是村中无人，一就是村中无钱。要有点知识能力的人回到乡村工作，村中亦无钱养活他。即能养他了，亦无钱去办种种的事。照此徐公桥的作法：人是外面聘请来的，他的生活费是外面贴给的，办公所是外面贴钱修建的，道路是外面贴钱修筑的，教育事业亦是外面贴钱举办的。国难虽没有了，问题却并未解决——避开问题了。（页二六〇）

梁先生对于农村改革运动的难题，看得甚为清楚而周到，这可算是本书的最重要的贡献。我在篇首特别摘引那几句话（见本书页二八二）就是为此。关于这类困难，梁先生在批评山西村政时，列举了七项，说得尤为透澈（页二七九至二八八），可惜我在这里不能引入，只能提醒读者的注意。

对于这些难题的解决，梁先生在本书里实在不曾给予我们什么"好方法"。我很怀疑他到现在已经想出了什么"好方法"。而且，若坚持着他的期望和标准，我实在不能看出有什么"好方法"。

让我们把他的难题放在更广大的背境。梁先生不是希望靠农村改革运动，在短时期内把中国起死回生，至少替中国大多数的民众消灾救难吗？（"恐怕中国民族的命运等不得那许久呢！"）要做到这步，至少得把改革运动的开端普及于全国的乡村。照梁先生的估计，全国有三十多万村落（这数目并不算夸大），想在一村做出有效的改革，恐怕至少要三个有智识、有热心而且能办事的人作领导，其中至少有一个要懂得农业。这一来我们需要九十万领袖的人才，更不算上其联络、组织和指导的人才。而其中每人更要适合下列两条件之一。

（甲）能够维持自己及家庭的生活，而不靠改革运动去赚钱——至少在运动开始后一长时期内如此。试想一个人还未替村里做出有效可睹的好事，而先求村人维持他的生活，除了用武力，他说的话有人听吗？还有，如若他是主脑的人(每村至少要有一个)，须把全副精神用在改革运动，而不从事于其他职业。这样的人至少要有三十万。

(乙)在本村里找到可以维持自己和家庭的生活的可靠的职业，而同时有相当的余力去做改革的运动。

这是人的问题。讲到钱的问题，梁先生希望“吸收都市资金而转输于农村”，就每村而论，这只能是改革事业有了基础，有了成效以后的话。梁先生不是说，都市的资金“唯在军阀、官僚、商人、买办之手”而“屯之都市租界银行”吗？除了用革命没收的手段(但现在“革命”也革不到外国银行)，我们有什么法子使他们把这些资金，从租界银行里提出，交到乡村里去呢？道德的训说吗？主义的宣传吗？“跪哭团”吗？以我所能想像，唯一的方法，只是用事实证明给他们看，农村的投资较有利可图，而这只能是新农业的建设有了成效的话。但在每一村要达到新农业的成效，就首先非钱不可，这些钱从什么地方来呢？假如像梁先生和我这样无拳无勇、无势无位的人，对一位多财的军阀、官僚、商人或买办说：“我们要在某村举办一些改革事业，非钱不行，请你仁慈地借给我们一些，将来定必本利清还。”甚至说：“并且要替你在村里起牌坊，要请国府主席赠你‘急公好义’的匾额。”他们不会嗤之以鼻吗？

试以最低限度每村五千元的发动费计算，我们得有十五万万元的资金。请问这些钱从什么地方来？

而且人才和钱财还不是主要的难题。现在已经举行的农村改革运动的试验，都是在大都市附近而且是秩序较好的乡村，而且主持的人若不是本村开明的巨室，便是与本村开明的巨室有了联络的。所以梁先生看见的只是人才和钱财等等难题，但是全国大多数的村落都是在大都市附近，而且有安全的秩序的吗？都是有开明的巨室的吗？事实恐怕恰恰相反。在大多数离大都市遥远的村落，一个县长、一个区长(现在大约都改为“公安分局长”了)、一个土豪、一个劣绅，就是皇帝，就是有“Divine sifht[①]”的榨取者，而土匪比军队来得多，而且有力，甚且土匪和军队有时就分不清。诚想几个有暖衣足食的能力的青年(自己不能暖衣足食，那里有资格谈改革?)要回到那里，在路上恐怕就有被掳的危险。就算幸而回到那里，并且纠集了些资财来做改革的运动，这正是土匪、恶吏和豪劣们最好的榨取对象。即使恶吏和豪劣们先不积极地来榨取，而他们迟早是要和这些人的利益起冲突的。试想几个无拳无勇的青年，在互相勾结的恶吏包括军队和豪劣积威所劫的地方，要说反抗，岂非空话?而且，热诚去做改革事业的人，从来是贪官污吏的公敌。在僻远的地方，他们把你加上“赤化”或“反动”的美名，杀了，囚了或暗杀了，有谁来问？我们睁眼睛看事实罢！不要以为全中国都是像徐家桥或翟城村这样的乐土，须知这是很少数的例外啊！我有一个很热心替国家做事的朋友，在广东一个稍僻的县分(高明)当县长，最近接他的信，竟说无如“豪劣”何！因为豪劣天然是与军队勾结的。试想豪劣与恶吏，有时虽官府亦为之束手，何况几个从事农村运动的书生？我想梁先生也许说，若从事农村运动的人联络起来，情形就另是一样，所以组织是必要的。殊不知当交通未开辟以前，在偌大的中国里，联络和组织也是空话。设想如今梁先生领导了一个农村改革运动，总机关设在北平，或河南，或山东，或山西，他有几个

① 原文如此，疑有误。

弟子回到四川或广东一处僻地工作，因而被土劣或恶吏们“刷”了，他要得到消息恐怕还在一个多月以后，得到了消息又怎么办？至多不过打几封石沉大海的电报。

照这样看来，难道农村改革这条路竟又是走不通的吗？

我说，这条路是可以走的，但是不要期望或要求太大。

第一，不要认为农村改革运动是救国的单方，或唯一重要的药品（我相信梁先生也不作如是观）。

第二，不要希望在短期内把这运动普遍全国。我们非由小扩大不可，非忍耐等待不可。如若这是中国民族自救的唯一路，如若“中国民族的命运等不得那许久”，那么，我敢说，中国的命运是已经注定的了，但事实上是如此吗？

关于农村改革运动的切实办法，我愿意侧重下面几点。

第一，目前初步的工作，自然是训练这方面的人才，但这种训练要即寓于实行之中。绝不是在都市里办几所专事摇铃、上堂、听课、背书的学校所能收效的。如若办这类的学校，最低限度要设于一些正在改革历程中的乡村里，而且所有学员要同时就是在乡村里做事的人，自然他们的工作在质的方面可以由不重要的而渐升为重要的，在量的方面可以由少而渐升于多。那升到无可再升的人便是学成的人，其中一大部分可移到别处去用。

第二，在一个农村的改革发动的时候，不要避免“慈善事业式”的嫌疑。要用“慈善事业式的”领导做手段，以达到“非慈善事业式”的自治为目的。如若本村里的人肯自动的出钱，那是再好没有；如若不然，不妨商用公产；若更连公产也没有，不妨向外面找钱来开办。“愚民不可与虑始，而可与乐成”。等实效摆给他们看的时候，他们自然会愿意出钱来扩大。如若本村里有相当的人才，用本村的人才最好；如若没有，只好靠外处的人来创始，而训练本村中有希望的人，期其自立。这是唯一的正路。若不如此，只有束手唱高调！

第三，因此，从事农村改革运动的人，不妨与小资产阶级甚至资产阶级中开明的人联络（这种人虽然很少，却未尝绝无），利用他们的捐助或投借。

第四，农村改革发动的中心，要在都市附近，比较安静的乡村，取其交通便而阻力小。由此渐及其周围的乡村，而渐扩张其交通的便利，如是则联络易，而组织密。这并不是要避难就易，为的是，若不如此，则无从发动。不信试试看。曾国藩说得好，“大处着眼，小处下手”。我们可以套他的话说，“难处着眼，易处下手”。

至于在每一乡村里应做的事，梁先生主张(1)农业改良，(2)农民银行，和(3)合作会社，三者连环为用，然后缘合作的事业以立自治的组织，我们认为这是不易的纲目和程序。就这方面而论，梁先生所见的深刻确是值得我们称颂的。

在农村改革运动的进程中，梁先生理论上和实行上似乎都赞成和地方政府中可与合作的人合作。但他对于现在的政府，无论为好或为丑，似乎都看得很轻。他理想中的政府，是要由乡村自治而上，一层层的由人民自动建筑起来，但在这样的政府成立以前，对于现在的政府存什么希望，作什么样要求呢？抑或不存任何希望，不作任何要求，而置之不闻不问，静听全国乡治完成后的自然变化呢？似乎后一说为近。梁先生是不赞成少数人以武力夺取政权，不赞成“替人民革命”的。这种方法，我们也和梁先生同样的不能赞成。我们不能赞成的道理是很简单的：第一，在外忧煎迫之下，再经不起内变；第二，现在的政府若真正本着它所号称本着的主义做去，并不是会有很大的流弊的；第三，在更有希望的新政治势力出现以前，换汤不换药，是有损无益的，而每新政治势力的形成，乃是社会一般情势的结果，决不是几个人所呼唤得来的。

但便是一个最弱的政府，为善不足，为恶却有余，单就其对于乡村改革的阻力和助力而论，其关系已不少。何况在现状之下，如有一个像样的政府，国家无以自存？我们既不主张推翻，便当设法改善。

怎么把现政府改善？这也是中国有知识的人目前一个急切的问题。所以我说乡村改革运动不能认作救国的单方。

我们不能像梁先生那样，把现政府漠置。我们对它不能不作一些迫切的要求。我们对它初步的要求，不能过奢，但最低限度要它做到下列二事：

去贪污，守法律。

这两点的重要是人人承认，人人知道的。不绝贪污，政府多办一事，便多耗国家一分元气，即不办一事，也坐耗国家的元气。法律无效，大部分人民还不知安全和自由为何物，遑言乐生遂生？遑言急公爱国？去贪污和守法律只是一件事的两方面。法律绝不会容许贪污，贪污的人必定玩法。在上的把法律看作儿戏，在下的必定贪污。在上的贪污，在下的必定把法律看作儿戏。这也是人人知道，人人承认的。但光知道，光承认，有什么用处？我们至少要集中一些力量对这些恶势力作不懈的、鲜明的、有组织的搏斗。倘若我们相信舆论是有效的，我们应当调动舆论的全力去对付他们。（舆论所要讨问的不是笼统的、抽象的贪污或玩法，而是具体的、特殊的贪污和违法的事件和个人，不然舆论只等于放空炮，便是贪污和玩法的圣手也不妨厚着面皮，扯起嗓子，应和几声。这是以后领导舆论的人所当注意的。)倘若我们相信消极的不合作是有效的，我们应当互相诰诫，互相号召。对于那些有贪污和玩法的劣迹的人，尤其是那些口说心违、朝三暮四的人；那些一面大喊打倒贪污，一面在租界大买洋房，一面严令铲烟，一面包运鸦片的人：应当贱之若狗彘，远之若蛇蝎，秽之若粪溺，更不用说在他们手下作走卒，更不用说以一望他们的颜色、一聆他们的謦欬为毕生莫大的荣幸了！

积极地集中舆论去诛讨贪污玩法，消极地提倡对于贪污和玩法的人绝对的不合作——这些，我认为与农村改革运动有同等的重要，而是一部分不打算作政治活动却愿意对于国事有所尽力的智识分子所应为的。我这篇文章原是为这种人而作。

右二项的需要和农村改革运动在目前所受的限制和所当取的步骤，乃是极明显的事实，原不恃乎个人对于中西过去历史的解释而立的。但梁先生既要拿一种历史的解释来作他的主张的出发点，让我们在下篇里把这个历史的解释，仔细检验。

(上篇完，下篇待续。附注：下篇涉及许多历史问题，作者因近时课忙，及海外中籍未备，须俟月后续出。)

按梁漱溟先生所著《中国民族自救运动之最后觉悟》一书，已有郭斌龢君评文，登载本报《文学副刊》第二百五十七期。今张君此文，亦系讨论梁先生之书而加以引申发挥者，读者可并观焉。编者识。

原载《大公报·社会问题》第5期，1933年4月15日

评孙曜《春秋时代之世族》

《春秋时代之世族》，一册，孙曜著，民国二十年四月，中华书局发行，定价七角。

此为关于先秦史颇有参考价值之书。所谓“世族”者，即世袭土地及政治特权之贵族。作者实以此阶级为主体而考察春秋时代之社会状况。虽未能详澈，却有不少新见。而全书无一附会曲解处，其实事求是之精神深值吾人之表彰也。

书中新见，前此史家罕注意及者，可撮举如下。

(一)世族地位之反映于道德意识者：家臣对于家主之无条件的服从与拥护，成为举世公认之道德标准。故鲁叔孙氏之司马鬷戾曰：“我家臣也，不敢知国。”又季孙之家臣南蒯谋逐季氏，失败奔齐。景公以叛夫呼之，南蒯对曰：“臣欲张公室也。”齐大夫韩皙曰：“家臣而欲张公室，罪莫大焉。”此事所表现者实大，即国君自身亦不承认其对臣下有普遍之威权也。(页三二)

(二)《左》《国》中所记贵族教育，只有私人傅师之制，所教亦偏重德行，故《王制》及《文王世子》所载泮宫庠序之制，恐非实事。(第四章)

(三)春秋时盖尚未有金属货币。考当时诸国间贿赂公行，观其行贿所用，自城、田、宗器、乐师、工匠、车马、珠玉、锦，下至粟、帛，皆所恒有，独无金属货币。而贵族之所以赐下及互相馈赠者亦不出以上诸物。僖十八虽有楚子赐郑伯金一事，然所谓“金”实铜料也。当时金属货币之未通行殆可断定。周景王铸大钱一事，恐非信史也。(页五五至五九)

(四)鲁之世族有数特点：(1)诸家争夺，败者或死或亡，其敌方必为之立后。灭族之事，绝对无之。(2)公室与私家因立后而肇乱之事，视其他任何国为多。(3)公族假外力为乱之事亦鲁为最多。(4)家臣之乱，亦鲁最多见。(页六七至九五)

此外《春秋时史官之地位》一章(第五章)亦颇可观，唯无甚新义。

此书所根据史料以《左》《国》为主，而旁参《诗》《论语》《礼记》《史记》《周官》。作者未向诸子及周金中搜讨，实为遗憾。予此时无机会为之补苴，然私意可补者当不少。兹就记忆所及，举二例如下。

(1)关于楚国世族制度，《韩非子·喻老》篇有一重要之称述云：“楚邦之法，禄臣再世而收其地，唯孙叔敖独在。此不以其邦为收者，瘠也。故九世而祀不绝。”此事亦见《吕氏春秋·孟冬纪》。以此观之，楚国独无陪臣专政之事，盖有由也。

(2)书中考诸侯大夫都城之大小，仅据《左传》开端祭仲之语，然旁证尚多。例如《公羊传》：“孔子行乎季孙……邑无百雉之城”，《孟子》：“三里之城，七里之郭”，《韩非子·八说》：“拔千丈之都，败十万之众”，《战国策·周策》：“宜阳城方八里”。

即《左传》中有关本题之重要史料，作者采摭亦未能尽。例如“世族制度下经济状况……”一章中言及商业，所征者仅韩宣子索郑商环及郑弦高犒秦师二事。此二事近年来言先秦经济状况者，自梁任公之《先秦政治思想史》以下，征引已烂熟。然《左传》中有一同类而重要更倍蓰之事，亦在郑国，独无引及之者，是可异也。事在成公三年：“荀罃之在楚也，郑贾人有将置诸褚中以出。既谋之，未行，而楚人归之。贾人如晋，荀罃善视之，如实出己。贾人曰，吾无其功，敢有其实乎遂适齐。”由此事，参前二事，可见(一)春秋时郑国“国际”贸易之发达：西至于周，东至于齐，南至于楚，北至于晋。又可见(二)郑商人权力之大，可以出异邦之羁臣，浸假而涉及政治；吾人于此隐然得见一吕不韦之前身也。

以郑国商业之特别发达，在并世诸国中，盖为最“都市化”者，此读《诗·郑风》可知。而子产之俨然具近代大政治家之器识与风度，非偶然也。郑国音乐之精进亦为其都市化之一征。郑之音乐在当时大为异邦所钦慕。故其赂晋(襄十一年)赂宋(襄十五年)皆用乐师，而“郑声”遂成为邹鲁缙绅先生攻击之对象。盖前者代表都市文明，后者为农业文明之产物，宜其格格不相投也。郑国刑法之修明，表现于其“刑鼎”之首先铸造者，又其都市化之一征。其他文物，当其灿然，惜乎“郑书”(引见《左传》襄公三十年)不传，今无从稽也。因言郑国商业，附论及此。又本书页三一云：“世族……兵力如何，史材缺略，无详明之记可寻。”实则未尝无之。如昭元年秦公子鍼(桓公子)奔晋，“其车千乘”。往年梁任公先生考证《老子》，以其中有“万乘”之语，决其必非春秋时作品，实亦未细究耳。既有千乘之家，岂无万乘之国？

又本书(第六章)言及世族之经济特权时，仅注意及于农田。实则采邑之中，农田以外，山林薮泽江海之所产，亦为贵族所享有而专卖。故昭三年记齐田氏市惠于民，有“山木如市，弗加于山；鱼盐蜃蛤，弗加于海”之事。此亦当补入者也。

署名“素痴”，原载《大公报·文学副刊》第307期，1933年11月20日

读《南腔北调集》

惯于长夜过春时，挈妇将雏鬓有丝。
梦里依稀慈母泪，城头变幻大王旗。
忍看朋辈成新鬼，怒向刀丛觅小诗。
吟罢低眉无写处，月光如水照缁衣。

——本书页八三

提起笔来想介绍周豫才先生一部使我感动的近作，不禁勃然涌出一大堆恭维的话。为求名副其实，此文应当题为：《〈南腔北调集〉颂》。

先颂周先生。他可以算得当今国内最富于人性的文人了。自然人有许多种，周先生不就铸造过“第三种人”的名词么？但我所指的是那种见着光明峻美敢于尽情赞叹，见着丑恶黑暗敢于尽情诅咒的人；是那种堂堂赳赳，贫贱不能转移，威武不能屈服的人。像这样的人也许不少，但缺乏的是周先生笔下的技巧和力量。

我想，周先生本来可作“吾道中人”。古董他是好玩的，他的《中国小说史略》已成了一部标准的著作。只要他肯略为守雌守默，他尽可以加入那些坐包车，食大菜，每星期几次念念讲义，开开玩笑便拿几百块钱一个月的群队中，而成为其中的凤毛麟角。然而他现今却是绅士们戟指而詈的匪徒，海上颠沛流离的文丐。他投稿要隐姓换名，他的书没有体面的书店肯替出版。人性的确是足以累人，大丈夫的确是不容易做的。“伤屯悼屈只此身，嗟时之人我所羞!”读周先生的书每每使我不寐。

然而周先生可以自慰的，他已为一切感觉敏锐而未为豢养所糟蹋的青年们所向往。这种青年的向背也许不足以卜一个文人的前途，却断然足以卜一个文人所依附的正义的命运。自人类有主义以来，这条公律未曾碰过例外。当周先生的杂感被绅士们鄙弃的时候，颇有人誉他为先驱者，我还有点怀疑。但自从他公开地转向以来，这种称誉他确足以当之无愧。最难得的是当许多比他更先的先驱者早已被动地缄口无声，或自动地改变了口号的时候，他才唱着“南腔北调”，来守着一株叶落枝摧的孤树，作秋后的鸣蝉。但夏天迟早会再出现的。而一个光明的“苛士”，当屯否晦塞的时候，正需一个“斫轮老手”来撑持。假如钳制和老年不足以销尽他创造的生机，那么，我敢预言，在未来十年的中国文坛上，他要占最重要的地位的。

次颂周先生的书。我是有历史感的，特别注意它的史料价值。但这个史可不是上古、中古或近古的史，而是我们当前的时代的史。一个时代的性质可用其中感觉敏锐的青年的遭遇来量度。这话若确，那么，我们在这小集子里可以发现极重要的史料，而后世的史家必将感谢我们的提醒的。举例如下(页七四至八三)：

我和柔石最初的相见，不知道在何时，在那里。他仿佛说过，曾在北京听过我的讲义，那么当在八九年之前了。我也忘记了在上海怎么来往起来，总之，他那时住在景云里，离我的寓所不过四五家门面，不知怎么一来，就来往起来了。……他的家乡，是台州的宁海，这只要一看他那台州式的硬气就知道，而且颇有点迂，有时会令我忽而想到方孝孺，觉得好像也有些这模样的。

他躲在寓里弄文学，也创作，也翻译。我们往来了许多日，说得投合起来了，于是另外约定了几个同意的青年，设立“朝花社”。目的是在绍介东欧和北欧的文学，输入外国的版画，因为我们都以为应该来扶植一点刚健质朴的文艺。……

不过“朝花社”不久就倒闭了，我也不想说清其中的原因，总之是柔石的理想的头，先碰了一个大钉子，力气固然白化，此外还得去借一百块钱来付纸账。后来他对于我那“人心惟危”说的怀疑减少了，有时也叹息道：“真会这样的么？……”但是，他仍然相信人们是好的。

他于是一面将自己所应得的“朝花社”残书送到明日书店和光华书局去，希望还能够收回几文钱，一面就拼命译书，准备还借款，这就是卖给商务印书馆的《丹麦短篇小说集》和戈理基的长篇小说《阿尔泰莫诺夫之事业》。……

他的迂渐渐的改变起来，终于也敢和女性的同乡或朋友一同去走路了，但那距离，却至少总有三四尺的。这方法很不好，有时我在路上遇见他，只要相距三四尺前后或左右有一个年青漂亮的女人，我便会疑心就是他的朋友。但他和我们一同走路的时候，可就走得近了，简直扶住我，因为怕我被汽车或电车撞死。……

无论从旧道德，从新道德，只要是损己利人的就挑选上，自己背起来。

他终于决定改变了，有一回，曾经明白的告诉我，此后应该转换他的作品的内容和形式。我说：这怕难罢，譬如使惯了刀的，这回要他耍棍怎么能行呢？他简洁的答道：只要学起来！

他说的并不是空话，真也在从新学起来。其时他曾经带了一个朋友来访我，那就是冯铿女士。谈了一些天，我对她终是很隔膜，我疑心她有点罗曼谛克，急于事功；我又疑心柔石的近来要做大部的小说，是发源于她的主张的。……

（一九三一年一月十七日柔石在一个会场上被捕了。）他在囚系中，我见过两次他写给同乡的信。第一回是这样的："我与三十五位同犯（七个女的），于昨日到龙华，并于昨夜上了镣。此案累及太大，我一时恐难出狱，书店事望兄为我代办之。现亦好，且跟殷夫兄学德文，此事可告周先生；望周先生勿念，我等未受刑。捕房和公安局几次问周先生的地址，但我那里知道。诸君勿念。祝好！赵少雄一月二十四日。"

（上略）第二封信就很不同，措词非常惨苦，且说冯女士的面目都浮肿了，可惜我没有抄下这封信。其时传说更加纷繁，说他可以赎出的也有，说他已经解往南京的也有。……

（上略）但（后来）忽然得到可靠的消息，说柔石和其他二十三人，已于二月七日夜或八日晨，在龙华警备司令部被枪毙了，他身上中了十弹。

我很抱歉，把周先生的大好文章剜割得体无完肤。但因为我怕“眷文公”的头衔，不得不如此。周先生所描写自投罗网的青年尚不止一柔石，因为同样的理由，也只好割爱了。好在，以我所知，周先生的书尚未被列入新“Index”里。

依文气看来，这篇颂赞似乎还得续写。可惜我还没有到“四十不动心”的时期，写到这里，连想起一些与柔石辈遭遇相似的同学少年，禁不得在“人间何世”的疑问下搁笔了。

署名“素痴”，原载天津《大公报·图书副刊》第 44 期，1934 年 9 月 15 日

《古石刻零拾》序

予尝谓治史有二道焉。审世运之推移，究文化之同异，辨兴衰之因果，絜古今之纲领，此以穷理之态度治史者也。自划于时间之一片段，置身其境，靡所不观，靡所不搜，靡所不问，日受浸渍与熏染，恣意神游而冥会，久乃深入其阃奥，摄挹其精魂，而豁然洞见一森总之小宇宙，其间万物，轮廓如削。以此灼观，而述一人之史，则若髣髴老友之平生；而述一地之史，则若追摹故乡之景物；而述一事之史，则若自叙萦牵梦寐之旧迹。此以审美之态度治史者也。

古遗物于史学之裨助，唯以审美态度治史者感之最切。先民手泽血汗之所留，鲜能不泄露其心灵之消息，而物资环境与吾人之生活间，自有其易会而难状之融和。不认取此之融和，则遗史事之神采。读杜子美诗者，若能想像其衣冠、器用、居室之形状，及其所游长安、洛阳街市之景况，则于了解与欣赏之增进者为如何！使更能得子美诗稿、家书之手迹，则其品性之展现于吾人目前者更当如何亲切而活跃！

以审美态度治史，则于过去之认识，力求具体而有时不厌其琐，然此非以穷理态度治史者之所需也。吾敢断言，由后者之道，则《春秋》以后之史，其有待于古遗物发现之补益者盖甚微。今世学者多能言古物学于史之重要，而实罕以审美态度治史之人。此古物学之所以未得其用也。唯以审美态度治史者为真能欣赏古遗物。爱好古遗物而穷索其历史之因缘，则亦庶几乎以审美态度治史矣。

予友容希白少耽金石之学，壮而弥笃，由文字而及器物，更进而及于史迹。二十年来其考订古器物及其铭刻之作，先后有《金文编》《金文续编》《宝蕴楼彝器图录》《武英殿彝器图录》《颂斋吉金图录》《殷周礼乐器考略》《秦汉金文录》《殷契卜辞》诸书。近又以余力撰集《古石刻零拾》一编，其所甄择：以文字精美，有裨于史；或新出土，而世罕知；或旧虽著录，而流传不广。而皆为持审美态度治史之学人所当快睹者为准。拟随搜讨所获，分集印行。刻文与史藉〔籍〕有关者，悉广为钩稽考释。此集计收周《诅楚文》，秦《泰山刻石》，汉《袁安碑》《袁敞碑》，魏《苏君神道》《素下残石》，晋《左棻墓志》七种。前二种原拓皆佚，一录自《绛贴》及《汝贴》，一录自《绛贴》，后五种则皆河南新发现者也。左棻，左思之妹也，其墓志载兄嫂与侄女名。予读希白之考释云："思……子女及妻，本传皆不载，二女纨素、惠芳之字，则见于思之《娇女诗》。刻画二女娇纵之状，视杜甫北征归来时，痴女狼藉画眉，挽须问字，风趣过之。今读此志而忆诵此诗，如二女活跃纸上。"信乎希白之意趣，有超于古器物之外者也。由古器物之爱好，进而至于以审美态度治史，希白倘有意乎？

廿三年十一月张荫麟

原载《古石刻零拾》，东莞容氏印本，1934 年 12 月

评冀朝鼎《中国历史中的经济要区》

Key Economic Areas in Chinese History, by Chao-ting Chi（冀朝鼎），1936，London.

留美学生以西文言中国事，对于中国学人，例无一读价值。此为厥中少数例外之一。

冀先生为一马克思主义之服膺者，此从字里行间可见，挽近案据马克思主义讲中国史者，大抵议论多而实证少。此等著作自有其时代之需要，而非桎梏于资产阶级意识之井底蛙所得妄诽。唯此书以马氏为立足境，而根柢于邃密之探究，达以严整之条理，虽曰马氏之真精神则然，今实罕觏而可贵。

吾人读此书宜分别二事。一为作者所创发之新“达塔”，一为作者依据此新“达塔”而建设之理论。

作者所创发之“达塔”唯何？本书之骨干实为中国水利发展史，取材则以正史中之《河渠书》《沟洫志》之类及各省省志中之水利、河渠、堤防等门为主。作者根据方志，统计十四省区在秦以后至鸦片战争以前之水利建设事项，而得若干重要之概括，举其大略如下：(1)汉代陕西、河南数目最大，前者一八，后者一九。(2)三国、晋及南北朝，南部诸省数目增加，北部则有减退。(3)唐代各省多有增加，而南方特甚，浙江多至四四，而首都所在之陕西与李氏发祥地之山西各仅三二。(4)宋代长江以南水利事业进展甚速。江苏、浙江、福建俱达三位数字(浙江三〇三，福建四〇二)为前此所未有。广东以一六数始出现于北宋，至南宋进为二四。浙江在北宋为八六，在南宋为一八五(尚有不能区别南北宋者)。(5)元、明、清三朝，有可注意者三事：(a)长江流域及广东仍沿唐、宋之趋势发展。(b)湖北、湖南、云南在元代分别仅为六、三、七；在明代则为一四三、五一、一一〇，可见进展之速。(c)三朝皆于直隶省之水利特别注意，其它北方诸省则多受忽视。

于此等事实之解释中，作者应用“经济要区”之概念。何谓“经济要区”？作者之界说若曰(页四、五)：过去中国为一农业经济之大帝国，中分许多区域，各各自足，在此经济上散漫而不抟结之广土上，如何能获得政治之统一，获得政治权力之集中？是有一道，亦唯一道：众区之中，有一区焉，其本地之农业出产，其接受他地转漕之利便，均优于余外诸区，以是故，凡取得此区者，即取得征服统一全中国之钥。此即所谓经济要区也。往时作史论者每喜谈所谓形胜，以乱世群雄竞争之胜负，归于形胜地之得失，如以楚项羽之失败由于弃关中而都彭城，以刘先主之失败由于舍荆州而就西蜀，皆其例也。所谓形胜每仅就军事言，于经济无与。经济要区之观念似不无受形胜说之暗示，然已化腐臭为神奇矣。军事上之形胜随战争技术而转移，此旧日史论家之所不知也。经济要区因人事而改徙，此则本书所着意发挥也。

经济要区改徙之关键何在？在水利建设。故比较某时代各地水利建设事业之多寡，则其时之经济要区可得而知也。

作者举秦以后至鸦片战争前之中国史，分为五期，与顷所述统计事实相应：(1)第一统一和平期。即秦汉，以黄河流域为经济要区。(2)第一分裂斗争期。包三国、晋、南北朝，此时四川及长江下游之水利事业渐发展。(3)第二统一和平期。即隋、唐，于时长江流域成为经济要区，运河之开凿，即以连接新旧两经济要区。(4)第二分裂斗争期。即五代、宋、辽、金，此时统治者力谋密接都城与经济要区与连络，并屡图发展都城所在之海河区域为新经济要区。以上之结论并不全凭统计事实，尚引用许多史证，今不具详。

作者以为在先秦封建制度崩坏后二千余年社会结构凝定不变之中国史中，有极显著之两项运动。一曰合与分之更代。在由分而合之历程中，经济要区是一决定因素。二曰文化之南移，与文化俱移者为政治及经济之重心。吾人若暂置外族侵略、农民革命、商业发展诸事不论，则此之移徙之问题，即经济要区移徙之问题也。故经济要区之观念虽不能解释中国历史之全部，实为了解中国历史之一要钥云。

本书之时间范围止于鸦片战争者，因作者以为经济要区之观念只适用于农业经济之半封建社会。在彼时之割据局面中经济要区之领有每为成功之钥。今则问题已非地方势力之割据，而是帝国主义列强之分割。此时列强政治经济势力之根据为诸大商埠。此诸地方与旧日经济要区虽略相契合，然其经济基础及所代表之意义，则迥殊矣。故曰，中国门户之开放结束一历史阶段。欲摹述新关系，分析新形态，非再造新观念不可。

右最本书大意竟，请附末见。

其一，涉及时间之划分者。作者以五代、两宋(包辽、金)统为一分裂斗争期，似不伦。按作者固以隋唐为一统一和平期。夫北宋(九六〇至一一二六)和平之久，实超于初盛唐(六二〇至一七五五)，而中晚唐之分裂与扰乱实甚于南宋。何以唐属于统一和平期，而宋则属于分裂斗争期？不审作者亦有说否？

其二，涉及空间之划分者。本书之基本观念“经济要区”，作者虽曾予以抽象之界说。然此抽象界说，并不足以在地理上厘定任何时代之经济要区之范围。此之厘定尚有何更具体之标准？作者似未注意及此。从表面上观之，彼似依河流或河流之段落(如黄河中游区、长江下游区)分区。然同一流域每包涵若干在过去经济上自足，而在各时代经济重要性不同之区域。若囫囵然以全此流域为一经济要区，似失肤泛。例如黄河中游，在秦汉以上当可分为四区。一为关中，余为古所谓三河(河东、河内、河南)。《史记·货殖列传》言三河相继为夏、商、周人所都，似为古代经济要区移徙之迹。而秦汉之世，关中一区，在经济及政治上，比其余三区为要，则甚显然。作者在本书页七九论楚汉之争时，固明认关中为经济要区，然就全书之大体言，则又当以黄河中游为尔时之经济要区。此一大一小之两种经济要区单位，作者似游移不定于其间。然从作者之出发点言，吾人盖无理由焉，不以范围较小之关中，而以范围较大之黄河中游全部为尔时之经济要区也。此外，以长江下游全部作一经济要区，亦似嫌同此肤泛。凡科学上用作解释基础之单位，愈简单愈微小则愈佳。吾人若将经济要区之范围缩至最小可能之限度，则所得结论，固不能推翻，亦必大有异于本书所得者，毕竟此限度如何建立，乃为本书一辙之研究之方法论上一大问题。其解决须求助于地理学。然吾言乃为更进一步之探讨而发，而非所以求全责备于此大刀阔斧之开山工作也。

原载《大公报·史地周刊》第107期，1936年10月16日；后载《中国社会经济史集刊》第5卷第1期，1937年3月；今据后者录入

跋《梁任公别录》

友人张晓峰君摭梁任公先生未刊书札中数十事为《梁任公别录》，成以授予读。此时为此文，不禁起予空谷足音之感也。方戊戌前后，任公之在文界，何啻旭日中天？一篇之出，百数十万人争诵。曾不四十年，后生已罕或能举其名，其一知半解者，甚且为蚍蜉之撼。“或荣誉若天仙光宠，消逝时迅越流星。”歌德之诗，可为任公赋矣。《别录》引王文濡君“褒恤无典”之语，其辞若有憾焉。颇闻任公之殁，实曾有大力者建言政府，加之褒扬，格于吾粤某巨公而止。今某公往矣。军兴以来，冤亲俱泯，党外人物有闻于时者，政府例为饰终，而未尝见掩于一眚。况在任公，有大造于文教而无毫末之负于国家。思德追崇，为立永念，以存直道于斯世，今正其时。兴言及此，跂望者不少人在。任公与初期党人之关涉，陈少白氏之《兴中会纪要》，及冯自由氏之《革命逸史》，载之綦详。后有作任公传者，不可不考。任公与国民党溯于同流，而终于分道，师友之谪谴，固与有力，然任公之性格，亦于此见焉。世或惜之，然就任公之立足境言，无可惜也。凡持一信念以易天下者，于其所信，势不能变，变则如吴梅村所云“一钱不值”矣。不事二主之义，非惟于君主之主有然，于主义之主亦有然。昔之创业帝王，于胜朝守节之士，固僇之辱之，及其修胜朝之正史，则必入之忠义传；于舍旧谋新之俊杰，固笼之荣之，及其修史，则必入之贰臣传。为任公者，宁入主义上之忠义传欤？宁入主义上之贰臣传欤？不待智者而知所决矣。辛丑以后，任公虽羁海外，渐与若干朝士消息相通，桴鼓相应，今读其《双涛阁日记》(在《饮冰室合集》中首次刊布于其身后)而知之。辛亥变起后，袁世凯挽之入阁，虽不就，于清室犹眷眷然。时有一电复袁，为之策划。此电文近年始于清宫军机处电报档中发见，载于故宫博物院所印之《史料旬刊》某期中。大意劝清室效法北魏以汉易胡故事，首去满姓用汉姓，以与民更始。电末并附录《资治通鉴》纪北魏事一则。策则颇迂，傥所谓无策之策欤？覆袁之役，任公之所抱负，于其与松坡军中往还书札可见。此诸书札之原迹，任公曾影印其一部分行世(题《蔡松坡军中遗墨》，以纪念松坡者)，顾所印不多，流布不广，世人或罕见之。予记其中任公致蔡一札，大略悔往日欲用人而终为人用之失计，勉蔡经营四川(时黎元洪已任命蔡为四川督军)，“庄严此土”，以为其党之根基。又滇人廖思旸所编《护国军战史》，亦载任公致松坡军中一札之片断，大略慨言当日军途之窳坏，而谓欲了国事，非别造一有教育、有精神、有主义之师旅不为功。至练兵之道，则取法乎近而合国情者，莫如求师于季清之曾、胡云云。日后国民党发展所循之路径，任公其先见及之矣。使松坡不早死，天下事殊未可知。任公入民国来政治营构之无成，非尽关人事，亦有天焉。以言学术，世人于任公，毁誉参半。任公于学，所造最深者唯史，而学人之疵之者亦在是。以谓其考据之作，非稗贩东人，则错误纷出，几于无一篇无可议者。实则任公所贡献于史者，全不在考据。任公才大工疏，事繁骛博，最不宜于考据。晚事考据者，徇风气之累也。虽然，考据史学也，非史学之难，而史才实难。任公在“新汉学”兴起以前所撰记事之巨篇，若《春秋战国载记》（在《饮冰室合集》中首次刊布于其身后，世人注意之者甚少），若《欧洲战役史论》，元气磅礴，锐思驰骤，奔砖走石，飞眉舞色，使人一展卷不复能自休者，置之世界历史著作之林，以质而不以量言，若吉朋、麦可莱、格林、威尔斯辈，皆瞠乎后矣。曾试自操史笔之人，读此等书而不心折者，真无目耳。昔任公之殁也，予亦曾为文悼之（载当时天津《大公报·文学副刊》）。顾年稚无知，于其民国后之政治生涯，妄加贬抑。今读晓峰兄《别录》，一夕拉杂书此，聊以自忏云。

原载《思想与时代》第 4 期，1941 年 11 月

图书在版编目(CIP)数据

张荫麟书评集/张荫麟著；李欣荣编．—北京：北京师范大学出版社，2020.6

（张荫麟作品系列）

ISBN 978-7-303-22872-0

Ⅰ．①张…　Ⅱ．①张…　②李…　Ⅲ．①书评－中国－现代－选集　Ⅳ．①G236

中国版本图书馆CIP数据核字(2017)第222590号

营　销　中　心　电　话　010-57654778
北京师范大学出版社谭徐锋工作室微信公众号　新史学1902

ZHANGYINLIN SHUPINGJI

出版发行：北京师范大学出版社　www.bnup.com
北京市西城区新街口外大街12－3号
邮政编码：100088

印　　刷：北京盛通印刷股份有限公司
经　　销：全国新华书店
开　　本：890 mm×1240 mm　1/32
印　　张：11.125
字　　数：249千字
版　　次：2020年6月第1版
印　　次：2020年6月第1次印刷
定　　价：69.00元

策划编辑：谭徐锋　　　责任编辑：梁宏宇　姚安峰
美术编辑：王齐云　　　装帧设计：王齐云
责任校对：康　悦　　　责任印制：陈　涛